mitteldeutscher verlag

Manfred Zittel

Erste Lieb' und Freundschaft

Goethes Leipziger Jahre

mitteldeutscher verlag

Inhalt

Vorwort: Ein fast unbekannter Goethe 9

I Das erste Jahr (1765/66)
In der Kutsche von Frankfurt nach Leipzig 17
Die ersten Monate in Leipzig: wechselhaft 22
Selbstzweifel und Hoffnungen 39
Annette 58

II Das zweite Jahr (1766/67)
Das glückliche zweite Jahr 79
Behrisch und sein „Jonathan" 89
Liebe und Eifersucht 97

III Das dritte Jahr (1767/68)
Der 13. Oktober 1767 111
Trennungsschmerz 132
In die Katastrophe 175

IV Die Folgen
Nachwirkungen Leipzigs 195
Wiederbegegnung in Leipzig 215

Epilog 222

Anhang 234
Vorbemerkung 234
Anmerkungen 235
Auswahlbibliographie 244

Dank 245
Abbildungsnachweise 246

Ihr bringt mit euch die Bilder froher Tage.
Und manche liebe Schatten steigen auf:
Gleich einer alten, halbverklungnen Sage
Kommt erste Lieb' und Freundschaft mit herauf.
(FAUST I, *Zueignung*)

Aus den Briefen des 17- bzw. 18-jährigen Wolfgang Goethe an die Freunde Max Moors und Wolfgang Ernst Behrisch:

Mein lieber Moors, endlich schreibe ich dir. Die verworrenen Umstände, in denen ich mich befinde, werden mich entschuldigen ... Ich liebe ein Mädchen, ohne Stand und ohne Vermögen, und jetzt fühle ich zum allerersten Male das Glück, das eine wahre Liebe macht.
(Leipzig, 1. Oktober 1766)

Ha Behrisch, das ist einer von den Augenblicken! Du bist weg, und das Papier ist nur eine kalte Zuflucht gegen deine Arme. O Gott, Gott! – Laß mich nur erst wieder zu mir kommen. Behrisch, verflucht sei die Liebe! O sähst du mich, sähst du den Elenden, wie er rast, der nicht weiß, gegen wen er rasen soll, du würdest jammern. Freund, Freund! Warum hab ich nur Einen?
(Leipzig, 10. November 1767)

Vorwort: Ein fast unbekannter Goethe

Dieses Buch wird etliches inhaltlich Neue über die Studentenjahre Goethes in Leipzig ans Licht bringen. Zwar könnte man vermuten, daß alles Erforschbare über das Leben Goethes bekannt sei. Doch für die Leipziger Jahre vom Oktober 1765 bis August 1768 trifft dies nicht zu. Aus den überlieferten 63 Briefen, die Wolfgang Goethe zwischen dem 12. Oktober 1765 und dem 20. Februar 1770 in Leipzig bzw. anschließend nach Leipzig geschrieben hat, läßt sich weit mehr über seine Entwicklung in dieser Zeit ablesen, als bisher wirklich bekannt ist.

Üblicherweise stellen die Goethe-Biographien diese drei Entwicklungsjahre als eine Einheit dar, worin der junge Goethe als ein aufgeweckter, sehr begabter und ungewöhnlich bildungsbeflissener Junge erscheint. Man sieht seinem Treiben mit Wohlwollen zu, ohne ihn schon ganz ernstzunehmen. Da man Goethes weiteren Lebensweg kennt, wird der Leipziger Student im Hinblick auf seine Zukunft als durchaus vielversprechend vorgestellt. Daß aber diese Jahre, vom Anfang des siebzehnten bis zum vollendeten neunzehnten Lebensjahr, im Leben Wolfgang Goethes eine atemberaubende Entwicklung und einen gewaltigen Umbruch umspannten, das wurde bisher noch nicht aufgedeckt. Man darf diesen turbulenten Auftakt von Goethes selbständigem Leben, wie er in seinen Briefen jener Zeit dokumentiert ist, ohne Übertreibung als wahrhaft dramatisch bezeichnen. Den persönlichsten Bereich bildeten für ihn während dieser Jahre die ungewöhnliche Freundschaft mit Ernst Wolfgang Behrisch und die Liebesbeziehung zu Anna Katharina Schönkopf. Deren Verwicklungen und weitere Umstände belasteten ihn schließlich über seine Kräfte: Es kam zu einem wohl nicht nur physisch bedingten Zusammenbruch, der ihn an den Rand des Todes führte und die Leipziger Studienjahre abrupt beendete.

Kein sensationeller Fund neuer Quellen liegt dieser Darstellung zugrunde, denn die Leipziger Briefe Goethes sind schon seit langem bekannt. Aber es wirkt durchaus sensationell, wenn man herausfindet, daß diese Briefe bis heute noch nicht in ihrer Gesamtheit ausgewertet wurden, obwohl sie die authentischste Quelle für Goethes Leipziger Jahre bilden. Wenn sie erst heute ans Tageslicht gekommen wären: alle Goethe-Forscher und -Liebhaber wären beglückt und würden sofort mit einer peniblen Auswertung bzw. begeisterten Lektüre beginnen, und die deutschen Feuilletons wären voll von dem, was es darin zu entdecken gibt. Doch in Wirklichkeit stehen sie schon seit 120 Jahren, im ersten Briefband der Weimarer Goethe-Ausgabe publiziert, auf den Regalen der Universitätsbibliotheken – und blieben nach anfänglichem Interesse bald wenig beachtet. Dann und wann wird wohl einmal in ihnen nachgeschlagen, wenn sich jemand für einen Teilaspekt interessiert. Aber noch niemand hat diese Briefe als zusammenhängende Sammlung von datierten Dokumenten sorgfältig für den Ablauf jener drei Jahre ausgewertet, in denen sich Goethe in Leipzig vom etwas selbstgefälligen Frankfurter Patriziersöhnchen zum ernsthaften Dichter zu entwickeln begann, dann aber schrecklich abstürzte.

Auch aus den anschließenden 1½ Jahren seiner Krankheitszeit und der Rekonvaleszenz im Frankfurter Elternhaus gibt es zahlreiche Briefe Wolfgang Goethes, die er alle an seine Bekannten in Leipzig richtete. In ihnen kann man nachlesen, wie er sich mit seinen Erlebnissen in Leipzig und der Konfrontation mit dem Tod auseinandersetzte und in einem langwierigen und heiklen Prozeß diese Erfahrungen verarbeitete – bis er schließlich, an Körper und Seele genesen, zur Fortsetzung des Studiums nach Straßburg aufbrechen konnte und dort zum Wegbereiter der Dichtung des Sturm und Drang wurde. So unglaublich es klingen mag, auch diese eng mit der Leipziger Zeit verknüpften Frankfurter Briefe warten noch darauf, genauer erschlossen zu werden.

Der Hauptgrund dafür, daß man sich so erstaunlich wenig darum bemüht hat, diese Jugendbriefe Wolfgang Goethes als Quellen für sein Leben auszuschöpfen, ist wohl darin zu suchen, daß schon Goethe selbst als über 60-Jähriger einen Bericht über diese Zeit gegeben hatte: in seiner Autobiographie DICHTUNG UND WAHRHEIT. Darin widmete er sich jedoch hauptsächlich den verschiedenen Bildungseinflüssen, die für ihn als Student in Leipzig bedeutsam waren, und klammerte das Problematische dieser Jahre, nämlich seine schwierige innere Entwicklung, weitgehend aus. Der Autor von DICHTUNG UND WAHRHEIT ging kaum auf das ein, was er als Leipziger Student in einem Brief die *Geschichte des Herzens* genannt hatte. Die etwa zwei Jahre dauernde Liebesbeziehung zu Anna Katharina Schönkopf behandelte er nur beiläufig, und die intensive Freundschaft mit dem wesentlich älteren Ernst Wolfgang Behrisch, der auch sein literarischer Berater war, stellte er auf eher kuriose Weise denn ernsthaft dar. So verschwieg er die innersten Erfahrungen jener Zeit.

Schon ein früher Goethe-Biograph hat daher bemängelt, daß Goethe in DICHTUNG UND WAHRHEIT sich selbst als Student in Leipzig so darstelle, *wie der Greis ihn sah, nicht wie der Jüngling fühlte und lebte.* – In den Briefen Wolfgang Goethes kann man eben das aufspüren, was ihn damals mehr beschäftigte als Studium und Lektüre. Das innere Geschehen dieser drei Jahre, die *Geschichte des Herzens* und deren Auswirkungen sind das eigentlich Spannende der Leipziger Zeit. Daher gehe ich in meiner Spurensuche vor allem diesen bisher vernachlässigten Aspekten nach, um herausfinden, wie er als Leipziger Student *fühlte und lebte,* wobei ein bislang wenig bekannter Goethe zum Vorschein kommt. – Andere, schon häufig behandelte Lebensumstände werden nur so weit einbezogen, wie nötig ist, um eine zusammenhängende Darstellung seines damaligen Lebens zu geben.

***

Als Quellen gibt es außer Wolfgang Goethes Jugendbriefen noch einige Dichtungen von ihm, die in Leipzig entstanden sind und ein paar Hinweise auf seine damaligen Erfahrungen enthalten. Vom späteren Goethe kennen wir neben DICHTUNG UND WAHRHEIT nur ganz wenige und sehr sparsame Äußerungen über seine Leipziger Zeit aus einigen Aufsätzen, Briefen und Gesprächen. Auch Informationen anderer über ihn sind rar. Die wichtigsten verdanken wir einigen Briefen seines Frankfurter Freundes Adam Horn, der ein halbes Jahr später als er zum Studium nach Leipzig kam. Sonst existieren nur noch ein paar mündlich überlieferte zeitgenössische Zeugnisse, meist kurze anekdotische Erinnerungen. Die wenigen Menschen, die ihn damals näher kannten, überlieferten auch später, als er berühmt war, kaum etwas über den Leipziger Studenten, und ihre Briefe an ihn hat Goethe leider nicht ein Leben lang aufbewahrt.

Mein Buch stützt sich bei dieser Quellenlage vor allem auf die Briefe des jungen Goethe. Sie entstanden im unmittelbaren Zusammenhang mit den Ereignissen seines Lebens und geben uns vielfältige Einblicke in die Art seines Fühlens, Denkens und Erlebens. Sie stehen seiner damaligen Lebenswirklichkeit unvergleichlich näher als die Erinnerungen und Darstellungen des über 60-Jährigen in DICHTUNG UND WAHRHEIT. Zudem handelt es sich bei diesem Werk gar nicht um eine Autobiographie im strengen Sinn des Wortes. Goethe vermischte hier (wie schon der Titel verrät) tatsächlich Geschehenes und dichterisch gestaltete Wirklichkeit miteinander, da er DICHTUNG UND WAHRHEIT bis zu einem gewissen Grad als einen Bildungsroman schreiben wollte. Die Krisen und Verwirrungen seiner Studentenzeit eigneten sich allerdings kaum als Beispiel für die kontinuierliche Entwicklung eines jungen Mannes, wie er sie zunächst in seinem Lebensroman darstellen wollte. Das mag einer der Gründe gewesen sein, weshalb er vieles von dem, was ihn in Leipzig bewegte und tief irritierte, nicht in DICHTUNG UND WAHRHEIT aufgenommen hat. – Dennoch bleibt DICHTUNG UND WAHRHEIT als Informationsquelle unentbehrlich, da viele Fakten aus Goethes Leipziger Zeit nur hier überliefert sind. Daraus ergibt sich jedoch ein Problem für die Darstellung: Goethes manchmal etwas trockener Altersstil steht in einem starken Gegensatz zu den oft überschwenglichen brieflichen Äußerungen des jungen Studenten. Damit diese Gegensätze hier im Buch nicht ständig aufeinanderstoßen, werde ich Goethes Aussagen aus DICHTUNG UND WAHRHEIT, soweit sie Faktisches betreffen, manchmal in meinen eigenen Text integrieren.

Wörtliche Zitate aus DICHTUNG UND WAHRHEIT stehen i n A n f ü h - r u n g s z e i c h e n. Briefzitate werden zur besseren Unterscheidung (wie die Gedichte und manche Prosatexte) immer i n K u r s i v d r u c k wiedergegeben. Aus den Jugendbriefen werde ich häufig und ausführlich zitieren. Sie sind auch als Sprachdokumente höchst bemerkenswert. Nicholas Boyle schreibt dazu im ersten Band seiner Goethe-Biographie: „Goethe war einer der größten Briefschreiber der Welt, was die Kraft und den Erfindungsreichtum des Stils ... angeht. In einem gewissen Sinne war der Brief ... für ihn die natürlichste literarische Form." Und bezogen auf die Leipziger Briefe, meint Boyle, es sei „unmöglich, seine Briefe aus [dieser] Zeit zu lesen, ohne zu bemerken, daß man es mit einer ganz außergewöhnlichen Persönlichkeit zu tun hat". – Noch ein weiterer Hinweis: Goethe als Leipziger Student wird in diesem Buch stets mit W o l f g a n g G o e t h e (bzw. ‚der junge Goethe' oder ähnlich) benannt, damit er von dem Goethe späterer Lebensepochen leicht zu unterscheiden ist. Der spätere Goethe heißt hier im Buch demgegenüber, wie meist üblich, einfach G o e t h e.

In meiner Darstellung möchte ich Wolfgang Goethes Entwicklung in Leipzig durch die Auswertung aller relevanten Zeugnisse erschließen, o h n e dabei der von Goethe in DICHTUNG UND WAHRHEIT vorgegebenen (und von fast allen Biographen übernommenen) Tendenz zu folgen. Es interessiert hier nicht so sehr, wie Goethe sich im Rückblick aus der

Altersperspektive sah oder wie er nachträglich gern gesehen werden wollte. Viel interessanter ist es, herauszufinden, was der 16- bis 18-jährige Student in Leipzig tatsächlich erlebte, wie er es erlebte und wie dies seinen Reifeprozeß und sein späteres Leben beeinflußte.

Schließlich möchte ich noch eine Bemerkung zum Stil dieses Buches anfügen: Die Goethe-Literatur unserer Zeit ist, inhaltlich wie sprachlich, überwiegend wissenschaftlich orientiert. Das bewirkt, daß sie vor allem für wissenschaftlich geschulte Leser von Interesse ist, aber auch, daß sie Goethe durch ihre Fachsprache und die objektivierende Darstellung einem großen Teil der Leserschaft eher fernrückt als näherbringt. Wahrscheinlich ist Goethe den Deutschen noch nie so fern gewesen wie in unserer Zeit. – Ich versuche, einen anderen Weg zu gehen. Bei der Quellensuche und -auswertung habe ich mich an die Kriterien wissenschaftlicher Zuverlässigkeit gehalten und im Anhang die genauen Quellenangaben zur Nachprüfung beigefügt. Für die Darstellung habe ich hingegen einen erzählenden Sprachstil gewählt und mich um gute Lesbarkeit bemüht. Damit soll den Lesern die Möglichkeit offengehalten werden, der Geschichte dieses höchst ungewöhnlichen Studenten nicht nur mit kühlem Interesse, sondern auch mit Sympathie zu folgen.

I Das erste Jahr (1765/66)

In der Kutsche von Frankfurt nach Leipzig

In aller Frühe, noch bei Dunkelheit, bestieg der 16-jährige Wolfgang Goethe am 30. September 1765 in Frankfurt die Kutsche, mit der er die Reise nach Leipzig antreten sollte. Er konnte sich dem Buchhändler Johann Georg Fleischer und dessen Frau anschließen, die zur Michaelis-Messe in die etwa 400 Kilometer entfernte Messe- und Universitätsstadt fuhren. Eine viertägige Fahrt auf schlechten Wegen lag vor ihm. Er sollte nach dem Willen seines Vaters in Leipzig Jura studieren, wie dieser selbst vor über drei Jahrzehnten. Es hatte deshalb erhebliche Spannungen zwischen dem 55-jährigen Johann Caspar Goethe und seinem einzigen Sohn gegeben. Denn dieser hätte viel lieber in Göttingen die Schönen Wissenschaften studiert, also die alten Sprachen, Literatur und Geschichte. Ein späteres akademisches Lehramt lag ihm dabei im Sinn – und insgeheim sein eigentliches Ziel: Dichter zu werden. Doch der Vater blieb hartnäckig; auch die Fürsprache von Freunden des Hauses war vergeblich geblieben. Eine offene Rebellion des Sohnes kam nicht in Frage; zu sehr war er in das Milieu der wohlhabenden und angesehenen Frankfurter Bürgerfamilie integriert und finanziell gänzlich abhängig vom Vater. Dieser war übrigens, trotz seiner sonstigen Sparsamkeit, sehr großzügig, wenn es um eine möglichst gute und vielseitige Ausbildung seines Sohnes und auch der Tochter Cornelia ging. Aber jetzt zwang er ihn in eine Richtung, die nur seinen eigenen Vorstellungen entsprach; vielleicht, weil er sich wünschte, der Sohn solle in der Freien Reichsstadt einmal die Stellung einnehmen, die er selbst, der Privatmann geblieben war, trotz seiner Studien, Bildungsreisen und Bestrebungen nicht erreicht hatte. – Dennoch war Wolfgang Goethe bei seiner Abreise frohen Mutes. Sehnlich habe er diesen Tag erwartet, berichtete er später; er habe seine Heimatstadt so gleichgültig verlassen, als wenn er sie nie wieder betreten wollte. Das Verlassen des Elternhauses erlebte er als eine Befreiung.

Aufbruchstimmung muß ihn erfüllt haben: Endlich selbständig zu sein! Zu neuen Ufern aufzubrechen, neuen Menschen zu begegnen, ein Studentenleben zu führen, an einer angesehenen Universität studieren zu können! Während der langen Reise hatte er genügend Zeit, darüber nachzudenken, was dies alles für ihn bedeuten könnte und was deshalb im einzelnen zu unternehmen sei. Er muß sich schon geraume Zeit mit solchen Gedanken beschäftigt haben. Eine „eigne Lebensbahn" wollte er finden, und so hatte er sich einen „Gegencursus" zu dem seines Vaters ersonnen: Er würde nicht Jura studieren, sondern sich in Leipzig (der Vater war dann weit weg!) dem widmen, was ihn wirklich interessierte. Schließlich war Leipzig eine literarische Hochburg. Gottsched lehrte dort noch, der große Literaturkritiker, dessen Einfluß auf die deutsche Literatur vor zwei, drei Jahrzehnten bahnbrechend gewesen war. Als viel wichtiger galt inzwischen freilich Gellert, auch er als Professor an der Universität tätig. Seine Verserzählungen waren seit der Jahrhundertmitte in Deutschland die meistgelesenen Bücher nach der Bibel. Sie standen auch in der Bibliothek des Vaters, und Wolfgang kannte sie natürlich, zum Teil auswendig. Auch Christian Felix Weiße lebte in Leipzig, berühmt als Dichter für seine Lieder im anakreontischen Stil und für seine Lust-, Trauer- und Singspiele, die die Leipziger Bühne beherrschten. Sein Auskommen hatte er als Kreissteuereinnehmer; den Beruf „Dichter" gab es noch nicht. – So betrachtet, bot Leipzig manches, das Göttingen nicht zu bieten hatte und für den künftigen Studenten durchaus verlockend war.

Der Abschied von der Mutter war gewiß herzlicher gewesen als der vom Vater, denn sie stand ihm viel näher. Aber auch ihr teilte er nichts von seinem eigenwilligen Lebensplan mit. Diese Sorgen konnte er ihr ersparen. Sie war noch jung damals, gerade 34 Jahre alt, um vieles jünger als der Vater, ein lebensfroher Mensch, gesegnet mit natürlichem Gottvertrauen und einer starken Begabung zum Erzählen, der „Lust zu fabulieren", die sie ihrem Sohn vererbt hatte. Diese erste Trennung für lange Zeit wird sie bekümmert haben; aber sie hat ihrem Herzenssohn den Abschied sicher nicht schwer gemacht. Aus ihrem späteren Leben wissen wir, daß sie grenzenloses Vertrauen in ihren Wolfgang hatte und nie versuchte, ihn an sich oder an Frankfurt zu binden. – Am schwersten wird Wolfgang die Trennung von Cornelia, seiner um ein Jahr jüngeren Schwester gefallen sein. Denn mit ihr verstand er sich am besten. Ein ungewöhnlich enges Verhältnis verband die beiden. Sie seien wie Zwillinge gewesen, schrieb er, und Cornelia äußerte in einem Jugendbrief an eine Freundin den gleichen Gedanken. Er weihte sie in den Plan einer „eigenen Lebensbahn" ein, und sie erschrak darüber. Da versprach er ihr, sie später nachzuholen nach Leipzig. Damals war er, wie sich hier zeigt, bei aller intellektuellen Frühreife doch auch noch ein halbes Kind, *ein kleiner, eingewickelter, seltsamer Knabe*, wie er sich zehn Jahre später in einem Brief im Rückblick auf die Reise nach Leipzig selbst beschrieb. – Den Kreis von Cornelias Freundinnen würde er wohl auch vermissen, wo er so etwas wie der Hahn im Korb war. Es gab unter ihnen die eine oder andere, die er besonders gern sah, aber tiefere Bindungen bestanden nicht.

Wir können uns heute kaum all die Beschwerlichkeiten einer Reise in der Kutsche vorstellen, wie sie im Herbst des Jahres 1765 zu überstehen waren. Es gab noch keine festen Straßen; anhaltender Regen konnte sie an vielen Stellen in einen Morast verwandeln, was die bescheidene Reisegeschwindigkeit dann zusätzlich herabsetzte. Genau solche Begleitumstände herrschten damals Anfang Oktober. Kälte und Feuchtigkeit vertrieben jegliches Behagen. Die Reise sei „weder angenehm noch glücklich" gewesen, erinnerte sich Goethe noch Jahrzehnte später in DICHTUNG UND WAHRHEIT. In der Stunde konnte man damals etwa fünf bis sieben Kilometer zurücklegen, und man kam kaum auf 100 Kilometer am Tag, wobei man Fahrten bei finsterer Nacht einbeziehen mußte, was die ohnehin große Gefahr des Steckenbleibens oder Umstürzens der Kutsche noch erhöhte. Schon gegen Ende der ersten Tagesetappe jener Reise, als es „bei Nachtzeit eine Anhöhe hinauf" ging, zogen die Reisenden es vor, „ob es gleich finster war, doch lieber zu Fuße [zu] gehen, als uns der Gefahr und Beschwerlichkeit dieser Wegstrecke aus[zu]setzen". Eisenach wurde im weiteren Verlauf der Reise um Mitternacht durchfahren. In Thüringen waren die Wege „noch schlimmer", so daß ihr Wagen in der Gegend von Auerstädt bei einbrechender Nacht steckenblieb. „Wir waren von allen Menschen entfernt", berichtet Goethe, „und taten das Mögliche, uns loszuarbeiten. Ich ermangelte nicht, mich mit Eifer anzustrengen, und mochte mir dadurch die Bänder der Brust übermäßig ausgedehnt haben; denn ich empfand bald nachher einen Schmerz, der verschwand und wiederkehrte und erst nach vielen Jahren mich völlig verließ" – ein Reiseandenken der besonderen Art!

Wolfgang Goethes Gedanken werden sich während der langweiligeren Strecken jener Reise auch seinen nächsten Freunden zugewandt haben. Auch sie waren wie er selbst auf dem Sprung an die Universität. Vor etwa einem Jahr hatte er sich mit ihnen zu einem Freundeskreis zusammengeschlossen. Dazu gehörten der zwei Jahre ältere Johann Jacob Riese, der kritische Kopf unter ihnen; der unverwüstlich heitere Johann Adam Horn, ein halbes Jahr älter als er selbst; der auf den Tag genau gleichaltrige Ludwig Moors und dessen älterer Bruder Maximilian, die

Wolfgang schon seit je als Nachbarskinder kannte. Fast täglich hatten sie sich in den letzten Monaten getroffen und waren miteinander auf die Promenade oder ins Theater, auch in die Kirche gegangen; sie scherzten viel miteinander oder führten ernsthafte Gespräche. Den Kern ihrer Verbundenheit bildete offenbar ihr gemeinsames Interesse für Literatur. In sonntäglichen Treffen im „Hörsaal" des Gymnasiums hielten sie reihum Vorträge und diskutierten darüber; wahrscheinlich wurde auch aus Dichtungen bekannter Autoren rezitiert – und aus ihren eigenen. Frankfurter Bürgersöhne waren sie alle, und wie Wolfgang Goethe sollten sie Jura studieren, um später in die Verwaltung der Freien Reichsstadt einzutreten oder um als Anwälte zu wirken und so das Ansehen ihrer Familien zu heben. – Von nun an würden sie sich schreiben müssen. Riese sollte in Marburg studieren, Max Moors in Göttingen. „Hörnchen", wie die Freunde den etwas kleingeratenen Horn mit liebevollem Spott nannten, würde erst im nächsten Frühjahr nach Leipzig übersiedeln. Daher hielt er ihnen im Gymnasium, wie er schriftlich überlieferte, eine „Abschiedsrede", „… als sich die wöchentliche Zusammenkunft auf dem Hörsaale trennete und als etliche gute Freunde Frankfurt verließen". Dabei gab er Wolfgang Goethe besondere Erwartungen mit auf den Weg:

Verwechsele nunmehr den Maynstrom mit der Pleise.
Ich wünsche dir, mein Freund, von Herzen gute Reise.
Du hast von Kindesbeinen der Dichtkunst nachgestrebt,
Drum zeig' uns, daß dich diese mehr als das Jus belebt.
Eil' zu den Musen hin, die an der Pleise wohnen!
Sie werden dorten dich und deinen Fleiß belohnen.
Zeig', daß dir deine Muse noch immer günstig ist,
Und daß du auch in Leipzig, wie hier, ein Dichter bist.

Die Erwartungen der Freunde müssen Wolfgang Goethe in seinen Plänen bestärkt haben. Vielleicht haben ihm Adam Horns etwas naive, aber ehrlich gemeinte Verse während seiner Reise im Ohr nachgeklungen. – Am 3. Oktober fuhr die Kutsche mit ihm in Leipzig ein. Sechzig Jahre später erinnerte sich Goethe in einem Brief, er sei damals, *mit der Welt völlig unbekannt, voll Zutraun und Hoffnung* in Leipzig angekommen.

Es werden noch ein paar Dutzend weitere Studienanfänger in jenen frühen Oktobertagen des Jahres 1765 in Leipzig eingetroffen sein. Hoch zu Roß und mit geschwellter Brust der eine oder andere Adlige; die meisten der neuen Studenten erreichten ihr Ziel jedoch in der Kutsche oder zu Fuß, zerschlagen von der Reise. Zwischen den vielen Handelsleuten, welche die Michaelismesse anzog, dürften sie kaum aufgefallen sein. Doch alle waren sie voller Erwartung, was Leipzig, was die Universität, was das Leben ihnen bringen würde.

Die ersten Monate in Leipzig: wechselhaft

In einem Alter, in welchem bei uns 16-Jährige erst mit der Oberstufe des Gymnasiums beginnen, zog Wolfgang Goethe in der vollen Bedeutung des Wortes von zu Hause fort, für die Dauer des Studiums von drei Jahren. Ein Ferienaufenthalt daheim wurde wegen der schon beschriebenen schwierigen und auch teuren Reisebedingungen nicht in Betracht gezogen. Als sehr junger Student sah er sich also mit einem tiefgreifenden Wechsel in seinen Lebensverhältnissen konfrontiert. Reiche adlige Familien gaben ihren Sprößlingen nicht selten Hofmeister mit, meist mittellose Akademiker, die ihnen das Leben in der Fremde organisierten und auch ihr Studium als Tutoren begleiteten. Wolfgang Goethe erhielt statt dessen von seinem Vater sehr ansehnliche finanzielle Mittel zur Verfügung gestellt, und man hatte ihn in Frankfurt mit persönlichen Empfehlungsschreiben an respektable Leipziger Familien versehen, die ihm den Zugang in die Gesellschaft öffnen sollten. Da zwischen den beiden bedeutenden Messe- und Buchhandelsstädten ein reger Austausch bestand, wird er schon im voraus mancherlei über Leipzig erfahren haben. Sein Vater hatte es bestimmt nicht an Berichten aus der eigenen Studienzeit fehlen lassen, und unterwegs konnte der angehende Student durch den Buchhändler Fleischer und dessen Frau noch weitere nützliche und aktuellere Informationen und Ratschläge erhalten. Er zog also nicht in eine gänzlich unbekannte Welt. Das Kurfürstentum Sachsen war für ihn nach damaligen Begriffen zwar Ausland, gehörte aber doch wie Frankfurt zum Heiligen Römischen Reich Deutscher Nation.

Der Vater hatte ihn mit neuer Kleidung ausstaffiert, denn es war bekannt, daß man in Leipzig auf die äußere Erscheinung eines Menschen besonderen Wert legte. Die Stadt pflegte ihren Ruf als „Klein-Paris", den sie sich durch eifrige Nachahmung des französischen Lebensstils erworben hatte. Ein erstes Porträt des vermutlich 16-jährigen Wolfgang Goethe werden die Eltern wohl aus Anlaß seines Wegzugs kurz davor in Auftrag gegeben haben. Das Ölgemälde zeigt einen vornehm gekleideten Knaben in aufrechter Haltung. Er trägt ein Jackett mit Goldknöpfen und eine gepuderter Perücke. In seinem Gesicht fallen – wie bei allen späteren Porträts – die großen dunklen Augen und die lange, etwas gebogene Nase auf. Der geschwungene Mund und die weichen Wangen verleihen dem Gesicht noch etwas Kindliches. Das Eigentümliche an diesem Bild ist der vieldeutige, nur schwer definierbare Blick, in dem sich Ernst mit ein wenig Eitelkeit sowie scheinbare Selbstsicherheit mit Altklugheit mischen und dennoch auch etwas Unsicherheit durchscheint. Noch hat das Leben keine tieferen Erfahrungen in diese Züge eingegraben. Ein wohlerzogener Knabe scheint hier in eine unbestimmte Zukunft zu blicken.

Neben diesem der Mode der Zeit unterworfenen Porträt gibt es jedoch noch ein weiteres aus dem Jahr 1765, das einen ganz anderen Wolfgang Goethe zeigt. Es wurde 1919 bei einem Weimarer Antiquar entdeckt und konnte nach anfänglichen Zweifeln als echt erwiesen und Anton Johann Kern zugeschrieben werden. Dieser war ein Gehilfe und Schüler des seinerzeit bekannten Malers Andreas Benjamin Nothnagel, der in Frankfurt auch für den im Goetheschen Haus einquartierten französischen Grafen Thoranc tätig war. Als damals 15-Jähriger malte Kern den ungefähr gleichaltrigen Wolfgang Goethe, aus welchen Gründen auch immer – wahrscheinlich, weil beide es so wollten und Gefallen daran hatten. Dieses selten abgedruckte Porträt (es fiel im Zweiten Weltkrieg den Flammen zum Opfer) vermittelt uns einen überraschenden, ganz anderen Eindruck als das auf Repräsentation angelegte Auftragsbild der Eltern. Hier läßt sich nicht ein Sohn aus gutem Hause brav porträtieren, sondern ein selbstbewußter Jüngling sieht den Betrachter mit freiem Blick an. Der junge Malergehilfe hat die Physiognomie und das Wesen seines Altersgenossen auf eine Art erfaßt und dargestellt, daß wir in dem Porträt eine deutliche Ähnlichkeit mit späteren Bildern Goethes erkennen und auch schon etwas von der Kühnheit des künftigen Stürmers und Drängers ahnen können.

Seinen ersten Brief aus Leipzig, datiert mit 12. und 13. Oktober 1765, richtete Wolfgang Goethe an Cornelia. Er ermöglicht uns, einen Blick in sein neues Zuhause – und in sein Inneres zu werfen: *Liebes Schwesterchen, es wäre unbillig, wenn ich nicht an dich denken wollte. Id est, es wäre die größte Ungerechtigkeit, die jemals ein Student, seit der Zeit, da Adams Kinder auf Universitäten gehen, begangen hätte, wenn ich an dich zu schreiben unterließe … Ich hätte fast Lust auszurufen: Was würdest du sagen, Schwesterchen, wenn du mich in meiner jetzigen Stube sehen solltest? Du würdest astonished ausrufen: So ordentlich! So ordentlich, Bruder! – Da! tue die Augen auf, und sieh. – Hier steht mein Bett! da meine Bücher! dort ein Tisch, aufgeputzt, wie deine Toilette nimmermehr sein kann. Und dann – Aber – ja das ist was anderes. Eben besinne ich mich. Ihr kleinen Mädchen könnt nicht so weit sehen, wie w i r   P o e t e n. Du mußt mir also glauben, daß bei mir alles recht ordentlich aussieht, und zwar auf Dichter-Parole.“* [Rechtschreibung und Zeichensetzung sind etwas modernisiert.] Am Ende des Briefes lesen wir: *Leb wohl. Goethe.* – Auch in späteren Briefen unterzeichnet er, wie damals üblich, nicht mit seinem Vornamen, manchmal nur mit einem *G.*

Er hatte sich also eingerichtet in seinem selbständigen Leben. Gute Vorsätze, die Ordnung betreffend, waren in die Tat umgesetzt, und er ist stolz darauf. Bemerkenswerter an diesen Sätzen ist jedoch, wie er von sich selbst spricht: *Student* nennt er sich, *Dichter* und *wir Poeten*. Das klingt alles nach etwas! Es zeigt, wo er seine Berufung sieht. – In diesem Brief, der am folgenden Tag fortgesetzt wird, ist noch von Cornelias Freundinnen die Rede (zwei von ihnen, *Schmittelchen und Runkkelchen*, soll sie in seinem Namen küssen) und überhaupt viel von Mädchen. Dann berichtet er von seinem Besuch bei einer Leipziger Familie, wo es so sittsam und betulich zuging, daß er *hätte bersten mögen*. Am Schluß fordert er Cornelia auf: *Schreibe mir bald, mein Engelchen.* – Der Brief ist in einem scherzhaften, manchmal ausgelassenen Ton geschrieben und deutet auf Wohlbefinden. Eine beigefügte *Nachschrift an den Vater* ist ernsthafter. Sie berichtet von absolvierten Besuchen und ausgeführten Bestellungen; sowie von einem Orkan, der gleich an einem der ersten Tage in Leipzig gewütet und die Messebuden abgedeckt hatte: *er war unerhört.* Eine kurze Bemerkung klingt beruhigend: *Frau Professor Böhme sorgt mit für meine Haushaltung.* Sie war die Gattin von Johann Gottlob Böhme, der an der Universität Staatsrecht und Geschichte lehrte. Er war 48 Jahre alt, „ein kleiner, untersetzter, lebhafter Mann“, wie wir in Dichtung und Wahrheit lesen. Wolfgang Goethe hatte von einem Freund der Familie ein Empfehlungsschreiben an ihn mitbekommen, in dem der Professor gebeten wurde, den Studenten zu beraten, vor allem bei der Wahl der Vorlesungen. Wolfgang Goethe muß ihn in den ersten Tagen aufgesucht haben. Er wurde freundlich aufgenommen, und der Professor machte ihm die schönsten Aussichten für das Jura-Studium. Seine Frau, acht Jahre jünger als ihr Mann, übernahm die Aufgabe, seinen Schützling in den praktischen Dingen des Lebens zu unterstützen. Alles schien sich gut zu entwickeln.

Wenn da nicht die Sache mit dem „Gegencursus“ gewesen wäre. In den Briefen findet sich nichts hierzu. Wir sind darüber nur aus Dichtung und Wahrheit informiert. Demnach wartete Wolfgang Goethe

Repräsentativbildnis des etwa 16-jährigen Wolfgang Goethe; Ölgemälde von unbekannter Hand. Wohl vor seinem Aufbruch nach Leipzig entstanden

klugerweise ab, bis der Frankfurter Buchhändler Fleischer als potentieller Überbringer von Nachrichten, die dem Vater nicht zu Ohren kommen sollten, wieder abgereist war. Erst dann eröffnete er Professor Böhme in aller Offenheit (und wohl in der naiven Erwartung, auf Verständnis zu stoßen), daß er gar nicht Jurisprudenz studieren, sondern sich dem Studium der Schönen Wissenschaften und der Antike zuwenden wolle und er sich besonders von Gellert viel erhoffe. Damit hatte er freilich in ein Wespennest gestochen. Denn Böhme hatte „einen erklärten Haß gegen alles, was nach Schönen Wissenschaften schmeckte" und konnte Gellert „nun gar nicht leiden". Eine „gewaltige Strafpredigt" war die Folge, und Böhme erklärte ihm klipp und klar, daß er ohne Erlaubnis der Eltern für einen solchen Wechsel des Studiums nicht zu haben sei. Er beließ es jedoch nicht dabei, sondern erklärte einlenkend, daß man sich dem römischen Altertum auch auf dem Wege der Rechtsgeschichte nähern könne und daß er seine eigentlichen Pläne dann später, mit Zustimmung der Eltern, ausführen könne. Das möge er sich doch bitte überlegen.

Solchen massiven Einwänden, von einer gewichtigen Autorität vorgetragen, fühlte sich Wolfgang Goethe nicht gewachsen. Es wurde ihm erst jetzt bewußt, welche Schwierigkeiten seinem Plan einer „eignen Lebensbahn" entgegenstanden, und sein Widerstand begann beim ersten harten Zusammenstoß mit der rauhen Wirklichkeit zu schwinden. Daß daraus keine böse Niederlage für den sensiblen 16-Jährigen wurde, war Frau Böhme zu verdanken, die ihn bald darauf zu sich bat. Sie war „nicht mehr jung und sehr kränklich, unendlich sanft und zart, und machte gegen ihren Mann, dessen Gutmütigkeit sogar polterte, einen entschiedenen Kontrast". Unter vier Augen stellte sie „die Sache nochmals so freundlich, liebevoll und verständig ... vor", daß Wolfgang Goethe sich von ihr überzeugen ließ, zumal man ihm entgegenkam. Professor Böhme erklärte sich einverstanden, daß der Jurastudent auch Literaturgeschichte und ein Praktikum bei Gellert belegte. So war denn der Weg zum Jura-Studium geebnet, die Option für die Literatur jedoch offengehalten. Professor Böhme konnte als Mentor einen juristischen Vorlesungsplan zusammenstellen und Wolfgang Goethe seinen Dichter-Traum weiterträumen.

Bevor die Vorlesungen, die *Collegia*, begannen, hatte er gut zwei Wochen Zeit, sich in der Stadt umzusehen. Zwar ging es schon auf den Winter zu, keine eben günstige Zeit für den Einstand. Doch Leipzig war

*Frankfurter Jugendbild Goethes. Reproduktion des 1943 verbrannten Ölgemäl-
des von Anton Johann Kern (entstanden 1765); im Hintergrund ist die Bibliothek des Großvaters Textor zu erkennen*

Hofansicht der „Großen Feuerkugel", wo Goethe sein Studentenzimmer hatte (Farblithografie um 1850, Verlag Adolph Werl, Leipzig)

in diesen ersten Oktobertagen vom bunten Treiben der Michaelis-Messe erfüllt, das den jungen Frankfurter anzog und faszinierte. Überall fühlte er sich zu Vergleichen mit dem ihm so wohlvertrauten Messegeschehen seiner Heimatstadt herausgefordert. Die Buden, denen der Orkan die Dächer davongeblasen hatte, werden sich nicht sehr von denen in Frankfurt unterschieden haben. Doch die Händler aus dem östlichen Europa waren für ihn fremd und exotisch: die Polen und Russen, besonders auch die Griechen als würdig gekleidete, imponierende Gestalten. Einen mächtigen Strom wie den Main als Verkehrsader gab es hier nicht (die Pleiße war kaum der Rede wert); dafür wirkte die Stadt auf ihn besonders beeindruckend mit ihren großzügigen Marktplätzen und den ihm „ungeheuer scheinenden Gebäuden" samt ihren „großen, himmelhoch umbauten Hofräumen, eine bürgerliche Welt umfassend". Hier zeigte sich der Reichtum einer aufstrebenden und florierenden Handelsstadt.

die gegenüber dem altertümlich verwinkelten Frankfurt das Flair von Modernität bot. In den Innenhöfen der für Leipzig charakteristischen Häuserkarrees erschallte zur Messezeit der Lärm eines vielstimmigen und vielsprachigen Marktgeschehens, der seinesgleichen suchte. In einem dieser stattlichen Häuser am Alten Neumarkt, der „Großen Feuerkugel", benannt nach einer alten Eisenkugel über dem Eingangstor, quartierte sich Wolfgang Goethe bei der 70-jährigen Kaufmannswitwe Straube ein und bewohnte nun dort „ein paar artige Zimmer" mit Blick in den Hof.

Das Haus lag in unmittelbarer Nähe der Universität, die im Pauliner Collegium untergebracht war. (Dieses Gebäude hat, wie fast alle, in denen Wolfgang Goethe damals ein und aus ging, die Jahrhunderte nicht überdauert.) Leipzig, das knapp 30 000 Einwohner, ein paar tausend weniger als Frankfurt, zählte, war vor allem als Handelsmetropole bedeutend. Doch hatte die Universität entscheidend zur kulturellen Entwicklung beigetragen. Die Ausstrahlung, die seit Generationen durch bedeutende Gelehrte von ihr ausging, schuf eine Atmosphäre, die das gesellschaftliche Leben der gebildeten Kreise beeinflußte. Dies wirkte wiederum auf den Handel zurück: Der Buchhandel gewann zunehmend an Bedeutung und wurde schließlich ein wichtiger Faktor des Messegeschäftes. Gerade in der Zeit, als Wolfgang Goethe in Leipzig studierte, begann im deutschen Buchhandel eine neue Ära. Die Entscheidung des Leipziger Verlegers Philipp Erasmus Reich, im Jahr 1765 erstmals nicht zur Frankfurter Buchmesse zu fahren, der bis dahin in Deutschland wichtigsten, leitete Leipzigs Übernahme der Spitzenposition im deutschen Verlagswesen ein. – Was Bücher anbetraf, saß Wolfgang Goethe also an der Quelle, und er hat von dem reichen Angebot profitiert.

Einen nicht unerheblichen Teil seiner Zeit vor dem Vorlesungsbeginn beanspruchten die Antrittsbesuche bei jenen Leipziger Familien, die ihm, dem Sohn aus gutem Hause, den Zugang zur Leipziger Gesellschaft öffnen sollten. Das schon angeführte Beispiel im Brief an Cornelia zeigt, daß er wenig Freude daran hatte. Tatsächlich entwickelte sich aus solchen Besuchen letztlich nur zu Frau Hofrath Böhme eine persönlich bereichernde Beziehung. – Neue Bekanntschaften machte er an dem Mittagstisch von Professor Ludwig, der ihm vermutlich von Professor Böhme oder seiner Frau empfohlen worden war. Ludwig lehrte Medizin und unterhielt daneben eine Pension für Studenten mit einem Mittagstisch. Wolfgang Goethe traf hier vorwiegend auf Medizinstudenten der höheren Semester und hörte in ihren Tischgesprächen ständig Fachbegriffe und die Namen berühmter Männer aus Medizin und Naturgeschichte, mit denen er zunächst noch wenig anfangen konnte. Interessanter war dort für ihn die Begegnung mit dem 29-jährigen Samuel Friedrich Morus, einem freundlichen Magister (Dozenten) der Altphilologie, den er auch zu Hause besuchen konnte. Ihre Gespräche betrafen vor allem die antike, aber auch die neuere Literatur.

Ein recht amüsantes und aufschlußreiches Stimmungsbild aus diesen ersten Wochen in Leipzig vermittelt uns ein Brief Wolfgang Goethes an seinen Freund Johann Jacob Riese, der inzwischen als Student in Marburg lebte. Er wird am Sonntagmorgen, dem 20. Oktober, begonnen, sogleich nach der Anrede abgebrochen und erst am nächsten Abend wieder aufgenommen. Der Anfang dieses Briefes wird hier ungekürzt wiedergegeben:

Leipzig 20. Oktober 1765
Morgens um 6

R i e s e, guten Tag!

Den 21. Abends um 5

R i e s e, guten Abend!

Gestern hatte ich mich kaum hingesetzt, um Euch eine Stunde zu widmen, als schnell ein Brief von Horn kam und mich von meinem angefangnen Blatt hinwegriß. Heute werde ich auch nicht länger bei Euch bleiben. Ich geh in die Comödie. Wir haben sie recht schön hier. Aber dennoch! Ich bin unschlüssig! Soll ich bei Euch bleiben? Soll ich in die Comödie gehen? – Ich weiß nicht! Geschwind! Ich will würfeln. Ja ich habe keine Würfel! – Ich gehe! Lebt wohl! –
Doch halt! Nein! Ich will dableiben. Morgen kann ich wieder nicht, da muß ich ins Colleg, und besuchen und abends zu Gaste. Da will ich also jetzt schreiben. Meldet mir, was Ihr für ein Leben lebt? Ob Ihr manchmal an mich denkt. Was Ihr für Professoren habt. Et cetera, und zwar ein langes et cetera. Ich lebe hier wie – wie – ich weiß selbst nicht recht, wie. Doch so ungefähr – So wie ein Vogel, der auf einem Ast
    Im schönsten Wald, sich, Freiheit atmend, wiegt.
    Der ungestört die sanfte Luft genießt.
    Mit seinen Fittichen von Baum zu Baum
    Von Busch zu Busch sich singend hinzuschwingen.

Genug, stellt Euch ein Vöglein, auf einem grünen Ästelein in allen sei-
nen Freuden vor, so leb ich. Heut hab ich angefangen, Collegia zu
hören ...

Nach dem originellen Auftakt begegnen wir hier erstmals einer Eigenart
in den Jugendbriefen von Wolfgang Goethe: Der Text geht unvermittelt
von der Prosa in Verse über, in ein Briefgedicht. Hier sind es nur fünf
Verse; in zwei weiteren Briefen an Riese aus Leipzig ist der größere Teil
in Versform geschrieben. Für Wolfgang Goethe war es damals schon
ganz natürlich und bedurfte keiner Anstrengung, sich in Versen zu äußern. Hier sind sie dem Höhepunkt des Briefes vorbehalten. Poetisch
malen sie im Bild des freien Vogels das Glücksgefühl über die Befreiung
von den eingeengten Verhältnissen in Frankfurt aus.

Danach informiert Wolfgang Goethe den Freund darüber, welche
Vorlesungen er belegt hat, und wendet sich dann wieder den angenehmen
Seiten seines Leipziger Lebens zu: *Ich mache hier große Figur! – Aber*
noch zur Zeit bin ich kein Stutzer. Ich werd' es auch nicht. – Ich brau-
che Kunst, um fleißig zu sein. In Gesellschaften, Concert, Comödie, bei
Gastereien, Abendessen, Spazierfahrten, so viel es um diese Zeit angeht.
Ha! das geht köstlich, kostspielig. Zum Henker, das fühlt mein Beutel.
Halt! rettet! haltet auf! Siehst du sie nicht mehr fliegen? Da marschierten
2 Louisdor. Helft! da ging einer. Himmel! schon wieder ein paar ...

Da stiegen einem Knaben wohl das freie Studentenleben und der gut
gefüllte Beutel zu Kopf, und er konnte es nicht unterlassen, damit zu
renommieren! Doch kann man ihm zugute halten, daß der Umschwung
für einen 16-Jährigen wirklich drastisch war. – In Leipzig, so berichtet
Goethe in Dichtung und Wahrheit, mußte ein Student „galant" sein,
wenn er in der wohlhabenden und gebildeten Gesellschaft akzeptiert
sein wollte. Das angestrebte französische Vorbild in „Klein-Paris" verlangte solch eine nach außen, auf Repräsentation gerichtete Lebensart. Daher die eitle und zugleich auch selbstironische Bemerkung: *Ich*
mache hier große Figur! Während Wolfgang Goethe hier dem Freund
versichert, daß er *kein Stutzer* werden wolle, zeigte sich jedoch in den
folgenden Wochen oder Monaten (es gibt oftmals keine Anhaltspunk-
te für genaue Datierungen), daß er sich in diese Richtung entwickelte.
Denn der Zwang zur Anpassung – oder die Lust daran – war erheblich,
wie wir auch aus Dichtung und Wahrheit erfahren: Es wurde schon erwähnt, daß Goethes Vater den Sohn vor seiner Abreise neu einkleiden

ließ. Dabei verfuhr er als sparsamer Mensch jedoch recht unglücklich. Im Lauf der Jahre hatte er sich durch Einkäufe auf den Messen einen Vorrat von feinem Tuch angelegt. Daraus ließ er nun von einem Hausbedienten, der auch schneidern konnte, seinen Sohn komplett neu einkleiden. Der teils mißlungene, teils unmodische Schnitt amüsierte vor allem die Leipzigerinnen sehr. Um deren Gespött zu entgehen, blieb Wolfgang Goethe nichts anderes übrig, als sich auf eigene Kosten „eine neumodische, dem Ort gemäße" Garderobe zuzulegen, wobei sie aus Kostengründen an Umfang „sehr zusammenschrumpfte". So war er nun doch zum „Stutzer" geworden, wobei dieser Begriff damals noch nicht eine so negative Bedeutung hatte wie später. Als „Stutzer" galt damals in Leipzig jemand, der ganz *à la mode* gekleidet war. Wenn man dies jedoch übertrieb, so war man ein „Geck".

Auf eine Antwort Rieses, die eine Woche später eintraf, schrieb Wolfgang Goethe am 30. Oktober 1765 erneut an ihn; diesmal weniger überschwenglich: *Ich lebe hier recht zufrieden.* Kein Wort über das Studium. Vielmehr informiert er den Freund darüber, daß er an seinem Versdrama BELSAZAR, das er aus Frankfurt mitgebracht hatte, nun bald den 5. Akt fertig habe. Damit ist das Thema Literatur angeschlagen, und es folgt in einem langen Briefgedicht zunächst ein Plädoyer für den Blankvers (den Dramenvers Shakespeares), ehe er zu dem übergeht, worauf er wohl am meisten gespannt gewesen war:

> *Ich schaute Gellerten, Gottscheden auch*
> *Und eile jetzt, sie treu dir zu beschreiben.*

Um Gottsched zu charakterisieren, verwendet Wolfgang Goethe das ihm bereits als antiquiert erscheinende Versmaß des Hexameters:

> *Gottsched ein Mann, so groß, als wär er vom alten Geschlechte ...*

Damit ist jedoch nur *seines Cörperbaus Größe* gemeint. Ansonsten läßt der Student nach seinem ersten persönlichen Eindruck weder Respekt noch Sympathie für den einstmals hoch angesehenen Erneuerer des deutschen Theaters erkennen, der schon seit über vierzig Jahren an der Leipziger Universität lehrte. Vielmehr übergießt er ihn mit Spott, teilweise in lateinischen, an Horaz anklingenden Alexandrinern. Nur seine Rhetorik läßt er gelten:

Ich sah den großen Mann auf dem Catheder stehn,
Ich hörte, was er sprach und muß es dir gestehn,
Es ist sein Fürtrag gut, und seine Reden fließen
So wie ein klarer Bach. Doch steht er gleich den Riesen,
Auf dem erhabnen Stuhl. Und kennte man ihn nicht,
So wüßte man es gleich, weil er stets prahlend spricht …

In Prosa fügt Wolfgang Goethe noch hinzu, daß ganz Leipzig ihn verachte, weil er nach dem Tod seiner Frau wieder geheiratet hatte, *der alte Bock*, ein ganz junges Mädchen. – Er vergißt darüber völlig, von Gellert zu berichten.

Statt dessen fährt er fort: *Apropos. Hast du nicht gehört? Der Hofrath beklagt sich über den Mangel an Mädchen zu Göttingen.* – Und er fügt ein weiteres, freilich harmloseres Spottgedicht hinzu mit dem Titel: *Zu was will er ein Mädchen?* Es ist auf den Freund Max Moors gemünzt, der den Spitznamen „Hofrath" trägt und dem es anscheinend an seinem Studienort noch an weiblichem Umgang fehlte. Aus einem Brief von Horn hatte Wolfgang Goethe schon erfahren, daß sich auch Riese aus Marburg über den Mangel an schönen Mädchen beklagt habe. – Man sieht, die Frankfurter Freunde standen untereinander noch in reger Verbindung, und sie tauschten sich nicht nur über Literatur aus.

Vermutlich in diesem ersten Vierteljahr machte Wolfgang Goethe eine sehr unangenehme Erfahrung, auf die er in Dichtung und Wahrheit ausführlich eingeht. Obwohl er sich, vom Vater dazu angehalten, immer um eine „gewisse Reinheit" der gesprochenen Sprache bemüht hatte, wurde er in Leipzig für seine Anklänge an den „oberdeutschen" (bzw. hessischen) Dialekt und dessen Ausdrucksweise kritisiert. Ausgehend von Gottscheds Forderung nach einer dialektfreien nationalen Kunstsprache, ließ man unter den Gebildeten nur die „meißnische Mundart", die Sprache der Lutherschen Bibelübersetzung, gelten. Daß außerdem auch Anspielungen auf Bibelstellen, Sprichwörter und dergleichen unterbleiben sollten, die für ihn gerade den Reiz der Rede ausmachten, empfand Wolfgang Goethe als eine „unerträgliche Forderung": „… ich fühlte mich in meinem Innersten paralysiert und wußte kaum mehr, wie ich mich über die gemeinsten Dinge zu äußern hatte." – Die Umstellung auf Leipziger Verhältnisse und wohl auch auf einen spezifischen Leipziger Dünkel war nicht einfach.

Aus dem November sind keine Briefe Wolfgang Goethes, aus dem Dezember und dem Januar 1766 dann drei an Cornelia überliefert, denen erst Mitte März ein weiterer an sie folgte. Wir erfahren aus diesen Briefen nur wenig darüber, womit ihr Bruder sich den Winter über in Leipzig beschäftigte. Einen großen Teil dieser Briefe nehmen Ratschläge hinsichtlich ihrer Lektüre ein, nicht nur was die Auswahl der Bücher, sondern auch was die sinnvolle Art des Lesens betrifft: *Du bist über die Kinderjahre, du muß also nicht nur zum Vergnügen, sondern zur Besserung deines Verstandes und deines Willens lesen. Bitte dir vom Papa Zeit dazu aus ...* Er gibt ihr auch genaue Anweisungen, wie Briefe zu schreiben seien, wobei die erste Regel jene ist, die er bei Gellert gelernt hat: *Schreib nur, wie du reden würdest, und so wirst du einen guten Brief schreiben.* – Manches in diesen Briefen wirkt recht schulmeisterlich.

Da er eine sehr hohe Meinung von seiner Schwester hat, möchte er, daß sie etwas aus sich mache. Daneben finden sich scherzhafte und liebevolle Bemerkungen aus ihrer alten Vertrautheit heraus. Häufig bittet er sie auch, ihm vom Frankfurter Geschehen und von ihren Freundinnen zu berichten, von denen die schöne Lisette Runckel es ihm anscheinend besonders angetan hat. – Auf Cornelias Wunsch beschreibt er ihr seine Tischgesellschaft; doch nur für Magister Morus findet er wirklich positive Worte. Über die Mitstudenten an der Universität schweigt er sich ebenso aus wie über seine Studien. Er betont mehrfach, daß er in Eile oder kurz vor Mitternacht schreiben müsse, bleibt aber eine Erklärung schuldig, welche wichtigen Angelegenheiten ihn denn beschäftigen. Eine der wichtigsten muß jedenfalls die Vollendung seines Dramas BELSAZAR nach einem Stoff aus dem Alten Testament gewesen sein. Cornelia kannte die ersten Akte davon aus Frankfurt; nun schreibt er ihr die überarbeitete allererste Szene ab, wodurch sie erhalten blieb. – In den Briefen findet sich auch manche eingestreute Bemerkung über die Lebensverhältnisse in Leipzig. Einige dieser Briefstellen ermöglichen uns, die damaligen Umstände ein wenig mit den Augen des jungen Goethe zu sehen:

Noch Verschiedenes von Leipzig. Man kann sie jetzo Maulbeerstadt nennen, indem rings herum solche Bäume und Hecken gepflanzt sind, die zwar sehr von den Preußen ruiniert worden, doch aber jetzo soviel als möglich hergestellt sind. – Es ist hier eine Maler-Academie in der Vestung Pleißenburg in drei Zimmern recht niedlich angelegt. Hr. Oeser, ein geschickter Mann im Malen und Radieren, hat die Aufsicht ... – Die

Ruinierung der Maulbeerbäume (welche zur Seidenraupenzucht dienten) durch die Preußen während des Siebenjährigen Krieges (1756 bis 1763) war erfolgt, als Friedrich II. Sachsen eroberte und Leipzig mit geringen Unterbrechungen über sechs Jahre besetzt hielt, wobei nicht nur die Maulbeerbäume ruiniert worden waren. Wolfgang Goethe, der von Hause aus „fritzisch gesinnt" war, wurde in Leipzig in dieser Einstellung schwankend; denn die Erbitterung der Sachsen gegen die preußische Eroberungspolitik war nur zu verständlich. – In der erwähnten Maler-Academie nahm Wolfgang Goethe vom Dezember 1765 an bei Oeser Unterricht, worüber noch zu berichten sein wird. – Die weiträumigen barocken Gartenanlagen vor den Toren der Stadt begeisterten den jungen Goethe selbst im Dezember: *Die Gärten sind so prächtig, als ich in meinem Leben [nie] etwas gesehen habe. Ich schicke dir vielleicht einmal den Prospekt von der Entrée des Apel'schen, der ist königlich. Ich glaubte das erste Mal, ich käme in die Elysischen Felder.* – Und über seine gesellschaftlichen Beziehungen lesen wir: *Ich besuche Fr. Prof. Böhmen sehr oft, die außerordentlich gütig gegen mich ist. Ich habe schon mehr als sechs Mal dort gespeist. Ich habe durch sie und ihren Gemahl viele Particularitäten von Gellert erfahren. Am Sonntag war ich bei Hofrath Lange abends bei Tische. Es ist ein unerträglich närrischer Mann. Meine Tischgesellin war Mad. Linke. Sie ist mit Hofrath Lange verwandt, eine sehr schöne Frau, die einen Schöps [Hammel] zum Manne hat ...*

Zum Jahreswechsel herrschte große Kälte, die im Januar andauerte: *Wir haben hier schröckliche Kälte, schönen Schnee und gute Schlittenbahn ... 13 Reaumur'sche Grade unter dem Eispunkt, also fast so tief wie Anno 40 ... – Kostspielig sind hier die Schlitten für diejenigen, die solche Art von Vergnügen lieben. Es hat diesen Winter einige große Gesellschaften gegeben, die gemeinsam ausfuhren, beinahe wie bei uns, nur mit dem Unterschied, daß man niemals in der Stadt bleibt, sondern immer irgendwelche Dörfer anfährt, von denen es in der Umgebung sehr viele gibt ... Es ist spät. Höre, die Rathausglocke schlägt zweimal, es ist halb zwölf. Die Katzen miauen wie verrückt und sind außer mir die einzigen Kreaturen, die in dieser Gegend noch wach sind ... Leb wohl, ich werde ins Bett gehen.*

Nach den letzten Zeilen an Cornelia vom 18. Januar 1766 erfahren wir bis Ende März absolut nichts aus der Feder Wolfgang Goethes über das Geschehen in Leipzig und über sein eigenes Befinden. Zwar schrieb er ihr am 14. März einen sechs bis sieben (Druck-)Seiten langen

RECTORE.

Dn. CAROLO. GVNTHERO.LVDOVICI.

PROF. PYBL.

a die Galli 1765 ad diem Georgii 1766.

Numerus		Inscriptionis dies	Nomina Inscriptorum	Patria	Locus et tempus depositionis
1.	P.	17. Oct.	a Brucken, dictus Fock, Frider: Joan.	Eques Curlan.	Lips.
2.	S.	"	Saenger, Joannes Ernestus.	Berolinens.	"
3.	M.	"	Trummer Christianus Gottlob.	Werdensis.	
4.	P.	18.	Arnold Georgius Christianus.	Polona. Lec.	
5.	B.	19.	Temlich, Crömann Christianus Carol.	Arhavensis.	
6.	P.	"	a Schweinitz, Christophorus Henr: Ludov.	Francon. Eques Liefat.	"
7.	M.	"	Held, Joannes Georgius Josephus.	Dresdensis.	
8.	S.	"	Schulz, Reinhold.	Equ: Pomer.	Griphis. Walda
9.	B.	"	Goethe, Johannes Wolfgang.	Francofad moenum.	Lipsia.
10.	B.	20.	de Knoll, Joannes Baptista.	Ravenspurg. Nevius.	
	B.	"	Marstallerus, Joannes Andreas.	Neostad. Fr.	
	S.	23.	Rennerus, Joannes Carolus Daniel.	Pretschens.S.	
	P.	"	Lob, Franciscus.	Lignicens.Sil.	
15.	P.	24.	Diston, Christophorus David.	Curonus.	Jena.
	P.	25.	Paullus, Christianus Fridericus.	Cunewalda usat.	"
	S.	"	de Blum, Friedericus, —	Brufuicens.	Helmst.
	S.	26.	a Flotow, Joannes Georgius.	Equ: Mega. politan.	Lipsia.
	S.	"	Hetzsch, Carolus Gottlob Lebrecht.	Equ: Saxo.	
	M.	27.	Crusius, Christianus Jul: Guilielm.	Dresdens.	Witteberg.
20.	M.	28.	de Herda, a Brandenberg, Carolus Fridericus Guilielmus.	Numburg.	Hala.
	S.	"	a Hattorf, Franciscus Georgius.	Equ: Hanov.	Goetting.

Auszug aus dem Matrikelverzeichnis der Universität Leipzig für das Jahr 1765 mit dem Eintrag Goethes am 19. Oktober

Brief, doch dieser befaßte sich fast ausschließlich mit Gedanken über die Mädchen ganz im allgemeinen: über ihre Eitelkeit, ihre Gefallsucht und oberflächlichen Interessen, über die beklagenswerte Tatsache, daß sie nur zum Zeitvertreib und aus Neugier Bücher läsen, nicht aber um *Nahrung für Herz und Geist zu finden*; und er fragt Cornelia, was sie darüber denke. Ein Mädchen sei doch *ein so zierliches Wesen*, daß er nicht mit ansehen könne, *wie eins davon verdorben wird*. Er versäumt nicht, bei diesen Überlegungen auch an die *liebe Runckel* zu denken. – Was er in den zurückliegenden 2 ½ Wintermonaten getan und erlebt hat, übergeht er mit Schweigen. Das ist kein gutes Zeichen.

Wie es in jener Zeit um ihn stand, finden wir in einer sehr entlegenen Briefstelle, die bisher anscheinend noch niemand für das erste Halbjahr in Leipzig ausgewertet hat. Jahre später, im Dezember 1777, ritt Goethe ganz allein in den Harz. Am 10. Dezember wollte er, gegen alle Warnungen, den höchsten Berg, den schneebedeckten Brocken besteigen. Am Abend vor diesem Wagnis führte ihn das Sinnieren über das Leben weit in die Vergangenheit zurück. Er schrieb darüber an die Vertraute jener Tage, Charlotte von Stein, nach Weimar: *Was die Unruhe ist, die in mir steckt, mag ich nicht untersuchen, auch nicht untersucht haben. Wenn ich so allein bin, erkenn ich mich recht wieder, wie ich in meiner ersten Jugend war, da ich so ganz allein* [!] *unter der Welt umhertrieb … Solang ich im Druck lebte, solang niemand für das, was in mir auf- und abstieg, einig[es] Gefühl hatte, vielmehr, wie's geschieht, die Menschen erst mich nicht achteten, dann wegen einiger widerrennender Sonderbarkeiten scheel ansahen, hatte ich mit aller Lauterkeit meines Herzens eine Menge falscher, schiefer Prätensionen. – Es läßt sich nicht so sagen, ich müßte ins Detail gehe – da war ich elend, genagt, gedrückt, verstümmelt, wie Sie wollen …*

Die Zeit, in der er erstmals allein in der Welt lebte und niemand Anteil nahm an dem, was ihn bewegte, und die Menschen ihn *nicht achteten* (!), ihn trotz der *Lauterkeit seines Herzens* wegen Eigenheiten (wie seiner unmodischen Kleidung oder seiner hessischen Dialektanklänge) *scheel ansahen* – das war das erste Halbjahr in Leipzig. Nur bei Frau Böhme hatte er in den ersten Monaten Mitgefühl gefunden, aber auch bei ihr kein tieferes Verständnis für das, was in ihm *auf- und abstieg*, was ihn in der Seele bewegte. Dieser Brief an Charlotte von Stein enthüllt, was Wolfgang Goethe seinen Frankfurter Freunden und auch Cornelia verschwiegen hatte: wie *gedrückt* und *verstümmelt* er sich in Leipzig fühlte, nachdem die erste Euphorie, die Freude über die Selbständigkeit und das Staunen über all das Neue abgeklungen waren. Wenn die Erinnerung an diesen *elenden* Zustand zwölf Jahre später, in einer als schicksalhaft empfundenen Situation, wieder aus seinem Inneren aufstieg, dann begreifen wir, wie sehr ihn seine Lebensumstände damals in Leipzig bedrückt haben müssen.

Den nächsten Brief an Cornelia beginnt er am Abend des Ostersonntags zu schreiben, am 30. März 1766. Während die Familie sich beim Großvater Textor getroffen haben wird, habe er es nicht versäumt, sich zu amüsieren, freilich allein, allein in einem dieser zauberhaften Leipziger Gärten. Doch, so gesteht er, *obgleich ich diese düstere und einsame Unterhaltung gern habe, so ist mir durchaus nicht unwohl zumute, wenn ich mich inmitten einer frisierten, mit Bändern behängten, geschwätzigen Schar sehe, wie ich sie gewöhnlich im Konzert finde. Ich mache mir freilich dabei meine Gedanken. Ah, meine Schwester, was für Wesen sind diese sächsischen Mädchen!* Manche von ihnen sind *närrisch, die meisten sind nicht sehr klug, und alle sind sie kokett ...* All ihre Fehler könnte er ihnen verzeihen, fährt er fort, *wenn sie nicht durch die größte und erbärmlichste Dummheit, die man bei einer Frau finden kann, gekrönt würden, nämlich die Koketterie. Dieser Wunsch, durch Mittel, die einer Frau, die Geist und Ehre hat, unwürdig sind, zu gefallen, ist hier sehr in Mode. Man meinte, beinahe in Paris zu sein ...* Doch am Ende gesteht der jugendliche Verächter der Koketterie: *Unser schwaches Geschlecht bewundert sie und, schwächer noch, folgt ihnen deswegen.*

Die Frage ist nur: mit Erfolg? Ein halbes Jahr war Goethe schon in Leipzig, als er diesen Brief schrieb, der von seinem einsamen Osterspaziergang berichtet. Er hatte offenbar, wie es so manchem Studenten im ersten Semester ergeht, noch keinen Anschluß in seinem neuen Umfeld gefunden, und er litt darunter. Daß in seinen Briefen immer wieder von Mädchen die Rede ist, nunmehr auch von sächsischen, verwundert nicht. Er ist 16 ½ Jahre alt, und in Leipzigs Gärten spürt man einen Hauch von Frühling. Dies scheint ihn am Ende seines ersten Semesters weit mehr zu beschäftigen als die Rechtswissenschaft.

Selbstzweifel und Hoffnungen

Nach dem harten Winter 1765/66 wurde der Frühling besonders herbeigesehnt. Nicht nur in der Natur brachte er mächtige Veränderungen. Am 28. April 1766 schreibt Wolfgang Goethe nach einer Pause von fast einem halben Jahr wieder einen Brief an den Freund Johann Jacob Riese; es ist der letzte an ihn aus Leipzig, der überliefert ist. Ein paar Tage zuvor war Adam Horn in Leipzig eingetroffen, zur Freude Wolfgang Goethes. Aus dem Brief läßt sich einiges über seinen Gemütszustand in jenen Tagen ablesen:

Lieber Riese,
ich habe Euch lange nicht geschrieben. Verzeiht es mir. Fragt nicht nach der Ursache! Die Geschäfte waren es wenigstens nicht. Ihr lebt vergnügt in M., ich lebe hier ebenso. Einsam, einsam, ganz einsam. Bester Riese, diese Einsamkeit hat so eine gewisse Traurigkeit in meine Seele geprägt.

> *Es ist mein einziges Vergnügen,*
> *Wenn ich entfernt von jedermann,*
> *Am Bache, bei den Büschen liegen,*
> *An meine Lieben denken kann.*

So vergnügt ich aber auch da bin, so fühle ich dennoch allen Mangel gesellschaftlichen Lebens. Ich seufze nach meinen Freunden und meinen Mädchen …

Es folgen zwölf Verse, in denen er sein *einsames Trauern* in schönen Worten und Bildern beschreibt und beklagt, ehe seine Stimmung umschlägt und er in Prosa fortfährt: *Aber wie froh bin ich, ganz froh. Horn hat mich durch seine Ankunft einem Teil meiner Schwermut entrissen. Er wundert sich, daß ich so verändert bin.*

> *Er sucht die Ursach zu ergründen,*
> *Denkt lächelnd nach und sieht mir ins Gesicht.*
> *Doch wie kann er die Ursach finden,*
> *Ich weiß sie selbsten nicht.*

Wahrscheinlich darf man keines dieser Gefühle: Trauer, Schwermut, Freude, ganz ernst nehmen; vielleicht handelt es sich mehr um ein poetisches Probieren Wolfgang Goethes auf der Klaviatur verschiedener Stimmungen. Dennoch wird hinter diesen für ihn vielleicht auch reizvollen Stimmungsschwankungen eine echte Bedrückung spürbar. Er vermißt seine Freunde und Cornelia mit ihrem Kreis von Freundinnen wirklich. Es fehlen ihm vertraute Menschen in der Nähe. Und eine Freundin.

Doch da ist noch etwas anderes, wie aus dem zweiten Teil des Briefes hervorgeht, der aus vierzig Versen besteht. In ihnen spricht er davon, wie sehr er der Dichtkunst und den Musen zugeneigt war und jene *mit großem Haß* [!] *verfolgte*, die sich *nur dem Recht ... weihten*, also der Rechtswissenschaft, ohne für *der Musen sanfte Lockungen* offen zu sein. Er selbst hatte immerhin Gellerts Vorlesung und Praktikum besuchen können (wahrscheinlich ohne Wissen des Vaters). Aber dies hatte zu einer Enttäuschung geführt. Denn Christian Fürchtegott Gellert war, obwohl erst 50 Jahre alt, ein vorzeitig gealterter Mann, dem die christliche Moral inzwischen für wichtiger galt als die Poesie und der sich, nach Goethes Schilderung in Dichtung und Wahrheit, Studenten wünschte, die fromme Christen waren und nicht angehende Poeten. In seinen Vorlesungen kamen die führenden deutschen Dichter, Klopstock, Lessing oder Wieland, um die wichtigsten zu nennen, nicht vor, und in seinem Praktikum verlangte er vor allem eine schöne Schrift. Den Studenten Goethe behandelte er zwar freundlich, versah seine Prosa-Arbeiten aber mit roten Tintenkorrekturen und „sittlichen Anmerkungen", ohne auf die Eigenart der Texte einzugehen. Von eigenen poetischen Versuchen riet er den Studenten von vornherein ab. Wolfgang Goethe wird es daher kaum bedauert haben, als Gellert das Stil-Praktikum an einen aufstrebenden jungen Professor abgab, den 27-jährigen Christian August Clodius, der mit seinem Drama Medon in Leipzig bereits auf der Bühne erfolgreich war.

In Dichtung und Wahrheit berichtet Goethe dann jedoch von dem Debakel, das er mit Clodius erlebte: Von zu Hause war er aufgefordert worden, ein Hochzeitsgedicht zur Heirat des Bruders seiner Mutter im Februar 1766 zu verfassen. Wolfgang Goethe entwarf hierzu mit viel mythologischem Pomp eine Götterversammlung im Olymp, auf der über diese Heirat auf höchster Ebene beratschlagt und gestritten wurde, bis zuletzt Amor durch einen schelmischen Streich die Zustimmung der zerstrittenen Götter erreichte. Bei den Frankfurter Verwandten erntete Wolfgang für das Gedicht viel Lob, so daß er sich ermutigt fühlte, es

Clodius zur Besprechung im Stil-Praktikum anzubieten. Doch anstelle des erwarteten Lobes erfuhr sein Hochzeitscarmen einen fürchterlichen Verriß. Clodius nahm das Gedicht ernster, als es gemeint war, und tadelte scharf den Aufwand an Göttern für das harmlose irdische Geschehen. In der Beurteilung der Details hatte auch er nicht mit roter Tinte gespart, wozu er versicherte, daß er dies noch zu wenig getan habe. Das besonders Peinliche dabei war, daß die übrigen Studenten unschwer erraten konnten, wer der Verfasser des Gedichtes war. Wolfgang Goethe fühlte sich vernichtet, zumal er den Kern der Kritik als berechtigt anerkannte.

In den Versen des Briefgedichtes an Riese stellte er bildhaft verschlüsselt dieses Clodius-Trauma dar. Wolfgang Goethe hatte wahrscheinlich noch nie zuvor an seiner Berufung und Befähigung zum Dichter gezweifelt. Ohne auf den Vorfall mit Clodius einzugehen, schildert er dem Freund den völligen Verlust dieses Grundvertrauens in sein Dichtertum: Sein Stolz habe ihn bisher glauben lassen, daß die Musen ihn liebten und seine Lieder vollkommen seien. Doch erst jetzt, da er *den Ruhm der großen Männer sah*, habe er begriffen, *wieviel dazu gehörte, Ruhm [zu] verdienen*.

> *Da sah ich erst, daß mein erhabner Flug,*
> *Wie er mir schien, nichts war als das Bemühn*
> *Des Wurms im Staube, der den Adler sieht.*

Als ein Wind den Wurm hochwirbelt, in die Region des Adlers, wähnt der Wurm

> *Sich groß, dem Adler gleich, und jauchzet schon*
> *Im Taumel. Doch auf einmal zieht der Wind*
> *Den Odem ein. Es sinkt der Staub hinab,*
> *Mit ihm der Wurm. Jetzt kriecht er wie zuvor.*

Die Beschämung durch Clodius muß ihn tief getroffen haben, wenn er sich einem Wurm vergleicht und es nicht über sich bringt, dem Freund anders als auf metaphorische Weise mitzuteilen, was geschehen war. Aus einem Brief an Cornelia, den er ein Jahr später schrieb, wird deutlich, daß es nicht *der Ruhm der großen Männer*, sondern die Kritik von Clodius war, was sein Selbstvertrauen so sehr erschüttert hatte: *Vorm Jahre, als ich die scharfe Kritik von Clodius über mein Hochzeitsgedicht las, entfiel mir aller Mut, und ich brauchte ein halbes Jahr Zeit, bis daß*

ich mich wieder erholen und auf Befehl meiner Mädchen einige Lieder
verfertigen konnte.

So befand sich Wolfgang Goethe im April 1766 auf einem seelischen Tiefpunkt. Von der Hochstimmung, die aus dem ersten Brief an Riese tönte, von der Lust an der neugewonnenen Freiheit war nichts mehr übriggeblieben. Als „Dichter" fühlte er sich gescheitert. In der Leipziger Gesellschaft hatte er trotz seiner Empfehlungsschreiben nicht Fuß gefaßt. An der Universität (über die wir kaum etwas von ihm hören) scheint er als einer der Erstsemester-Studenten – man nannte sie abschätzig „Füchse" – ebenfalls wenig Aufmerksamkeit ausgelöst zu haben. An der Schwelle vom Knaben- zum Jünglingsalter steckte der verwöhnte, bisher stets gelobte und daher mit einigem Dünkel behaftete Frankfurter Patriziersohn unversehens in einer Krise.

Adam Horn, der als Garant für heitere Stunden galt, war überrascht, seinen Freund derart verändert anzutreffen und machte sich Gedanken darüber, wie aus Wolfgang Goethes Briefgedicht an Riese hervorgeht:

> *Er sucht die Ursach zu ergründen,*
> *denkt lächelnd nach und sieht mir ins Gesicht.*

Die Aussage dieser beiden Verse ist klar; doch sind sie es wert, daß man einen zweiten, genauen Blick auf sie richtet. Wieviel dichterisches Vermögen steckt doch in ihnen! In diesen zwei Versen ist uns eine ganze Szene vor Augen gestellt – und Adam Horn dabei trefflich charakterisiert: Zwei Freunde sind beisammen, der eine verbirgt, was in ihm vorgeht; der andere wendet sich ihm zu, sieht ihm in die Augen, versucht durch sie hindurch das Geheimnis hinter dem veränderten Verhalten des Freundes *zu ergründen*. Doch legt er nicht die Stirne sorgenvoll in Falten, sondern *denkt lächelnd nach* – und damit ist der Freund für uns in drei Worten bildhaft präsent: in der Heiterkeit seines Wesens und in der Anteilnahme seines zugewandten Blickes. Man kann sich diese Szene als ein Gemälde aus jener Epoche vorstellen, mit dem Titel: *Freundschaft.*

Wenn es anschließend dann heißt:

> *Doch wie kann er die Ursach finden,*
> *Ich weiß sie selbsten nicht –*

so ist das nicht ganz aufrichtig. Wolfgang Goethe wußte schon, was oder welche Begegnung ihn seit einigen Tagen mehr als alles andere beschäftigte. Aber das war wohl zu verwirrend und zu unabsehbar in seinen Folgen, als daß er darüber an Riese hätte schreiben wollen …

Adam Horn war, wie zuvor Goethe, nicht allein nach Leipzig gereist. Er hatte sich Johann Georg Schlosser, einem 26-jährigen Anwalt aus Frankfurt, angeschlossen, dem man dort wegen seiner vielseitigen Kenntnisse und seiner Zielstrebigkeit eine bedeutende Karriere zutraute. Schlosser hatte bereits mit 22 Jahren promoviert und sich in Frankfurt als Anwalt niedergelassen. Er stammte aus derselben Gesellschaftsschicht wie Wolfgang Goethe und war ihm schon daheim als Vorbild vor Augen gestellt worden. Nun war er auf dem Weg nach Pommern, wo er eine Stelle als Geheimsekretär eines Prinzen antreten sollte. Er nutzte die Gelegenheit der Durchreise, um in Leipzig renommierte Persönlichkeiten kennenzulernen und die Kunstsammlungen und wissenschaftlichen Kabinette zu besuchen. Anscheinend hatte Wolfgang Goethes Familie ihn gebeten, sich in Leipzig auch ein wenig um ihren Sohn zu kümmern.

Schlosser war in der Schönkopfschen Weinwirtschaft abgestiegen, die am Brühl lag, einer der belebtesten Straßen Leipzigs. Während der Messezeit konnten bei Schönkopf auch ein paar Übernachtungsgäste Unterkunft finden. Das eher kleine Lokal war bei den Frankfurtern bekannt und beliebt. Die Wirtin war eine gebürtige Frankfurterin, und auch ihr Mann, Christian Gottlob Schönkopf, hatte einige Zeit in Frankfurt gelebt, ehe er sich nach den Jahren der Wanderschaft mit seiner Frau in der eigenen Heimatstadt niederließ. Er war ein umgänglicher und tüchtiger Mann; seine Gäste schätzten ihn und kehrten gern bei ihm ein. Dort stieg Schlosser für die Wochen seines Leipziger Aufenthaltes ab.

Gleich in den ersten Tagen lud er den um zehn Jahre jüngeren Wolfgang Goethe zu sich an Schönkopfs Mittagstisch. Leider hat es Goethe in DICHTUNG UND WAHRHEIT unterlassen, etwas von der Atmosphäre zu vermitteln, auf die er dort traf, und nur von den Menschen berichtet, denen er im Lokal begegnete. Zunächst war er natürlich gespannt auf Schlosser, von dem er die neuesten Nachrichten aus Frankfurt erwarten durfte. Es stellte sich bald heraus, daß er sich mit ihm auch über eine Vielzahl anderer Themen unterhalten konnte, denn Schlosser war hochgebildet. Er war in der deutschen, der antiken, französischen, italienischen und insbesondere der englischen Literatur bewandert; auch politische und pädagogische Fragen beschäftigten ihn. Für den stets wißbegierigen Wolfgang Goethe war er also ein höchst interessanter Gesprächspartner. Zwar wirkte er etwas ernst; doch die Besonnenheit, die er ausstrahlte, zog den unsicheren Studenten an. Schlosser brachte ihm Aufgeschlossenheit und Zuneigung entgegen, und so freundete er sich schnell mit ihm an. Dazu trug auch bei, wie Goethe in DICHTUNG UND WAHRHEIT schreibt, daß der Ältere „Nachsicht" hatte mit seinem „lebhaften, fahrigen und immer regsamen Wesen". So verbrachte Wolfgang Goethe in diesen Aprilwochen viel Zeit mit Schlosser; ihre Unterhaltungen seien „durchaus bedeutend und unterrichtend" gewesen. Wolfgang Goethe begleitete Schlosser auch auf dessen Besuchen bei den angesehenen Leipziger Gelehrten; teils führte er ihn dort ein, so z.B. bei Gottsched, teils konnte er sich ihm anschließen, wenn er einer der Leipziger Koryphäen seine Aufwartung machte. Als Schlosser nach ein paar Wochen weiterreiste, war ihre Beziehung so gefestigt, daß sie einen regelmäßigen Briefwechsel, anscheinend überwiegend auf Englisch, führten. Leider ist dieser Briefwechsel nicht überliefert. Nur ein an Schlosser gerichtetes englisches Gedicht Wolfgang Goethes ist in einer Abschrift für Cornelia erhalten.

Gästebucheintrag Goethes und Schlossers, 1766 beim Besuch von Johann Thomas Richters Kunstsammlung am Leipziger Thomaskirchhof hinterlassen

Das Zwischenspiel Georg Schlossers in Leipzig hatte für Wolfgang Goethe weitreichende, ja geradezu schicksalhafte Folgen. Als erstes fand er durch den Umgang mit ihm vielfältige geistige Anregungen, die ihn davor bewahrten, sich allzu sehr seinen elegischen Stimmungen hinzugeben. Als noch viel bedeutsamer erwies sich der Umstand, daß Wolfgang Goethe regelmäßig mit Schlosser bei Schönkopf speiste und dabei „eine sehr angenehme Tischgesellschaft" kennenlernte. Sie bestand aus einigen Leipziger Literaten mittleren Alters, ein paar Studenten aus dem Baltikum mit ihren Hofmeistern und dem sechs Jahre älteren Jurastudenten Christian Gottfried Hermann aus Dresden, mit dem Wolfgang Goethe bald eine freundschaftliche Beziehung verband. Er fühlte sich in dieser Gesellschaft sehr wohl, denn es herrschte dort ein heiterer, freundlicher Ton, die Gespräche hatten Niveau, und alle waren ihm, dem vermutlich Jüngsten im Kreis, wegen seiner offenen Art und gewiß auch wegen seiner erstaunlichen Literaturkenntnisse wohlgesinnt. Man fragte ihn daher, ob er nicht auch nach Schlossers Abreise weiterhin mit ihnen speisen wolle. Gerne gab er den Mittagstisch der Mediziner auf und siedelte in den Brühl um, wo er nun die Stunden des Mittagessens mit seinen „Freunden", wie er sie in DICHTUNG UND WAHRHEIT nennt, „heiter und nützlich" zubrachte. Adam Horn gehörte anscheinend ebenfalls zu den Gästen an diesem Mittagstisch; zumindest in den ersten Wochen, vielleicht auch auf Dauer. Die Zeit ohne echte Gesprächspartner, die für den so mitteilungsbedürftigen Wolfgang Goethe fast lebensnotwendig waren, hatte so ein Ende gefunden, und er begann sich in Leipzig zugehörig zu fühlen.

Schön war es, in dieser kurzweiligen Gesellschaft von Freunden zu speisen. Und nicht weniger schön, dabei von einer Gastwirtstochter bedient zu werden, mit ihr Blicke und ein paar Worte zu wechseln, die Herzklopfen auslösten. Was für ein Mädchen! Einen Charme hatten diese Sächsinnen, wie man das in Frankfurt einfach nicht kannte! Da konnte einem schier der Atem stocken … – Das Mädchen wurde *Käthchen* gerufen und war bei den Gästen allseits beliebt. Wie man hörte, war sie neunzehn Jahre alt. Drei Jahre älter, das war nicht gerade günstig für die Chancen eines Studenten im ersten Studienjahr, zumal eine 19-Jährige damals eigentlich fast schon verheiratet sein sollte. Doch was hieß das schon? Gefühle, schnell entflammte, kümmern sich nicht um Vernunftgründe. – Nach kaum zwei oder drei Wochen, am 26. April 1766 (wie ein späterer Brief offenbart), fand Wolfgang Goethe eine Gelegenheit, diesem bezaubernden Wesen seine Liebe zu gestehen.

Das war zwei Tage b e v o r er Riese den zuletzt zitierten Brief geschrieben hatte. In eben diesem Brief finden sich auch ein paar Sätze und Verse, deren Sinn erst ganz verständlich wird, wenn man um dieses Liebesgeständnis weiß. Sie klingen recht kläglich: *Ich seufze nach meinen Freunden und meinen Mädchen, und wenn ich fühle, daß ich vergebens seufze*

Da wird mein Herz von Jammer voll,
Mein Aug' wird trüber,
Der Bach rauscht jetzt im Sturm vorüber,
Der mir vorher so sanft erscholl.
...
Voll Zittern flieh ich dann den Ort,
Ich flieh und such in öden Mauern
Einsames Trauern.

Die Seufzer in diesen melancholischen Versen, die nicht gerade zu seinen besseren gehören, galten in Wirklichkeit gar nicht den fernen Freunden und Mädchen, sondern seinem aktuellen Liebeskummer, den er niemandem eingestehen mochte. Unmittelbar danach folgen die oben zitierten Verse, in denen er seine Freude über Horns Ankunft kundtut, der ihn seiner *Schwermut entrissen* habe und dem er, wie Riese, den wirklichen Grund für die in ihm vorgegangene Veränderung verschwiegen hatte. Das klingt alles etwas oberflächlich und ist es in dem raschen Wechsel der Stimmungen wohl auch. Der 16-Jährige kennt seine Gefühle noch gar nicht. In Dichtungen hatte er schon viel über die Liebe gelesen und sicher auch schon selbst ausgiebig über sie gedichtet. Doch ist er noch gänzlich unerfahren. Seine Frankfurter Knabenschwärmerei für ein wunderschönes „Gretchen" war nur ein schöner Traum gewesen, der ein enttäuschendes Ende gefunden hatte. Aber seine Sehnsucht nach Gefühlen, nach eigenen Erfahrungen, nach Wirklichkeit wurde immer drängender. Zwei Tage zuvor hatte er nach dem Glück zu greifen versucht, mit seinem Liebesgeständnis an Käthchen. Es ist offenkundig, daß sie ihm danach nicht um den Hals gefallen war. Daher der Jammer. So wenig echt sich diese gedichteten Klagen anhören mögen, am wirklichen Kummer ihres Verfassers braucht man nicht zu zweifeln. Nach der kurz vorher erfolgten Abfuhr durch Clodius stieß er nun bei dem umworbenen Mädchen auf ungewohnte Ablehnung. Es fiel dem bisher so Selbstbewußten und vom Schicksal Begünstigten vermutlich besonders schwer, mit solchen Niederlagen fertig zu werden. – Dabei war es gut möglich, daß Käthchen ihm zugeneigter war, als sie erkennen ließ.

Täglich sieht er das Mädchen, in das er verliebt ist, am Mittagstisch, freut sich über ihre Gegenwart, muß jedoch gegenüber der Tischrunde und natürlich erst recht gegenüber ihren Eltern sein Geheimnis verbergen und den Unbefangenen spielen. Eigentlich liebte Goethe es, sich zu verstellen, in andere Rollen zu schlüpfen. Aber dies war keine freiwillig gewählte Rolle. Ob er sie insgeheim dennoch genoß und sich weiterhin Hoffnungen machte? Wahrscheinlich schon, denn Käthchen wußte ja um seinen Zustand, als einzige, und sie wird als freundliches Wesen den Jüngsten am Tisch nicht schlecht behandelt haben, schon aus Rücksicht auf die elterlichen Einkünfte nicht. Im übrigen war er ein sympathischer Junge. Er sah gut aus, hatte eine gute Figur und wußte sich zu benehmen. Es konnte ihr nicht verborgen bleiben, daß die übrigen Tischgenossen ihn gern hatten und auch respektierten. Gewiß wußte sich Wolfgang Goethe besonders dann, wenn sie in der Nähe war, günstig zu präsentieren. Er war schon früh ein witziger, einfallsreicher und redegewandter Unterhalter und verstand es, seine Zuhörer zu amüsieren. Dieses Talent hatte er vor allem im Kreis von Cornelias Freundinnen entwickeln können. Man kann sich vorstellen, daß er, von Käthchens Nähe beflügelt, alle seine Register gezogen und so um sie geworben hat. – Sie wird jedoch Realistin genug gewesen sein, einen drei Jahre jüngeren Studienanfänger nicht ernsthaft in Erwägung zu ziehen. Geschmeichelt konnte sie sich durch sein indirektes Werben trotzdem fühlen.

Leider gibt es kein sicher bezeugtes Bildnis von der jungen Frau, in die sich Wolfgang Goethe Hals über Kopf verliebt hatte. Doch ist uns eine Beschreibung von ihr überliefert, die Adam Horn dem Freund Max Moors in einem Brief vom 3. Oktober 1766 gegeben hat. Einleitend betont er in diesem Brief, daß er *kein Liebhaber* von ihr sei und deshalb *ganz ohne Leidenschaft* schreibe. Er fährt fort: *Denke dir ein Frauenzimmer: wohlgewachsen, obgleich nicht sehr groß; ein rundes, freundliches, obgleich nicht außerordentlich schönes Gesicht; eine offne, sanfte, einnehmende Miene; viele Freimütigkeit ohne Koketterie; einen sehr artigen Verstand, ohne die größte Erziehung gehabt zu haben.*

Es gilt nun, einigen Spürsinn aufzuwenden, um herauszufinden, wie sich die Beziehung Goethes zu diesem – nach Horns Urteil – freimütigen Wesen mit einer unverbildeten Klugheit entwickelte. Die Quellen hierzu sind für das Frühjahr und den Sommer 1766 äußerst spärlich, und man kann ihnen manchmal nur auf indirektem Wege etwas entlocken. In DICHTUNG UND WAHRHEIT finden sich Datumsangaben für die Leipziger Studentenzeit nur zu deren Anfang und Ende. Doch gibt es rund vierzig datierte Briefe aus der Zeit dazwischen, die es ermöglichen, zeitliche

Abläufe und wichtige Zusammenhänge zu erschließen. Offenbar hat das bisher noch niemand ernsthaft versucht, und schon gar nicht im Hinblick auf Goethes Beziehung zu Anna Katharina Schönkopf.

Über den Beginn seiner Werbung um sie erfahren wir etwas aus einem Brief, in dem Wolfgang Goethe am 26. April 1768 gegenüber einem Freund bemerkt: *Es sind heute zwei Jahre, daß ich ihr zum erstenmal sagte, daß ich sie liebte.* – Mit dieser Liebeserklärung war für ihn, wie wir gesehen haben, freilich noch nichts gewonnen. Wie ging es danach weiter? – Zwischen dem 30. März und dem 31. Mai 1766 schrieb Wolfgang Goethe an vier verschiedenen Tagen einen langen Brief an Cornelia. Am 30. März beklagte er sich darin noch, wie schon erwähnt, über die sächsischen Mädchen. Der zweite Teil des auf Englisch geschriebenen Briefes trägt das Datum vom 11. Mai, ist also zwei Wochen nach seinem ersten Liebesgeständnis entstanden. In ihm teilt er der Schwester mit, daß sich *seine Seele ... ein wenig verändert* habe und daß er oft zum *Melancholiker* werde. Auch diese Aussage bestätigt indirekt, daß Käthchen ihm einen Korb gegeben haben muß. Anstatt mit i h r im Mai durch die blühenden Leipziger Gärten zu lustwandeln, muß er das mit dem Freund tun, wie er berichtet: Horn habe oft *die große Ehre*, ihm zu folgen; er gehe *tête-à-tête mit ihm in die Gärten. Ein Tête-à-tête unter Männern! Es ist ein Jammer!* – Er fährt fort: *In einer solchen Seelenstimmung mache ich englische Verse ...* und fügt selbstironisch hinzu, daß über sie selbst *ein Stein weinen würde.* – Das Englisch dieser Verse ist bisweilen fehlerhaft, aber dazu hatte der junge Goethe eine völlig unbekümmerte Einstellung. Mit modernen Fremdsprachen spielte und experimentierte er gern, auch in Versen. Vielleicht dienten sie ihm in jener Phase dazu, etwas Distanz zu seelischen Vorgängen zu halten, die ihm zu peinlich waren, um sie direkt auszusprechen. Man kann diesen Eindruck gewinnen, wenn man ein an Schlosser gerichtetes englisches Gedicht liest, das er Cornelia in einer Abschrift beifügte. Das Gedicht besteht aus insgesamt zehn vierzeiligen Strophen und trägt den Titel: *A Song over the Unconfidence towards my self. To Dr. Schlosser* – ein Lied über seinen Mangel an Selbstvertrauen. In ihm gesteht er Schlosser seine quälenden Selbstzweifel ein. Besonders deutlich geschieht dies in den folgenden Strophen:

> *[The] fogs of doubt do fill my mind / With deep obscurity;*
> *I search myself and cannot find / A spark of Worth in me ...*

She cannot love a peevish boy / She with her godlike face.
O could I, friend, that thought destroy, / It leads the golden days.

Another thought is misfortune, / Is death and night to me:
I hum no supportable tune; / I can no poet be.

[Übersetzt: „Die Nebel des Zweifels erfüllen meinen Sinn mit tiefem Dunkel; ich erforsche mich selbst und kann nicht einen Funken von Wert in mir finden … – Sie kann nicht einen grämlichen Jungen lieben, sie mit ihrem göttlichen Gesicht. O könnte ich, Freund, diesen Gedanken zunichte machen; das würde zu goldenen Tagen führen. (?) – Ein weiterer Gedanke bedeutet Unglück, Tod und Nacht für mich: Ich summe kein erträgliches Lied; ich kann nicht Dichter sein."]

Der Verlust seines Selbstvertrauens hatte also vor allem zwei Ursachen: Unerwiderte Liebe und der tiefe Zweifel daran, daß er zum Dichter bestimmt sei. – Doch die trostlose Stimmung, die sich in solchen Versen ausdrückte, konnte rasch umschlagen. Drei Tage später, am 14. Mai, beginnt er die Fortsetzung seines Briefes an Cornelia (erneut auf Englisch) mit den Worten: *Oft, Schwester, bin ich guter Laune. In sehr guter Laune! Dann besuche ich hübsche Frauen und hübsche Mädchen. St! sag davon Vater nichts. – Aber warum sollte Vater es nicht wissen? Es ist eine sehr gute Schule für einen jungen Mann, sich in Gesellschaft und Bekanntschaft junger, tugendsamer und ehrenwerter Damen aufzuhalten. Die Angst, von ihnen abgelehnt zu werden, läßt uns manchen Exzeß fliehen … Schau, Schwester, so lebe ich augenblicklich: ich versuche nichts zu tun, von dem ich nicht Rechenschaft geben könnte vor meinen Vorgesetzten [superiors], meinem Gott und meinen Eltern; ich versuche außerdem dem größten Teil der Menschen zu gefallen, Weisen und Narren, Großen und Kleinen, ich bin fleißig, ich bin fröhlich und ich bin glücklich. Adieu.*

Die trüben Selbstzweifel sind dem plötzlichen Ausbruch von guter, sehr guter Laune gewichen, die er *oft* habe. Wodurch könnte sie ausgelöst sein? Er verrät es hier und auch in späteren Briefen der vertrauten Schwester mit keinem Wort, und doch muß er darüber schreiben, in einer mystifizierenden Weise. Er gehe zu hübschen Frauen und Mädchen, *tugendsamen und ehrenwerten*; das sei ja *eine sehr gute Schule für einen jungen Mann.* – Zwei Wochen zuvor hatte er e i n e m ganz bestimmten

Mädchen erklärt, daß er es liebe, und es ist klar, daß sein Stimmungs-
barometer von diesem geliebten Wesen abhing. Wahrscheinlich genügte
ein freundliches Wort oder ein Lächeln von ihr, die er täglich sah, um
ihn in gute Laune zu versetzen. Blieben solche Signale aus, dann schlug
der Zeiger in Richtung „Melancholie" aus. – Wenn Wolfgang Goethe
in seinen Briefen an Cornelia nun von „den Mädchen" oder wie hier
von *hübschen Frauen und hübschen Mädchen* im Plural spricht, dann
handelt es sich dabei sehr wahrscheinlich um eine Taktik der Verschleie-
rung. Gemeint ist damit nämlich nur „sein" Mädchen, über das er gerne
schreiben möchte (denkt er doch ständig an sie), was er aber aus Vorsicht
unterlassen muß. Manche Goethe-Biographen haben das nicht begriffen
und ihm deshalb für seine Leipziger Zeit zahlreiche Liebschaften zugeschrieben, obwohl nur die Beziehung zu Anna Katharina Schönkopf und
die nicht erotische Freundschaft zu Friederike Oeser nachweisbar sind.

Zwei Wochen später folgt der vierte und letzte Teil dieses Briefes
an Cornelia, diesmal auf Französisch, und er beginnt in einer herz-
erfrischenden Nüchternheit: *Nach meinem übergroßen Geschwätz,
sowohl auf Französisch als auch auf Englisch, bleiben mir noch zwei
Blatt übrig, die mir dazu dienen sollen, deinen Brief zu beantworten
…* Der große Bruder versichert seiner Schwester, daß er *sehr erfreut*
gewesen sei, *einen so lang, so nett, so geschliffen geschriebenen Brief*
zu sehen, was für ein Mädchen ihres Alters *viel* sei – jedoch: *für meine Schwester zu wenig.* Nach einigen Ratschlägen hierzu und diversen
Lektüre-Empfehlungen wendet er sich dann den Freundinnen Cornelias zu, insbesondere Lisette Runckel: *Tausend, tausend Grüße an die
liebe Runckel; schreib mir häufig von ihr. Es sind immer die angenehmsten Stellen deiner Briefe, die über dieses wunderbare Mädchen handeln. Ich wünschte, ich könnte sie nur ein einziges Mal küssen. – Küsse
sie von mir.* (31. Mai 1766)

Man kann die Rückwendung zu der *lieben Runckel* aus Cornelias
Kreis (die sehr schön gewesen sein soll) sicher als ein Indiz dafür werten,
daß Wolfgang Goethe auch einen Monat nach seiner Liebeserklärung an
Käthchen bei ihr keine Fortschritte gemacht hatte, zumindest keine er-
kennbaren. Diese Vermutung bestätigt ein erstaunlicher Brief, den Wolf-
gang Goethe wenige Tage später, am 2. Juni, an Augustin Trapp, einen
Jugendfreund in Worms, schrieb. Trapp verdankte Wolfgang Goethes
Interesse für ihn vielleicht vor allem dem Umstand, daß er der Vetter
Charitas Meixners war. Diese kam öfters von Worms nach Frankfurt zu

ihrem Onkel auf Besuch, dem Kanzleidirektor J. F. Moritz, der mit seiner Familie im 1. Stock von Goethes Elternhaus zur Miete wohnte. Charitas hatte sich mit den etwa gleichaltrigen Geschwistern Goethe befreundet und befand sich auch in der Zeit, bevor Wolfgang Goethe nach Leipzig abreiste, in Frankfurt. Es dürfte ihm damals bewußt geworden sein, daß sie sich zu einer auffallend schönen jungen Frau zu entwickeln begann, wie sein Brief an Augustin Trapp vermuten läßt. In diesem Brief spricht er von seiner *Leidenschaft für die schöne Charitas* (im Original auf Französisch), und in den Versen, in die der Brief übergeht, steigert er sich bis zu Äußerungen, die als ein Eheversprechen verstanden werden konnten. Jeder, der Charitas sehe, bewundere sie; jeder, der sie kenne, bete sie an. Wenn er durch Fleiß den Gipfel der Wissenschaft erklommen habe, werde er heimkehren und dann sehen, ob sie, Charitas, willens sei, sein Glück zu vollenden und ihn auf den Gipfel des Glücks zu führen. – Wolfgang Goethe wußte und wollte, daß Trapp seinen Brief Charitas zu lesen geben werde. Offensichtlich hatte er keine Hoffnung mehr, von Käthchen erhört zu werden, und sah sich deshalb, bedrängt von seinen Sehnsüchten, nach einer aussichtsreicheren Partnerin um. – Nach diesem Brief vom 2. Juni 1766 gibt es in seiner Korrespondenz eine Pause von vier Monaten. Für den ganzen Sommer, in den zwei Ereignisse von erheblicher Tragweite fielen, besitzen wir keinerlei Zeugnisse aus seiner Hand.

Die Situation Wolfgang Goethes in Leipzig hatte sich seit dem April 1766, wie wir gesehen haben, durch Schlossers Besuch, durch den Wechsel an Schönkopfs Mittagstisch und durch die Ankunft Horns sehr zum Positiven verändert. Er hatte Anschluß gefunden und fühlte sich dadurch heimischer. Auf der anderen Seite war er durch Clodius' Kritik immer noch tief verunsichert und hatte keinen Mut mehr zum Dichten. Da sich neben den Dichterträumen auch seine Liebeshoffnungen nicht zu erfüllen schienen, blieb er von Anfällen der „Melancholie", von dem Gefühl, unglücklich zu sein, nicht verschont. Er wird allerdings in einem späteren Brief an Cornelia zugeben, daß seine *Melancholie ... doch nicht so stark* gewesen sei, wie er sie ihr geschildert hatte; es gebe manchmal *recht poetische Wendungen in meinen Schilderungen, die die Dinge übertreiben*. – Man stößt in Wolfgang Goethes Briefen aus Leipzig noch häufiger auf Stellen, bei denen sich die Frage stellt, inwieweit sie *die Dinge übertreiben*, sei es *poetischen Wendungen* zuliebe, sei es, daß der Schwung der Begeisterung oder andere Emotionen dem

Schreibenden die Feder allzu behende geführt hatten. Das macht die Einschätzung seiner Briefe manchmal schwierig. Doch wenn man sich gründlich in sie eingelesen hat, gewinnt man den Eindruck, daß hinter der großen Beweglichkeit dieses jugendlichen Geistes mit seiner Lust am Spielerischen und hinter all den Gefühlsschwankungen eine durchaus ernsthafte Veranlagung gegeben ist.

Wenn auch das Frühjahr für Wolfgang Goethe erfreuliche Veränderungen gebracht hatte, so blieben doch viele seiner Erwartungen weiterhin unerfüllt. Weder in der Liebe noch an der Universität geschah Begeisterndes – und darauf wäre es ihm vor allem angekommen. Wie er in diesem Frühjahr seine Zeit verbrachte, darüber wissen wir wegen der spärlichen Quellen nur wenig. Den Besuch der Vorlesungen schien er noch ernst zu nehmen. Am Schluß seines Briefes vom 28. April an Riese forderte er ihn auf: *Habt mehr Collegia in Zukunft*, und er fuhr fort: *Horn soll 5 nehmen. Ich 6. Lebt wohl. Gewöhnt Euch keine academischen Sitten an.* – Aus dieser letzten Bemerkung läßt sich eine gewisse Distanz zum Verhalten mancher Mitstudenten ablesen. Trotz seiner zahlreichen Briefe aus Leipzig und trotz der ausführlichen Behandlung dieser Zeit in DICHTUNG UND WAHRHEIT (wo er einmal von „der Gleichgültigkeit meiner Gesellen" spricht) können wir uns überhaupt kein Bild davon machen, wie er tagtäglich unter seinen Mitstudenten lebte. Weder der junge noch der alte Goethe berichtet darüber etwas Genaueres. Anscheinend waren sie ihm, außer einigen wenigen, mit denen er etwas befreundet war, nicht besonders wichtig. Vielleicht auch anders herum: Sie nahmen i h n nicht wichtig genug. Darauf deuten zwei Zeugnisse damaliger Studenten. Das erste, aus dem Jahr 1772 (als Goethe noch nicht als Autor bekannt war) stammt aus einem Brief von Carl Wilhelm Jerusalem, dessen Selbstmord noch im gleichen Jahr Goethe mit den Anstoß zu seinem WERTHER gab. Jerusalem schrieb: *Er war zu unserer Zeit in Leipzig und ein Geck ...* – 1775, also nach dem Erscheinen des WERTHER, berichtet H. G. v. Bretschneider: *... habe ich ihn in Leipzig kennen lernen und ihm damalen nichts weniger zugetraut, als daß er einmal das geringste Aufsehen bei der Literatur machen würde.* – Wenn beide Äußerungen auch nicht als repräsentativ gelten können, so mögen sie doch eine denkbare Erklärung dafür geben, warum wir fast gar nichts über Wolfgang Goethes Verhältnis zur Leipziger Studentenschaft erfahren, mit der er fast drei Jahre dieselbe Universität besuchte: Man nahm sich gegenseitig nicht sonderlich ernst. Vielleicht kann man es auch als ein Indiz dafür nehmen, daß der Frankfurter sich nur wenig an der Universität engagierte.

Ähnliches zeigte sich auch bei seinem Verhältnis zu den Universitätsprofessoren, ob sie nun Juristen oder Vertreter der Schönen Wissenschaften waren. Letztlich erlangte keiner von ihnen eine tiefergehende Bedeutung für ihn. Nach seiner Rückkehr nach Frankfurt schrieb Wolfgang Goethe in einem Brief an den Leipziger Verleger Philipp Erasmus Reich, daß er in Leipzig drei *echte Lehrer* gehabt habe: Oeser, Shakespeare und Wieland. Andere hätten ihm gezeigt, worin er fehle; diese drei jedoch, *wie ich's besser machen sollte.* – Shakespeare und Wieland lernte er in Leipzig durch die Lektüre ihrer Werke kennen, Oeser durch den Unterricht an der Kunstakademie. Adam Friedrich Oeser, 1717 geboren, war Maler, Zeichner, Radierer und Bildhauer und leitete seit 1764 als Direktor die neu gegründete Akademie, die in der alten Veste Pleißenburg eingerichtet worden war. Wolfgang Goethe besuchte ab dem Dezember 1765 seinen Unterricht. Unter seiner Anleitung bildete er sich mit großem Eifer im Zeichnen und Radieren aus. Der freundliche und umgängliche Oeser förderte sein bildnerisches Talent und fand zunehmend Gefallen an seinem Schüler; ab dem Herbst 1766 bot er ihm auch familiären Anschluß.

Oeser führte Wolfgang Goethe jedoch nicht nur auf praktische Weise in die Kunst ein, fast noch wichtiger waren für ihn die Gespräche, die er mit Oeser über Geschmack und Ästhetik führte. Dieser vermittelte ihm dabei das Kunstideal Winckelmanns, das sich auf die Kunst der klassischen Antike gründete und im Gegensatz zum herrschenden barocken Stil einen klassizistischen Stil zum Maßstab erhob. Sein Kunstideal der „edlen Einfalt und stillen Größe" wurde dann zur ästhetischen Grundlage für eine ganze Epoche. Wie sehr und wofür sich Wolfgang Goethe seinem Lehrer Oeser verpflichtet fühlte, zeigt nichts schöner und treffender als der Brief, mit dem er ihm nach seiner Rückkehr nach Frankfurt dankte: *Was bin ich Ihnen nicht schuldig, theuerster Herr Professor, daß Sie mir den Weg zum Wahren und Schönen gezeigt haben ... Ich bin Ihnen mehr schuldig, als daß ich Ihnen danken könnte. Den Geschmack, den ich am Schönen habe, meine Kenntnisse, meine Einsichten, habe ich die nicht alle durch Sie? Wie gewiß, wie leuchtend wahr ist mir der seltsame, fast unbegreifliche Satz geworden, daß die Werkstatt des großen Künstlers mehr den keimenden Philosophen, den keimenden Dichter entwickelt als der Hörsaal des Weltweisen und des Kritikers. Lehre tut viel, aber Aufmunterung tut alles. Wer unter allen meinen Lehrern hat mich jemals würdig geachtet, mich aufzumuntern als Sie? ... Ja, Herr Professor, wenn Sie meiner Liebe zu den Musen nicht aufgemuntert hätten, ich wäre verzweifelt. Sie wissen, was ich war, da ich zu Ihnen kam, und was ich war, da ich von Ihnen ging; der Unterschied ist Ihr Werk ... Und was über alles geht, ich sah, was ich noch zu tun habe, wenn ich was sein will. – Sie haben mich gelehrt, demütig ohne Niedergeschlagenheit und stolz ohne Präsumption* [Anmaßung] *zu sein.*

In dem schon erwähnten Brief an den Verleger Reich bedankte sich Wolfgang Goethe auch für ein übersandtes Buch mit Illustrationen von Oeser, wozu er schreibt: *Oesers Erfindungen haben mir eine neue Gelegenheit gegeben, mich zu segnen, daß ich ihn zum Lehrer gehabt habe ... Auch war unsre Hand nur sein Nebenaugenmerk; er drang in unsere Seelen, und man mußte keine haben, um ihn nicht zu nutzen. – Sein Unterricht wird auf mein ganzes Leben Folgen haben. Er lehrte mich, das Ideal der Schönheit sei Einfalt und Stille, und daraus folgt, daß kein Jüngling Meister werden könne ...* – Nirgends zeigt sich mehr als in diesen Sätzen, wie sehr das Hauptinteresse des jungen Goethe nicht der Wissenschaft galt, so wie sie an der Universität gelehrt wurde, sondern der Kunst, und wie zweitrangig daher die Universität für ihn bleiben mußte.

Wichtiger wurden für ihn in den entscheidenden Jahren seiner Entwicklung, etwa vom 17. bis zum 27. Lebensjahr, immer wieder ältere Freunde und Mentoren, die er vielleicht unbewußt suchte und fand. Im Gespräch und im Gedankenaustausch mit ihnen fühlte er sich wohlwollend belehrt und gefördert, verstanden, akzeptiert und bereichert. Sie halfen ihm vor allem damit weiter, daß sie ihm anspruchsvolle Maßstäbe vermittelten und ihm gleichzeitig durch ihre Aufmunterung das Vertrauen gaben, daß er diesen Maßstäben durch seine eigenen künstlerischen Leistungen gerecht werden könne. – Seine Freunde und Mentoren haben ihrerseits gewiß Freude daran gefunden, mitzuerleben, mit welchem Verständnis und welcher Begeisterung ihr wißbegieriger Schützling Anregungen aufnahm und schöpferisch weiterentwickelte.

Shakespeare wurde für ihn der überragende Lehrer in der Weltliteratur. Ab dem März 1766 finden sich in Wolfgang Goethes Briefen an Cornelia Zitate aus dessen Werken. Er lernte einzelne Stellen aus Shakespeares Werk zuerst durch eine englische Anthologie kennen, William Dodds *The Beauties of Shakespeare* (1752). Noch in DICHTUNG

UND WAHRHEIT erinnert er sich jener ersten Begegnung „als einer der schönsten Epochen meines Lebens". Danach las er vollständige Dramen Shakespeares in den Prosa-Übertragungen von Wieland, die „verschlungen, Freunden und Bekannten mitgeteilt und empfohlen" wurden. Wie überwältigt er von Shakespeares Genie schon in Leipzig war, läßt sich seiner fünf Jahre später entstandenen Rede ZUM SCHÄKESPEARS TAG entnehmen: *Die erste Seite, die ich in ihm las, machte mich auf Zeitlebens ihm eigen, und wie ich mit dem ersten Stücke fertig war, stand ich wie ein Blindgeborner, dem eine Wunderhand das Gesicht in einem Augenblicke schenkt. Ich erkannte, ich fühlte meine Existenz aufs lebhafteste um eine Unendlichkeit erweitert, alles war mir neu, unbekannt, und das ungewohnte Licht machte mir Augenschmerzen ...* – Selbst im Stile Shakespeares zu dichten, davon war er noch weit entfernt. Auch von ihm mußte er erst lernen, was er *noch zu tun habe*, wenn er *was sein* wollte.

So behaupteten vor allem Literatur und Kunst das Interesse des jungen Goethe; doch vergaß er darüber nicht das eigene Leben. Der Frühling zog ihn hinaus vor die Stadtmauern, an denen entlang man in etwa einer Dreiviertelstunde die Stadt umrunden konnte. In jenen Jahren, nach dem Frieden von Hubertusburg von 1763, hatte man damit begonnen, die Festungsanlagen allmählich abzubauen und einzelne der Wassergräben davor zuzuschütten. Die Promenade an der Westseite der Stadt zwischen der Thomaspforte und der Barfußpforte war d e r Treffpunkt von Leipzig, wo sich die galante Welt ein glanzvolles Stelldichein gab. Eine Radierung von Rosmäsler aus dem Jahr 1777 gibt uns einen Eindruck davon, wie sehr in jener Zeit der Stil der französischen Adelsgesellschaft in Leipzig nachgeahmt wurde. Man zeigte sich in modischen Roben, flanierte, parlierte – für einen jungen Menschen wie Wolfgang Goethe muß der Unterschied zu Frankfurt sehr beeindruckend gewesen sein. Jenseits der Stadtgräben begannen dann die verschiedenen Gartenanlagen, in denen man sich ebenfalls müßig ergehen und als Student auf Begegnungen mit jungen Sächsinnen hoffen konnte (damit es nicht auf Dauer bei Tête-à-têtes mit Horn bleiben mußte). Reiche Kaufleute hatten unmittelbar außerhalb der Stadtmauern prächtige Gärten im gestutzten Stil des Barock geschaffen, die frei zugänglich waren. Es gab über dreißig von ihnen. Der großartigste von allen war der fächerförmig angelegte Luxusgarten des Samt- und Seidenhändlers Apel. Am Abend des Ostersonntags schrieb Wolfgang Goethe in seinem schon erwähnten

„Promenade de Leipzig. La place de la Barfuspforte jusqu'à la porte St. Thomas". Radierung von Johann August Rosmaesler, um 1777

Brief an Cornelia vom 30. März über ihn: ... *im schönsten Garten. Bald spazierend in weiten und dunklen Alleen, für die Sonne noch undurchdringlich, wenn auch durch den Winter entlaubt, bald sitzend am Fuß einer Statue, die einen Laubengang mit immergrünem Laub schmückte, bald stehend und in einem einzigen Augenblick gleich sechs verschiedene Alleeneingänge erblickend, ohne auch nur das Ende einer einzigen gewahr zu werden, das sind die Umstände, in denen ich meinen Nachmittag verbrachte.* [Aus dem Französischen] – Man kann sich vorstellen, um wieviel schöner solch ein Garten, zu dem noch Teiche, Pavillons, Tempel, Gewächshäuser und ein Landhaus gehören konnten, im vollen Blütenschmuck des Frühlings wirken mußte.

Ein weiteres beliebtes Ausflugsziel ganz in der Nähe war das im Nordwesten der Stadt gelegene Rosenthal, ein Hain, durch den die Pleiße floß. In ihm konnte man unter Bäumen lustwandeln. Er war nach den Versen eines Dichters besonders *den Liebenden geweiht.* Bei den Studenten beliebt waren auch die durch Wiesenland leicht zu erreichenden Dörfchen vor der Stadt mit ihren Kuchen- und Biergärten. In eines von ihnen, nach Reudnitz, mußte Wolfgang Goethe während der Messezeiten ausweichen, wenn seine Räume in der *Feuerkugel* an zahlungskräftige Kaufleute vermietet wurden. – Alle diese Orte wird Wolfgang Goethe gern aufgesucht haben, sei es in Begleitung von Horn oder anderen Studenten, um sich dort mit ihnen zu vergnügen, sei es allein, um sich ungestört seinen *Träumereien* zu überlassen, wie er an Cornelia schrieb. Sie scheinen mehr den Mädchen im fernen Frankfurt oder in Worms gegolten zu haben als der freundlichen, aber abweisenden jungen Frau, der er täglich an der Mittagstafel in Schönkopfs Gasthaus begegnete.

Annette

Das einzige datierbare und daher besonders wertvolle Lebenszeugnis über Wolfgang Goethe für den Sommer 1766 ist ein Brief, den Adam Horn am 12. August an Max Moors in Göttingen schrieb. Darin berichtet er seinem engen Freund, daß es ihm in Leipzig immer besser gefalle und er *recht wohl und vergnügt* sei. Er wünsche sich daher nichts mehr, fährt er in seiner herzlichen Weise fort, als das Vergnügen der Gesellschaft des Freundes. Moors würde, wenn er *nur acht Tage* hier wäre, *Göttingen auf ewig vergessen.* – Einen Wermutstropfen gebe es aber doch, das mehr als merkwürdige Verhalten ihres gemeinsamen Freundes Goethe:

Von unserm Goethe zu reden! – der ist immer noch der stolze Phantast, der er war, als ich herkam. Wenn du ihn nur sähest, du würdest entweder vor Zorn rasend werden oder vor Lachen bersten müssen. Ich kann gar nicht einsehen, wie sich ein Mensch so geschwind verändern kann. Alle seine Sitten und sein ganzes jetziges Betragen sind himmelweit von seiner vorigen Aufführung unterschieden. Er ist bei seinem Stolze auch ein Stutzer, und alle seine Kleider, so schön sie auch sind, sind von so einem närrischen Gout, der ihn auf der ganzen Academie auszeichnet. Doch dieses ist ihm alles einerlei, man mag ihm seine Torheit vorhalten, soviel man will ... Sein ganzes Dichten und Trachten ist nur, seinem gnädigen Fräulein und sich selbst zu gefallen. Er macht sich in allen Gesellschaften mehr lächerlich als angenehm ... Einen Gang hat er angenommen, der ganz unerträglich ist. Wenn du es nur sähest! ... Sein Umgang wird mir alle Tage unerträglicher, und er sucht auch denselbigen, wo er kann, zu vermeiden. Ich bin ihm zu schlecht, [als] daß er mit mir über die Straße gehen sollte ... Schreibe doch bald wieder einmal an ihn und sage ihm die Meinung ... Wenn mich nur der Himmel, so lange ich hier bin, vor einem Mädchen bewahrt, denn das hiesige Weibsvolk ist ganz des Teufels. Goethe ist nicht der erste, der seiner Dulcinea zu Gefallen ein Narr ist. Ich wünschte nur, daß du sie ein einziges Mal sähest; sie ist die abgeschmackteste Creatur von der Welt ... Lieber Freund, ich wäre hier noch einmal so vergnügt, wenn nur Goethe noch so wäre wie in Frankfurt. So gute Freunde wir auch sonst waren, so vertragen wir uns jetzt kaum eine Viertelstunde ... Du kannst ihm nur alles wieder

*schreiben, was ich dir hier erzählt habe ... Denn er wird doch nicht so
leicht bös auf mich ...*

Horn ruft in seiner Ratlosigkeit über Wolfgang Goethes unerklärliches
Verhalten den Freund im fernen Göttingen zu Hilfe, und er hatte damit
Erfolg. Sieben Wochen später, am 3. Oktober, konnte er ihm in einem
weiteren Brief Erfreuliches vermelden: *Lieber Moors, welche Freude wird
dir es sein, wenn ich dir berichte, daß wir an unserm Goethe keinen
Freund verloren haben, wie wir es fälschlich geglaubt. Er hatte sich ver-
stellt, daß er nicht allein mich, sondern noch mehrere Leute betrog und
mir niemals den eigentlichen Grund der Sache entdeckt haben würde,
wenn deine Briefe ihm nicht den nahen Verlust eines Freundes vorher-
verkündigt hätten ...* Es ist eine abenteuerliche und auch etwas abstru-
se Geschichte, die Adam Horn nun nach Göttingen berichtet, auf Bitte
von Wolfgang Goethe übrigens, dem es zu unangenehm war, sie Moors
selbst zu erzählen. Demnach hatte Goethe jenem adligen „Fräulein" nur
deshalb in übertriebener Weise den Hof gemacht, um davon abzulenken, daß er ein anderes Mädchen liebt: *Er liebt sie sehr zärtlich,* schreibt
Horn, *mit den vollkommen redlichen Absichten eines tugendhaften Menschen, ob er gleich weiß, daß sie nie seine Frau werden kann. Ob sie ihn
wiederliebt, weiß ich nicht. Du weißt, lieber Moors, das ist eine Sache,
nach der sich nicht gut fragen läßt, soviel aber kann ich dir sagen, daß
sie für einander geboren zu sein scheinen.* – Dank seiner List könne Goethe nun *zu gewissen Zeiten seine Geliebte sehen und sprechen, ohne daß
jemand deswegen den geringsten Argwohn* schöpfe. Er, Horn, begleite
ihn manchmal zu ihr, und wenn Goethe nicht sein Freund wäre, würde er
sich selbst in das Mädchen verlieben. Es ist Anna Katherina Schönkopf,
deren so erfreuliche Charakterisierung in Horns Brief wir schon kennen.
    Zwei Tage vorher, am 1. Oktober, hatte Wolfgang Goethe anschei-
nend das Bedürfnis, sein Verwirrspiel zu beenden und klare Verhältnisse
zu schaffen. Er griff zur Feder und schrieb an Trapp in Worms. Von ihm
hatte er erfahren, daß Charitas Meixner Trapp gebeten habe, ihr den
Brief mit Wolfgang Goethes feuriger Werbung zu überlassen, von der
sie anscheinend beeindruckt war. – Er könne Charitas den Brief geben,
schreibt Goethe, fügt aber hinzu: Sie möge sich beim Lesen dieses Briefes *eines unglücklichen Freundes* erinnern, *der sie liebt, ohne jemals die
Früchte seiner Liebe zu ernten, der ihr das glücklichste Leben wünscht,
ohne je zu hoffen, zu ihrem Glück auch nur im geringsten beitragen zu*

können. Die Absicht ist nur allzu deutlich: Wolfgang Goethe versucht, sich auf diplomatische Weise von seinen gefühlvollen Äußerungen in dem Brief vom 2. Juni zurückzuziehen, die nach einer ernstgemeinten Werbung um Charitas geklungen hatten. Dieser Rückzug muß einen Grund gehabt haben.

Am selben Tag richtete er einen weiteren Brief an Moors in Göttingen: *Endlich schreib ich dir. Die verworrenen Umstände, in denen ich mich befinde, werden mich entschuldigen, daß ich so lange unschlüssig gewesen bin, was ich tun sollte. Ich habe mich endlich entschlossen, dir alles zu entdecken, und Horn hat die Mühe über sich genommen, es dir zu schreiben … Du weißt also alles … Ich liebe ein Mädchen ohne Stand und ohne Vermögen, und jetzt fühle ich zum allerersten Male das Glück, das eine wahre Liebe macht. Ich habe die Gewogenheit meines Mädchens nicht diesen elenden kleinen Trakasserien [Bemühungen] des Liebhabers zu danken; nur durch meinen Charakter, nur durch mein Herz habe ich sie erlangt. Ich brauche keine Geschenke, um sie zu erhalten … Das fürtreffliche Herz meiner S. ist mir Bürge, daß sie mich nie verlassen wird, als wenn es uns Pflicht und Notwendigkeit gebieten werden, uns zu trennen. Solltest du dieses fürtreffliche Mädchen kennen, bester Moors, du würdest mir diese Torheit verzeihen, die ich begehe, indem ich sie liebe. Ja, sie ist des großen Glückes wert, das ich ihr wünsche, ohne jemals hoffen zu können, etwas dazu beizutragen … Ich muß dir noch am Ende im Namen der Freundschaft das heiligste Stillschweigen auf[er]legen. Laß es keinen Menschen wissen, keinen ohne Ausnahme. Du kannst [dir] denken, welches Übel daraus entstehen könnte. Lebe wohl.* Goethe

Max Moors erfährt aus diesem Brief das, wonach Horn den Freund Goethe nicht zu fragen gewagt hatte: Seine Liebe wird von Anna Katharina Schönkopf erwidert. – Irgendwann im Sommer (zwischen dem Brief an Trapp vom 2. Juni und dem 12. August, an dem Horn sich über Wolfgang Goethes *närrisches* Verhalten beklagte) hatte sie ihren vielleicht gar nicht so ernst gemeinten Widerstand gegen das Werben dieses ungewöhnlichen Jungen aufgegeben und seine Liebe erwidert. Beiden muß es damit ernst gewesen sein. Anna Katharina Schönkopf wußte nur zu gut, daß dieser sehr junge Student aus mehreren Gründen kein sonderlich geeigneter Heiratskandidat für sie war (und sie verbarg daher ihre Liebe zu ihm vor der Mutter) – dennoch hatte sie ihm die Gewißheit vermittelt, daß sie ihn *nie verlassen* werde, es sei denn, *Pflicht und Notwendigkeit* würden ihr eine Trennung *gebieten*. – Durch seinen *Charakter* und durch sein *Herz* habe er sie gewonnen, vertraut Wolfgang Goethe dem Freund an, was zu erkennen gibt, daß es für beide eine ernsthafte Beziehung ist. Aber von Anbeginn ist sie belastet, was sowohl in Horns zweitem Brief an Moors als auch in dem von Wolfgang Goethe mehrfach anklingt. Offensichtlich ist es der Standesunterschied, der beiden Sorge bereitet. Er liebe *ein Mädchen ohne Stand und ohne Vermögen*, gesteht Goethe dem Freund und spricht von der *Torheit*, die er begehe, wenn er dieses Mädchen liebe. Doch er widerspricht sich selbst, indem er kommentiert: *Was ist der Stand? Eine eitle Farbe, die die Menschen erfunden haben, um Leute, die es nicht verdienen, damit anzustreichen. Und Geld ist ein ebenso elender Vorzug in den Augen eines Menschen, der denkt.* Der Patriziersohn Goethe weiß jedoch, was seine Familie und insbesondere sein Vater von ihm erwarten: Karriere und Aufstieg in Frankfurt. So wie der Vater ihn gezwungen hat, Jura zu studieren, so wird er auch nur eine „standesgemäße", das heißt: wohlhabende Frau aus „besseren Kreisen" für ihn akzeptieren. Wie sollte und könnte er, der Minderjährige, rechtlich und finanziell von seinem Vormund abhängig, dagegen ankommen? – Daher auch die dringende Aufforderung an Moors, unter allen Umständen *heiligstes Stillschweigen* zu wahren, da sonst *Übel daraus entstehen* könnte. Sehr wahrscheinlich aus der gleichen Befürchtung verschweigt Wolfgang Goethe selbst gegenüber der so vertrauten Schwester ein ganzes Jahr lang die Existenz seiner Liebsten völlig und schreibt auch danach nicht offen über sie.

Adam Horn, der ja die Frankfurter Verhältnisse genauestens kennt, hatte die Situation seines Freundes in seinem zweiten Brief ganz ähnlich beurteilt: Nachdem er dessen *vollkommen redliche Absichten* betont hatte, fuhr er einige Sätze weiter fort: *Er ist mehr Philosoph und mehr Moralist als jemals, und so unschuldig seine Liebe ist, so mißbilligt er sie dennoch. Wir streiten sehr oft darüber... Ich bedaure ihn und sein gutes Herz, das wirklich in einem sehr mißlichen Zustand sich befinden muß, da er das tugendhafteste und vollkommenste Mädchen ohne Hoffnung liebt.* (3. Oktober) – Für uns heute ist es kaum nachvollziehbar, daß der junge Goethe seine unschuldige Liebe, von der er nicht lassen kann, selbst „mißbilligt". Dies zeigt, wie ungeheuer stark die Zwänge eines patriarchalischen Standesdenkens damals noch auf ihn einwirkten. Doch in der jungen Generation kündigt sich bereits eine andere Einstellung an. Es ist erfreulich zu sehen, wie sich die Frankfurter Jugendfreunde um ihn sorgen und ihm zur Seite stehen, ihm aber auch etwas abverlangen. Was sie miteinander verbindet, ist nicht empfindsamer Seelenkult, wie er sich in diesen Jahren in Deutschland auszubreiten beginnt. Neben ihrer gemeinsamen Liebe zur Literatur fühlen sie sich durch eine gemeinsame philosphische und ethische Haltung miteinander verbunden, an der sie sich und auch den Freund messen.

Als Anna Katharina Schönkopf „sein Mädchen" geworden war, gab Wolfgang Goethe ihr einen eigenen Namen: Er übertrug ihren ersten Vornamen Anna in die französische Form *Annette*. Dies war sein ganz persönlicher Name für sie. Er verwendete ihn auch in den Briefen sowie als Titel für seinen ersten, ihr gewidmeten Gedichtband. Noch in DICHTUNG UND WAHRHEIT nennt Goethe sie „Annette"; einmal auch „Ännchen", nicht aber „Käthchen". Es ist daher authentischer, von *Annette* zu sprechen, wenn von Wolfgang Goethes Leipziger Jugendliebe die Rede ist. (Leider hat die Goethe-Literatur von früh an, abgesehen von wenigen Ausnahmen, die verniedlichenden Namen „Käthchen" und „Käthchen Schönkopf" verwendet und bis heute daran festgehalten.)

In seinem Brief an Max Moors hatte Wolfgang Goethe nicht nur von dem *zum allerersten Male* erlebten *Glück, das ein wahre Liebe macht*, geschrieben, sondern es war auch schon die Sorge über eine drohende Trennung aus gesellschaftlichen Gründen angeklungen. Dieser Schatten lag von Anbeginn über den Liebenden. Wie man weiß, können solche vernünftig erscheinenden Hindernisse eine Liebe nicht auslöschen. Im Gegenteil, sie steigern oft ihre Intensität. So auch hier. Die Sehnsüchte und Gefühle drängten nach Erfüllung. Als diese beiden jungen Menschen erst einmal das Glück der gegenseitigen Verzauberung erlebt hatten, wurden alle Bedenken beiseitegeschoben, und sie überließen sich diesem Zauber ihrer heimlichen Liebe, den sie bei den seltenen Gelegenheiten des unbeobachteten Beisammenseins um so beseligender erlebt haben werden.

Der Brief, den Wolfgang Goethe an Max Moors geschrieben hatte, wird nicht nur für den Freund in Göttingen, sondern auch für ihn selbst klärend gewirkt haben. Man kann dies aus dem Brief schließen, den er eine Woche später an einen neuen Freund richtete, an Wolfgang Ernst Behrisch, den er inzwischen kennengelernt hatte. Denn nun schreibt Wolfgang Goethe ganz frei und ohne jegliche Bedenken über sein Liebesglück. Es ist ein Brief aus dem Frühling der Liebe, erfüllt von Freude und Stolz, und dabei so realistisch geschrieben, daß man sich beim Lesen noch heute in die damalige Situation versetzt fühlt.

Zuerst muß jedoch der neue Freund vorgestellt werden, an den dieser Brief gerichtet war. Wie Wolfgang Goethe ihn kennenlernte und wie sich diese Freundschaft entwickelte, ist in DICHTUNG UND WAHRHEIT leider nicht überliefert; aber mit hoher Wahrscheinlichkeit geschah es in der Schönkopfschen Tischgesellschaft. Im Frühjahr oder spätestens im Sommer des Jahres 1766 dürften sich die beiden dort erstmals begegnet sein, und es war schon ungewöhnlich, daß daraus eine enge Freundschaft entstand. Denn Behrisch war 28 Jahre alt, also elf Jahre älter als Wolfgang Goethe. Er hatte ein Studium an der Leipziger Universität abgeschlossen, verfügte über ausgezeichnete Literaturkenntnisse und war insbesondere in der französischen Kultur und Sprache sehr bewandert. Auf die Empfehlung Gellerts war er von dem in Dresden lebenden Grafen von Lindenau als Hofmeister seines inzwischen elfjährigen Sohnes angestellt worden. Er lebte mit diesem in dem Gebäudekomplex des Auerbachschen Hofes in Leipzig, der dem Grafen von Lindenau samt dem dort befindlichen „Auerbachschen Keller" gehörte. Behrisch stammte ebenfalls aus Dresden; sein Vater war dort Hofrat und Besitzer eines Rittergutes in der Nähe der Stadt. – Neben einer starken persönlichen Sympathie, die zwischen Wolfgang Goethe und Behrisch bestanden haben muß, war es vor allem ihr gemeinsames Interesse an der Literatur, das sie miteinander verband. Vermutlich war es dieses gemeinsame Interesse, das sie in der Schönkopfschen Tischgesellschaft einander näherbrachte. Was Behrisch vor den anderen Literaten dieser Runde zusätzlich auszeichnete: Er war ein sehr origineller Mensch und mit einem erheblichen Maß an Spottlust und Sarkasmus ausgestattet, was dem jungen Goethe imponiert haben muß. Der wird seinerseits mit gewitzten Formulierungen Paroli geboten und so Behrischs Aufmerksamkeit und Sympathie gewonnen haben. Behrisch hat offenbar früh – als erster wirklich Urteilsfähiger, wie sich erweisen sollte – Wolfgang Goethes sprachliche und dichterische Begabung erkannt und nachhaltig gefördert. So enstand zwischen ihnen schnell ein besonderes freundschaftliches Verhältnis. Behrisch muß ein *Gefühl* dafür gehabt haben, was in diesem jungen Goethe *auf- und abstieg* (wie er es später gegenüber Frau von Stein nannte). Er wurde zu seinem alleinigen Vertrauten und ist untrennbar mit seiner Liebe zu Annette verknüpft. Denn das meiste von dem, was wir über diese Liebesgeschichte wissen, kennen wir aus den zwanzig Briefen, die Wolfgang Goethe an Behrisch geschrieben hat.

Seltsamerweise überlieferte Goethe in DICHTUNG UND WAHRHEIT ein etwas zwiespältiges Bild von Behrisch, das die originellen oder auch skurrilen Züge seines Wesens fast karikaturistisch überzeichnet. In allen Briefen des jungen Goethe findet sich hingegen eine Mischung von Respekt, unbedingtem Vertrauen und großer Zuneigung für diesen älteren Freund. Leider ist kein Porträt dieses ungewöhnlichen Mannes überliefert. Doch vermittelt uns Goethes Darstellung seiner äußeren Erscheinung in DICHTUNG UND WAHRHEIT eine Vorstellung von ihm: „Schon sein Äußeres war sonderbar genug. Hager und wohlgebaut ..., eine sehr große Nase und überhaupt markierte Züge; eine Haartour, die man wohl eine Perücke hätte nennen können, trug er vom Morgen bis in die Nacht, kleidete sich sehr nett und ging niemals aus, als den Degen an der Seite und den Hut unter dem Arm." – Er gab sich also als ein Cavalier der alten französischen Schule, dies aber so affektiert, wie Goethe ihn beschreibt, daß es durchaus ironisch gewirkt haben muß. In dieser schon leicht antiquierten äußeren Form steckte ein großes Herz für junge Menschen. – Der erste Brief Wolfgang Goethes an Behrisch wird auf den 5. Oktober 1766 datiert und ist im Original auf Französisch geschrieben. (Die dort verwendeten Höflichkeitsformen „Vous" etc. werden hier jeweils mit „du" etc. wiedergegeben, wie von Wolfgang Goethe später auch in den deutsch geschriebenen Briefen verwendet.) Der Brief lautet:

vom Sekretär meiner Kleinen!
Sie ist fortgegangen, mein lieber, mein guter Behrisch, sie ist in die Co-
mödie gegangen mit ihrer Mutter und ihrem angeblichen Verlobten, der
ihr durch hundert Aufmerksamkeiten zu gefallen sucht. Es ist sehr an-
genehm, dem zuzusehen, würdig der Beobachtung durch einen Kenner,
wie dieser Mann sich zu gefallen bemüht, erfindungsreich, sorgsam, im-
mer auf den Beinen, ohne den geringsten Erfolg zu haben, der für jeden
Kuß den Armen zwei Louisdor spenden würde und dennoch nie einen
bekommen wird ...
Ich wollte zur selben Zeit wie sie gehen, aber um mich daran zu hindern,
gab sie mir den Schlüssel zu ihrem Sekretär mit der Befugnis, dort zu
tun oder zu schreiben, was ich wolle. Sie sagte mir im Fortgehen, ‚Bleib,
bis ich wiederkomme, du hast immer irgend etwas Verrücktes im Kopf,
sei es in Versen oder in Prosa, bring es zu Papier, wie es dir gefällt. Ich

werde dem Vater irgendeinen Galimathias erzählen, warum du oben bleibst; wenn er die Wahrheit ergründen will, soll er.' – Sie hat mir noch zwei schöne Äpfel dagelassen, ein Geschenk meines Nebenbuhlers. Ich habe sie gegessen, sie schmeckten ausgezeichnet.

Ich weiß die Zeit nicht besser zu nutzen, als dir zu schreiben und dir diesen Brief selbst zu bringen. Möge Gott deinen Grafen endlich dahin bringen, daß er bald geht, denn du fehlst mir, um mein Glück, meine Freude komplett zu machen. Aber diese verteufelten Collegien beginnen demnächst. Nun denn, wir werden uns trotzdem sehen. Ich werde meinen Winter in drei gleiche Teile aufteilen, zwischen dir, meiner Kleinen und meinen Studien. Wie glücklich ich bin, könntest du es doch auch sein! Was macht Dresden? Durch die Messe wird die Liebe wie die Freundschaft unterbrochen sein. Adieu. Ich habe schrecklich geschmiert. Ich schließe. Ich bringe dir diesen Brief, und ich werde am Sekretär zurück sein, wenn meine Kleine die Comödie verläßt.

Welchen Wandel stellen wir fest, wenn wir diesen Brief mit den früheren vergleichen! Schon die Ortsangabe zu Beginn – *vom Sekretär meiner Kleinen!* – klingt wie ein triumphaler Fanfarenstoß. Hier schreibt nicht mehr *a peevish boy,* ein grämlicher Junge, wie er sich im Gedicht über sein mangelndes Selbstvertrauen Schlosser gegenüber genannt hatte, sondern ein sehr glücklicher Junge, der im Einklang mit sich selbst und seiner Liebsten die Äpfel des Nebenbuhlers mit Genuß verspeist und sich an Annettes Sekretär auf ihre Rückkehr vom Theater freut. Nun sind sie doch angebrochen, die kaum noch erhofften *golden days!* Die Periode der tiefen Selbstzweifel und des vagen Sehnens ist überstanden; strahlende Selbstgewißheit strömt aus diesen Zeilen.

Der Brief vermittelt uns auch mancherlei über Annette. Die Geschenke und Aufmerksamkeiten des von der Mutter protegierten angeblichen „Verlobten" lassen sie kalt. Es hat wohl seine Richtigkeit mit Wolfgang Goethes Aussage gegenüber Max Moors, daß er nur durch seinen *Charakter,* nur durch sein *Herz,* ihre Liebe gewonnen habe. – Mit welchem Geschick behandelt sie die kritische Situation, indem sie die Mutter und deren Günstling ins Theater begleitet und sie dabei ins Leere laufen läßt, ohne daß sie es bemerken! Wie klug weiß sie ihren Studenten unterdessen zu beschäftigen, indem sie ihm die Gunst erweist, an ihrem Sekretär schreiben oder dichten zu dürfen, womit sie sich seine gute Laune erhält. Wie wenig fürchtet sie die Entdeckung durch den Vater, dem sie in diesem Fall irgendeinen Unsinn auftischen oder ihm – sei's drum – auch die Wahrheit zumuten würde. (Denn sie kennt ihn als gutherzigen Mann.) Diese junge Frau ist keinesfalls naiv; sie weiß die Menschen zu nehmen und beweist in dieser Situation psychologisches Geschick, Intelligenz und Selbstsicherheit. Man kann sich freilich fragen, ob sie hier nicht auch mit dem naiven Studenten an ihrem Schreibsekretär ein listiges Spiel treibt. – Daß Wolfgang Goethe in diesem wie auch in späteren Briefen von seiner „Kleinen" spricht, sollte man nicht mißverstehen. Das ist ein damals üblicher Kosename. Anna Katharina Schönkopf erweist sich von Anbeginn als dem jungen Goethe ebenbürtig. Was dieser ihr an Begabung und Bildung voraus hat, macht sie durch Lebensklugheit und Erfahrung wett. Schließlich zählt sie drei Jahre mehr, die sie allem Anschein nach mit wachen Sinnen gelebt hat. Der ständige Kontakt mit den studierten Leuten der Tischgesellschaft wie auch mit den weltläufigen Gästen während der Messezeiten, vermutlich auch die schwierigen Zeiten des Siebenjährigen Krieges, die sie als 10- bis 17-Jährige miterlebt hatte, all das muß für sie eine Schule des Lebens gewesen sein, in der sie mit ihrem von Adam Horn bezeugten *artigen Verstand* viel gelernt hatte. Es spricht auch für ihre Lebensklugheit, daß sie inmitten des galanten Leipzig ganz *ohne Koketterie* war, wie Adam Horn ebenfalls vermerkt hatte, trotz ihrer vielfältigen Begegnungen mit Männern im elterlichen Gasthaus, die ihr schöntaten und um sie warben.

So ergibt sich aus diesen Mosaiksteinen allmählich ein genaueres Charakterbild Annettes. Sie war kein Mädchen für eine bloße Liebelei. Der 17-jährige Wolfgang Goethe hätte keine Chance bei ihr gehabt, wenn es ihm nur darum gegangen wäre. Und ebensowenig, wenn er in der Beziehung zu ihr vor allem einen Anlaß zum Dichten gesucht hätte, wie manchmal behauptet wurde. Es war umgekehrt: Als er Annette liebte und sie seine Liebe erwiderte, setzte dies seine schöpferischen Kräfte frei, und es drängte ihn wieder danach, zur Feder zu greifen und seine Gefühle und neuen Erfahrungen – vielleicht auch *etwas Verrücktes, sei es in Versen oder in Prosa* zu Papier zu bringen, wie Annette ihm mit klugem Gespür empfohlen hatte. – Freilich ist es nicht so, daß das erlebte Glück gleich zu geglückten Versen führt. Auch Wolfgang Goethe ist mit seinem ersten Liebesgedicht auf Annette keineswegs eine Perle der Liebeslyrik gelungen, wie sich zeigen wird. Leider, möchte man sagen; denn dies hätte in der Nachwelt sehr zum Renommee der meist unterschätzten Annette beigetragen. – Gleichviel: Wolfgang Goethe lebte jetzt ganz in der Gegenwart. Er hatte Annette für sich gewonnen und sah sie täglich. Während der nächsten eineinhalb Jahre wird sie das Zentralgestirn in seinem Leben sein.

Um sein Glück, seine Freude *komplett zu machen*, wie er schreibt, gibt es zudem den Freund, Behrisch. Diese ungewöhnliche Freundschaft wird für Wolfgang Goethe große Bedeutung gewinnen. Auch ihn wird er fast täglich sehen, mittags bei der Tischgesellschaft, aber auch nachmittags oder abends in Behrischs Wohnung in Auerbachshof, die zu seinem *Zufluchtsort* wird, auch beim gemeinsamen Ausschwärmen in Leipzigs Ziergärten und zu sonstigen Lokalitäten vor der Stadt oder des Abends in Auerbachs Keller, der bekannten Studentenkneipe. Behrisch hat viel Zeit, da ihm zur Betreuung seines gräflichen Zöglings noch spezielle Hauslehrer und ein Diener zur Verfügung stehen. Auch scheut er sich nicht, das Bübchen kurzerhand auf die Promenadengänge mitzunehmen. – Der Brief Wolfgang Goethes „vom Sekretär seiner Kleinen" ist in einem so vertrauten Ton geschrieben, daß man daraus schließen kann, es müsse schon seit längerem ein nahes freundschaftliches Einverständnis zwischen ihm und Behrisch bestehen. Dabei fällt auf, daß der Jüngere seinen Freund nicht nur selbstbezogen am eigenen Glück teilnehmen lassen möchte; er wünscht ihm von Herzen ein gleiches. Denn in Dresden gab es eine Pfarrerstochter namens Auguste, auf die sich Behrisch anscheinend Hoffnungen machte, doch ohne dabei so recht zu avancieren.

Die Liebe wie die Freundschaft sind für Wolfgang Goethe nun eindeutig das Wichtigste in seinem Leben. Er bedauert, daß sie durch eine bevorstehende Reise Behrischs nach Dresden und durch die Herbstmesse, während der Annette sehr beschäftigt sein wird, *unterbrochen* werden. Er selbst mußte wahrscheinlich seine Wohnung in der „Feuerkugel" für Messegäste räumen und nach Reudnitz ausweichen. Aber das Wintersemester stand ja zum Glück bevor, mit einer wahrlich ungewöhnlichen Semesterplanung: mit zwei *gleichmäßigen Teilen* für die Freundschaft und die Liebe – und einem Restdrittel für die Studien und die *verteufelten Collegien*! Das braucht man nicht so ganz wörtlich zu nehmen, aber die Tendenz ist deutlich: Getragen von der Liebe Annettes und der Freundschaft Behrischs, traut sich Wolfgang Goethe zu, die Zwänge der väterlichen Autoritäten abzuwerfen und nach seinen eigenen Vorstellungen zu leben. Trotz des Stachels der unvergessenen Clodius-Kritik mußte sich bei solch günstigen Umständen die Lust des jungen Poeten am Dichten wieder regen. – Wie lange ein so glücklicher Zustand andauern würde, das stand freilich in den Sternen.

Seinem ersten Brief an Behrisch ließ Wolfgang Goethe in den nächsten Tagen drei weitere folgen, die sich auf die neuesten Entwicklungen seiner Liebesgeschichte beziehen. Zunächst bittet er den Freund, wenn möglich, zu ihm zu kommen: *Bis drei Uhr findest du mich bei – wo ich immer bin* – also im Brühl bei Schönkopfs; er nimmt sich Zeit für das Mittagsmahl! Er habe ihm viel zu erzählen; ein *neues Erlebnis (aventure)* sei soeben zu seinem *schon ziemlich verworrenen Roman* hinzugekommen, das Behrisch niemals hätte vorhersehen können. Natürlich handle es sich um die Liebe. Aus der Formulierung *zu meinem Roman* – womit er offensichtlich meinte: „zu meiner Liebesgeschichte" – und aus ähnlichen Metaphern wurde später abgeleitet, er habe seine Beziehung zu Annette hauptsächlich aus literarischem Interesse „inszeniert". Daß dies eine Behauptung ist, die wenig Verständnis für den damaligen seelischen Zustand Wolfgang Goethes erkennen läßt, wird sich noch zeigen. Worin jenes *Erlebnis* bestanden hatte, bleibt der Nachwelt verborgen; aber ein oder zwei Tage später erfahren wir aus einem weiteren Brief an Behrisch detailliert von einem erneuten Höhepunkt seiner Liebesgeschichte.

Wieder spielt dabei ein Theaterbesuch eine Rolle. Zu jener Zeit diente das Theater den meisten Besuchern vorwiegend „der Unterhaltung und dem Zeitvertreib", wie in einem alten Lexikon zu lesen ist, und es könnte insofern mit der Funktion des Kinos in der Zeit, als es noch kein Fernsehen gab, verglichen werden. Wenn Annettes Mutter in die „Comödie" ging, so gewiß nicht aus literarischem Interesse. Ein Theaterbesuch war auch ein gesellschaftliches Ereignis, ein Anlaß, bei dem man sich zeigen konnte und gesehen werden wollte. – Seit etwa 1740 gab es vereinzelte Bestrebungen in Deutschland und gerade auch in Leipzig, das Theater auf ein literarisches Niveau zu heben. Gottsched, Gellert, Christian Felix Weiße sind hier für Leipzig zu nennen, wo häufig die „Koch'sche Gesellschaft", eine vorzügliche Schauspieltruppe, auftrat. Ihr Prinzipal Heinrich Gottfried Koch, der in ganz Deutschland auch als Schauspieler angesehen war, bemühte sich ebenfalls erfolgreich um die Hebung der Schauspielkunst. So hatte Wolfgang Goethe reichlich Gelegenheit, sich von den aktuellen

Bestrebungen auf dem deutschen Theater ein Bild zu machen, und er nutzte sie.

Die große Bedeutung, die das Theater im Leben der Stadt hatte, geht auch daraus hervor, daß in jenem Jahr dank privater Initiative ein neues Komödienhaus auf der Ranstädter Bastei, einem Teil der aufgegebenen Stadtbefestigung, erbaut wurde. Die feierliche Eröffnung am 10. Oktober 1766 fiel gerade in jene Oktoberwoche, in der Wolfgang Goethe seine ersten Briefe an Behrisch schrieb. Als auch Madame Schönkopf am 11. Oktober das neue Komödienhaus besuchen wollte, hatte dies erneut sehr erfreuliche Folgen für Wolfgang Goethe, wie sein Brief an Behrisch vom nächsten Tag verrät. Er ist wieder auf Französisch geschrieben, das er gut beherrschte, wohingegen ein eingefügtes Gedicht auf Englisch mancherlei sprachliche Mängel aufweist, wie er selbst sehr wohl wußte. Der ungekürzte Text des Briefes lautet:

Guten Tag, mein Lieber!
Meine Kleine hat mich veranlaßt, indem sie ihre ganze Macht, die sie über mich hat, einsetzte, mein gegebenes Wort zu brechen und das Abendessen zu versäumen, das du für mich zubereiten ließest. Ich bin darüber ganz verzweifelt, aber sie hat mich dafür belohnt und wird es weiterhin tun. Ich weiß, daß du nachsichtig bist und mir leicht verzeihen wirst, wenn ich dir ein wenig die Umstände dieses Abends darlege. Ich ging von dir geradewegs zu meiner Wohnung, um ein paar Kleinigkeiten zu erledigen, doch wie groß war meine Überraschung, als ich dort mittels unserer geheimen Korrespondenz die Nachricht vorfand, schleunigst zu ihr zu kommen. Ich eilte hin, ich fand sie dort allein, da die ganze Familie vom neuen Schauspiel in die Comödie gelockt worden war. Gerechter Himmel, welche Freude, sich mit seiner Geliebten allein zu finden, vier Stunden lang! Sie vergingen, ohne daß einer von uns es merkte. Ich erfuhr, daß die Mutter mir vergeben hat und daß die gute Frau, der ständigen Zärtlichkeiten des anderen für ihre Tochter überdrüssig, ihre Verärgerung nun gegen ihn gewandt hat. Wie glücklich mich diese vier Stunden machten!

> *What pleasure, God! Of like a flame to born,*
> *A virteous fire, that ne'er to vice kan turn.*
> *What volupty! When trembling in my arms,*
> *The bosom of my maid my bosom warmeth!*

Perpetual kisses of her lips o'erflow,
In holy embrace mighty virtue show.
When I then, rapt, in never felt extase,
My maid! I say, and she, my dearest! Says.
When then, my heart, of love and virtue hot,
Cries: come ye angels! Come! See and envy me not.

[Welche Freude, Gott! Wie eine Flamme zu brennen, / Ein tugendhaftes Feuer, das sich niemals in Laster wandeln kann. / Welche Wollust! wenn, in meinen Armen bebend, / Der Busen meines Mädchens meinen Busen wärmt! / Unaufhörliche Küsse fließen von ihren Lippen, / Zeigen in heiliger Umarmung machtvolle Tugend. / Wenn ich dann, entzückt, in nie gefühlter Ekstase / „Mein Mädchen!" sage, und sie „Mein Liebster!" sagt; / Wenn dann mein Herz, von Liebe und Tugend heiß, / Schreit: „Kommt, ihr Engel! Seht und beneidet mich nicht."]

Du wirst dich ein wenig lustig machen über diese Ekstase. Mach dich lustig, soviel es dir gefällt. Aber du wirst noch etwas zum Lachen haben; das ist dieser ganze Brief, der nichts als Liebe enthält. Verzeih' mir, und denke daran, daß wir niemals so reich an Ausdrücken sind, als wenn unser Herz sie uns eingibt … Adieu …   Goethe

Vier beseligende Stunden hatte Wolfgang Goethe eben erlebt. Nun läßt er sie in seinem eigenen Domizil in der „Feuerkugel" nachklingen, will sie nicht entschwinden lassen und sein Glück sogleich dem Freund mitteilen. Was läge näher, als diese Seligkeit in einem Liebesgedicht zu verewigen! Allein, läßt sich der Taumel der Gefühle in einem zierlich-pointierten Rokoko-Gedichtchen festhalten? Soll er sich zum anmutigen Schäfer stilisieren? Das nicht! Es drängt ihn, sich ganz direkt zu äußern; noch meint er, Annettes Lippen, die Wärme ihres Busens zu spüren – er möchte sich selbst bestätigen, daß er all dies erlebt hat, er beginnt Wörter zu suchen, und weil man das alles nicht ganz direkt und unverblümt in einem deutschen Gedicht wiedergeben kann (denn das verstieße gegen den guten Ton, auf den sein Ohr geschult ist) – verfällt er unversehens ins Englische, und in der Sprache Shakespeares bricht sich seine Ekstase Bahn, holprig zuerst, dann sich begeistert steigernd. [Man muß sich das laut auf Englisch vorlesen!] – Beim Gedanken an Behrisch landet er freilich etwas ernüchtert in der prosaischen Gegenwart. Er kann sich dessen Spott über seine Ekstase schon im voraus ausmalen. Wenn er ihm die Verse dennoch in Auerbachs Hof hinübertrug, so spricht dies für die Wahrhaftigkeit des Erlebten. Er hätte dem kritischen Freund nicht versichern können, daß sein *Herz*, Symbol für sein Innerstes, ihm die Worte eingegeben habe, wenn er sich nur in der eigenen Phantasie etwas vorgegaukelt hätte. – Es fällt auf, wie sehr in diesen englischen Versen die Tugendhaftigkeit der Liebesbegegnung betont wird, dreimal insgesamt, gegenüber der das Laster keine Chance habe. Vielleicht kann man indirekt daraus schließen, welche Versuchung es für Wolfgang Goethe darstellte, ein geliebtes Mädchen in den Armen zu halten, und daß keine geringe Selbstbeherrschung nötig war, um dem sinnlichen Begehren zu widerstehen. Die Beschwörung der Tugend sollte wohl die geheimen Wünsche und Ängste bannen und helfen, die Unschuld des Mädchens zu bewahren.

Auf diesen Brief erhielt Wolfgang Goethe umgehend ein Antwortschreiben Behrischs, wie aus einem zweiten Brief an Behrisch hervorgeht. Dieser ist am gleichen Tag um *5 Uhr* [nachmittags] datiert. Über die Postpferde, schreibt Wolfgang Goethe darin scherzhaft, könne man sich nicht beklagen. Kaum habe er einen Brief abgesandt, schwupp! sei schon die Antwort da. Glücklich ist er nicht über sie, denn Behrisch muß sich recht spöttisch über das englische Gedicht und über seine so tugendhaften Gefühle geäußert haben, wie aus Wolfgang Goethes Antwort hervorgeht:

Noch ein Wort, wie ich es in deinem Brief finde, und der Prozeß wird in aller Form eröffnet. Ich! fähig irgendeines unsauberen Feuers. Pfui! Komm schnell, mich um Verzeihung zu bitten ... Aber vielleicht ist es gar nicht deine Schuld? Ja, es wird gewiß die meine sein. Wenn ich dich wiedersehe, mußt du mir diesen Brief zeigen ...
Verspotte den armen englischen Poeten, soviel es dir gefällt. Ich weiß nicht, welche Laune mich ankam, in diesem Augenblick Verse zu machen. Ich bin damit reingefallen. Aber du, der du die Fehler ehrenwerter Leute leicht verzeihst, warum solltest du mir nicht ein paar schlechte Verse verzeihen? ... Du wirst selten jemanden finden, der so gern über seine eigenen Fehler lacht, wie mich. Goethe

Ob er wirklich aus diesem Anlaß über sich selbst gelacht hat? Behrischs Antwort auf sein überschwengliches Briefgedicht mußte eigentlich wie eine kalte Dusche auf ihn wirken. Aber er wird gleich begriffen haben, daß Behrisch das Übertriebene und zugleich Pseudo-Tugendhafte seines Gedichtes mit Recht verspottete. Er war deshalb klug genug, diese Kritik anzuerkennen, und vielleicht auch so unbefangen, sich mit einem Lachen davon befreien zu können. Die private Kritik eines Freundes ist leichter zu ertragen als die eines Professors vor Mitstudenten. Daß er künftig Behrisch mit einem solchen Gedicht lieber nicht wieder unter die Augen kommen sollte, wird ihm jedoch klar gewesen sein. – Was aber den Anlaß seines Gedichtes betrifft: Das Glück dieser vier Stunden mit seiner Liebsten hatte ihn in himmlische Sphären getragen, und da ließ er sich auch nicht von dem Spötter Behrisch so etwas wie ein *unsauberes Feuer* einreden.

In dem gleichen Zeitraum schrieb Wolfgang Goethe einen langen Brief an Cornelia, den er am 27. September begann und erst am 18. Oktober abschloß. Seit fast vier Monaten hatte er nicht mehr an sie geschrieben. Anstatt sich mit einer Entschuldigung dafür abzumühen, spendet er ihr zum Auftakt ein kräftiges Lob: *Guten Tag, meine kleine Gelehrte. Du verdienst in der Tat diesen Namen für deinen bewundernswerten Brief. Ich wußte nicht, was ich dazu sagen sollte. Einen Brief von einem halben Dutzend Bögen, voll so guter Gefühle, so vieler Gedanken, geistreicher Einfälle …* (Im Original auf Französisch) – Er reagiert damit auf den *Zorn* Cornelias über seinen vorherigen Brief, in welchem er sie gerügt hatte, weil ihr Brief zwar gut, *aber für meine Schwester zu wenig* gewesen sei. Er bemüht sich, ihre Empörung zu besänftigen, indem er von seinem *übereilten Urteil* schreibt, das sie *falsch verstanden* habe und fährt fort: *Du spottest! Ich kann es ertragen, denn ich bin überzeugt, daß Hochmut augenblicklich nicht mein Fehler ist. Seitdem ich in Leipzig bin, habe ich gelernt, daß man sehr viel sein muß, um überhaupt etwas zu sein. Ebenfalls bin ich von meiner närrischen Annahme, ein Dichter zu sein, abgekommen, und ich mache beinahe kaum mehr Verse, außer wenn ich manchmal die Briefe an meine Freunde damit ausschmücken will … Wenn ich eine Schöne hätte, würde mich Cupido vielleicht mehr und besser singen lassen.*

Diese letzte Bemerkung ist, wie wir wissen, eine Irreführung, denn er hatte schon seit einiger Zeit *eine Schöne.* Er verrät Cornelia dies jedoch nicht, vermutlich aus Angst, der Vater würde den Brief lesen. Im Haus Goethe ließ sich das wohl kaum vermeiden, zumal Wolfgang Goethe anscheinend nur selten an die Eltern schrieb, so daß der Vater begierig auf jeden Brief seines Sohnes war. Offenbar hat dieser nicht nur Moors, sondern auch sich selbst hinsichtlich der Existenz Annettes *heiligstes*

Stillschweigen auferlegt, um keine unabsehbaren Konflikte mit dem Vater zu riskieren. So muß er ein Versteckspiel vor Cornelia betreiben, bei dem man manchmal den Eindruck hat, er hoffe insgeheim, daß sie die Wahrheit hinter der Täuschung erkenne. Ein Beispiel hierfür findet sich in der Fortsetzung des eben zitierten Briefes: Cornelia hatte anscheinend in ihrem Antwortbrief die vom Bruder getadelten „koketten" Sächsinnen verteidigt. Hierzu bemerkt er:

Du nimmst Partei für die Leipziger Damen. Du hast recht, es zu tun gegenüber jemandem, der sie ganz allgemein verachten würde; aber dein Bruder tut das nicht. Es ist wahr, die Erziehung hier taugt nichts, bringt nichts Solides zustande, und der größte Teil der jungen Damen ist hier ohne Grundsätze und Geschmack. Aber es gibt auch hier noch Mädchen, die verdienen, sowohl geschätzt als auch geliebt zu werden, mit denen du gerne Gespräche führtest, meine kleine Gelehrte, und die, obwohl sie dir im Wissen den Vorzug gäben, an Herzensgüte und Tugend in nichts nachstünden.

Dieser letzte Satz ist doppeldeutig; denn während er, vordergründig gelesen, von sächsischen Mädchen (also wieder im Plural) handelt, imaginiert Wolfgang Goethe hier eine Begegnung Cornelias mit Annette – wobei sich beide auf Augenhöhe begegnen, seine geliebte Schwester, die *kleine Gelehrte*, und seine Liebste, deren *Herzensgüte und Tugend* für ihre Gleichrangigkeit bürgt. Annette gehörte nun zu einem Bereich seines Innern, in dem bisher Cornelia allein residiert hatte. Denn sie wird von ihm – das ist die verschlüsselte Botschaft – *sowohl geschätzt als auch geliebt.*

Eine andere und leichter zu entschlüsselnde Bemerkung verrät, wie Annettes Zuwendung seine Selbstzweifel schwinden läßt: *Was mein Gesicht angeht, es muß nicht so furchterregend sein, denn unter uns, es gibt einige schöne Mädchen hier, die sich freuen, wenn sie mich sehen.* – Wieder sind es *einige* Mädchen, die ihn von der für sein Alter typischen Unsicherheit über das eigene Aussehen befreit haben. Es mag ja sein, daß er nicht nur Annette gefiel. Doch wer zweifelt daran, daß er sich durch niemanden mehr bestätigt fühlte als durch „sein" Mädchen?

Gerne In anderer Hinsicht sehr aufschlußreich in diesem über zehn Druckseiten langen Brief (der kein Wort über das Universitätsstudium verliert) ist der Schluß des letzten Teils vom 18. Oktober, der als einziger auf Deutsch abgefaßt ist. Er folgt hier ungekürzt:

Ich fange an, mit den Leipzigern und mit Leipzig ziemlich unzufrieden zu werden. Ich bin aus der Gnade derjenigen, denen ich sonst meine Aufwartung machen durfte, gefallen, und zwar deswegen, weil ich meines Vaters Rat gefolgt habe und nicht spielen will. Man hält mich daher für einen in der Gesellschaft überflüssigen Menschen, mit dem nichts anzufangen ist. Ich hätte mir sogar neulich um ein Haar über die nämliche Materie den Unwillen der Frau Hofrath Böhme zuziehen können. Ich bin dieses ganze halbe Jahr über von keinem als Böhmes und Langes zu Gast gebeten worden.
Noch eine andere Ursache, warum man mich in der großen Welt nicht leiden kann: Ich habe etwas mehr Geschmack und Kenntnis vom Schönen als unsere galanten Leute, und ich konnte nicht umhin ihnen, oft in großer Gesellschaft, das Armselige von ihren Urteilen zu zeigen.
Nichtsdestoweniger lebe ich so vergnügt und ruhig als möglich. Ich habe einen Freund an dem Hofmeister des Grafen von Lindenau, der aus eben den Ursachen wie ich aus der großen Welt entfernt worden ist. Wir trösten uns aneinander, indem wir in unserm Auerbachshof, dem Besitztum des Grafen, wie in einer Burg, von allen Menschen abgesondert, sitzen und, ohne misanthropische Philosophen zu sein, über die Leipziger lachen, und wehe ihnen, wenn wir einmal unversehens aus unserem Schloß auf sie, mit mächtiger Hand, einen Ausfall tun! Lebe wohl
Goethe.

Es ist erstaunlich, in welche gesellschaftliche Isolation Wolfgang Goethe innerhalb eines Jahres in Leipzig geraten war. Es hatte ihm nicht an Empfehlungsbriefen gemangelt, die ihn zu Beginn „in gute Häuser" einführten, deren „verwandte Zirkel" ihn, wie in DICHTUNG UND WAHRHEIT zu lesen ist, „gleichfalls wohl aufnahmen". Davon waren nach einem halben Jahr nur noch die Familien Böhme und Lange übriggeblieben, wobei Wolfgang Goethe den Hofrath Lange gar nicht leiden konnte und auch zu Professor Böhme ein eher distanziertes Verhältnis hatte. Nur die kranke und feinfühlige Frau Böhme hatte es verstanden, seine Sympathie zu gewinnen und ihn ein wenig zu seinem eigenen Vorteil zu lenken. Es schien ihm, wenn man zwischen den Zeilen seines Briefes liest, nicht gleichgültig zu sein, daß er *aus der Gnade* der Gesellschaft gefallen war, da er sich abgelehnt fühlte. Er sucht den Grund für die Ablehnung darin, daß er sich nicht am üblichen Kartenspiel beteiligte. Doch dürfte ihm weit mehr geschadet haben, daß er, der Student im ersten Studienjahr, *den galanten Leuten … oft in großer Gesellschaft das Armselige* ihrer Urteile demonstrierte und dabei zu erkennen gab, daß er sich ihnen, was Geschmack und Fragen der Ästhetik anbetraf, überlegen fühlte. – Man muß die Naivität seines Verhaltens, das er offenbar nicht einzuschätzen verstand, fast ein wenig belächeln. Von Frankfurt her war er wohl gewohnt, daß man ihm, dem Enkel des geachteten Schultheißen der Freien Reichsstadt, mit Wohlwollen zuhörte und den so klugen und beredten Jungen gelten ließ und lobte. Es war ihm anscheinend nicht bewußt, daß er nun als junger Erwachsener angesehen wurde, der keinen Bonus hatte, und daß sich die Leipziger besseren Kreise nicht gerade von dem unbekannten, Hessisch sprechenden Studenten aus dem konkurrierenden Frankfurt ihren Mangel an Geschmack erklären lassen wollten. Er hatte noch nicht begriffen, daß er in der *großen Gesellschaft* nicht ebenso reden durfte, wie das in der geschlossenen Tischgesellschaft der Literaten bei Schönkopf möglich war und Anklang fand. – Letztlich dürfte der eigentliche Grund, weshalb er in diese gesellschaftlichen Zusammenkünfte nicht paßte, darin bestanden haben, daß diese konventionellen Treffen eher dem Amüsement und dem unverbindlichen Geplauder dienen sollten, wogegen er sich für geistreich-heitere, substantielle oder herzliche Gespräche interessierte. – So begab er sich denn lieber in die familiäre Atmosphäre von Schönkopfs Weinschenke oder in Auerbachs Keller, wo es viel zu lachen gab. Am häufigsten zog er sich wohl auf die Trutzburg seines Freundes Behrisch zurück, der auch ein Außenseiter war, wo sie sich an der feinen Leipziger Gesellschaft rächten, indem sie nach Herzenslust ihren satirischen Spott über sie ausgossen – in den eigenen vier Wänden.

Der Rückzug Wolfgang Goethes aus dieser Gesellschaftsschicht bedeutete keinen wirklichen Verlust; vielmehr bescherte er ihm mehr Zeit, die er mit Behrisch, Adam Horn und Annette unbeschwert verbringen und für seine kulturellen Interessen besser nutzen konnte. Nichts weist allerdings darauf hin, daß er fleißiger studiert hätte. Man muß eher das Gegenteil vermuten. Sowohl in seinen Briefen aus Leipzig als auch in DICHTUNG UND WAHRHEIT finden sich nur wenige, nicht sonderlich erhellende Aussagen zum Studium. Man kann das eigentlich nur so deuten, daß er geringes Interesse dafür aufbrachte. Weder im Pflichtfach Jura noch in den Schönen Wissenschaften waren ihm an der Universität Professoren begegnet, die ihn begeistern und entscheidend anregen konnten. Manches spricht deshalb dafür, daß er beabsichtigte, im bevorstehenden zweiten Jahr seines Studiums nur noch das Nötigste an der Universität zu absolvieren, im übrigen aber den eigenen Neigungen nachzugehen. In seinem ersten Brief an Behrisch vom 5. Oktober 1766 hatte er ja angekündigt, daß er den größeren Teil seiner Zeit im Winter mit ihm und mit Annette verbringen wolle. Daß er auch viel lesen würde, verstand sich von selbst. Anscheinend galt den Dramen von Shakespeare und Wielands Schriften sein besonderes Interesse, aber auch zahlreiche weniger bedeutende zeitgenössische Autoren standen auf seinem Programm.

In seiner persönlichen Entwicklung hatte Wolfgang Goethe während seines ersten Jahres in Leipzig einen großen Sprung nach vorne getan. Aus dem *kleinen, eingewickelten, seltsamen Knaben*, der sich unsicher und manchmal ungeschickt in den neuen Lebensverhältnissen zurechtzufinden suchte, war ein munterer Student geworden, der mit wachsendem Selbstvertrauen seinen eigenen Weg ging. Der Rückhalt, den er durch die Schönkopf'sche Tischgesellschaft und die Freundschaft Behrischs fand, hatte entscheidend zu dieser positiven Entwicklung beigetragen. Durch die Liebesbeziehung zu Annette öffneten sich ihm neue Bereiche des Innern: Die Entdeckung des Herzens hatte begonnen.

II Das zweite Jahr (1766/67)

Das glückliche zweite Jahr

Es wäre schön, wenn nun ausführlicher von Wolfgang Goethes erster Liebe erzählt werden könnte, von der wachsenden Vertrautheit zwischen den Liebenden und ihren besonderen Augenblicken des Glücks. Leider gibt es darüber keine weiteren so unmittelbaren Zeugnisse wie die beiden schon zitierten Briefe an Behrisch, und in DICHTUNG UND WAHRHEIT hat Goethe fast nichts an Details wiedergegeben. – Für die zwölf Monate bis zum Oktober 1767 sind nur drei Briefe Wolfgang Goethes an Cornelia überliefert, in denen er sich jedoch hütete, etwas über seine Liebe zu Annette verlauten zu lassen. Mit Behrisch konnte er sich ja täglich mündlich austauschen. Dieser hatte anscheinend auch viel für Annette übrig, und gewiß sind sie öfters zu dritt in der Gaststube beisammen gesessen. Manches über die Beziehung zwischen Wolfgang Goethe und Annette läßt sich seinen späteren Briefen an Behrisch entnehmen und ebenso den Briefen, die er nach seiner Rückkehr nach Frankfurt an die Familie Schönkopf und an Annette schrieb. Auch finden sich in den Gedichten, die Wolfgang Goethe ab dem Frühjahr 1766 verfaßte, und in dem aus dieser Zeit stammenden Einakter DIE LAUNE DES VERLIEBTEN einige Bezüge zum realen Geschehen. Aus allen diesen Lebensspuren kann man ein farbigeres Bild von Goethes erster Liebesbegegnung erschließen, als wir es bisher kennen.

Etwas Einblick in die Gefühlswelt des jungen Goethe gewährt uns auch das Romanfragment WILHELM MEISTERS THEATRALISCHE SENDUNG. Goethe hatte mit dessen Niederschrift 1777 in Weimar begonnen, die Arbeit daran aber nach einigen Jahren abgebrochen. Erst sehr viel später veröffentlichte er eine völlige Neufassung unter dem Titel WILHELM MEISTERS LEHRJAHRE. In der fragmentarischen ersten Fassung dieses Romans stößt man vor allem in den Anfangskapiteln auf etliche Stellen, die erkennbar einen autobiographischen Hintergrund haben. Man darf die Romanfigur des jungen Wilhelm Meister natürlich nicht unmittelbar mit Wolfgang Goethe gleichsetzen; aber seine Lebensumstände weisen doch in mancher Hinsicht eine starke innere Verwandtschaft mit jenen des jungen Goethe auf, weshalb vorsichtige Rückschlüsse gezogen werden können. So lesen wir in der THEATRALISCHEN SENDUNG über den jungen Titelhelden: *In eine Stadt gesperrt, ins bürgerliche Leben gefangen, im Häuslichen gedrückt, ohne Aussicht auf Natur, ohne Freiheit des*

Herzens. Wie die gemeinen Tage der Woche hinschlichen, mußte es mitunter hingehen; die alberne Langeweile der Sonn- und Festtage machte ihn nur unruhiger, und was er etwa auf einem Spaziergange von freier Welt sah, ging nie in ihn hinüber, er war zu Besuch in der herrlichen Natur, und sie behandelte ihn als Besuch. Und mit der Fülle von Liebe, von Freundschaft, von Ahndung großer Taten, wo sollte er damit hin? – Ähnlich hat Goethe später in Dichtung und Wahrheit seine Situation in Frankfurt vor der Abreise nach Leipzig als eingeengt und bedrückend dargestellt. Der Wilhelm Meister seines Romans sucht in der Welt des Theaters die Erfüllung seiner Sehnsucht nach Liebe, Freundschaft und großen Taten. Es ist gewiß keine unzulässige Übertragung, wenn man darin Wolfgang Goethe wiedererkennt, der in seinen Entwicklungsjahren die gleiche innere Unruhe und die Sehnsucht danach verspürt haben muß, die Fülle seines Herzens endlich nach außen, ins Leben wenden zu können. Wie glücklich muß er also gewesen sein, durch Annette die Liebe, durch Behrisch die Freundschaft zu erleben! Seine Absicht, den zweiten Winter in Leipzig zu je einem Drittel dem geliebten Mädchen und dem Freund zu widmen, bezeugt dies deutlich genug. Das letzte Drittel hätte dann eigentlich *großen Taten* vorbehalten sein müssen. Auch von ihnen hatte Wolfgang Goethe geträumt und nicht von einem Studium der Jurisprudenz. Wie Wilhelm Meister wollte er sie auf dem Gebiet der Dichtung vollbringen, wenn auch nicht ausschließlich in der Welt des Theaters wie dieser.

In dem Brief an Behrisch, mit dem sich Wolfgang Goethe für das versäumte Abendessen entschuldigt hatte, erwähnte er, daß er von Annette *mittels unserer geheimen Korrespondenz* zu sich bestellt worden war. Offensichtlich wollte oder mußte Annette ihr Liebesverhältnis vor ihren Eltern zunächst geheimhalten. Es ist nicht bekannt, wie diese geheime Korrespondenz ablief; vielleicht war Annettes kleiner Bruder Peter der Postillon d'amour oder eine Freundin. Die Vermutung ist naheliegend, daß Wolfgang Goethe damals seine ersten Liebesbriefe schrieb. (Später schickte er Charlotte von Stein in Weimar Hunderte von Liebesbotschaften, obwohl sie auch nur ein paar Steinwürfe entfernt wohnte und er sie häufig sah.) Da „Cupido", der Liebesgott, ihn und Annette begünstigte, kann man folgern, daß dieser ihn – wie eine früher zitierte briefliche Bemerkung nahelegt – wieder *mehr und besser singen* ließ. Wie sollte er es auch aushalten, zu lieben und n i c h t über die Liebe zu dichten? Es ist also gut möglich, daß einige der Gedichte aus dem späteren Gedichtband für Annette aus seiner „geheimen Korrespondenz" mit ihr stammen. Die Briefe selbst sind verloren. Annette wird sie vernünftigerweise irgendwann vor ihrer späteren Heirat den Flammen übergeben haben.

Wolfgang Goethe suchte weiterhin täglich den Mittagstisch der Familie Schönkopf auf, zweieinhalb Jahre insgesamt, bis zu seiner Rückkehr nach Frankfurt. Oft kehrte er auch am Abend noch zu einem Glas Wein ein. So wurde er schließlich fast zu einem Familienmitglied, und es ist kaum vorstellbar, daß Annettes (bzw. Käthchens) Eltern nicht merkten, wie es um ihre Tochter und den Studenten stand. Eine „geheime Korrespondenz" wird dann irgendwann nicht mehr vonnöten gewesen sein. – Die Mutter hielt dennoch ihre Augen für mögliche Bewerber um die Hand ihrer Tochter offen, während der Vater anscheinend den Dingen ihren Lauf ließ. Als Wolfgang Goethe nach Frankfurt zurückgekehrt war, schrieb er an die Familie Schönkopf einen Brief, aus dessen Beginn hervorgeht, wie sehr er in dieser Familie daheim war:

d. 1. Octb. 1768. – Ihr Diener Hr. Schönkopf, wie befinden Sie sich Madame, guten Abend Mamsell, Peterchen guten Abend. – Sie müssen sich vorstellen, daß ich zur kleinen Stubentür hereinkomme. Sie, Hr. Schönkopf sitzen auf dem Canapee am warmen Ofen, Madame in ihrem Eckchen hinterm Schreibtisch, Peter liegt unterm Ofen, und wenn Käthchen auf meinem Platz am Fenster sitzt, so mag sie nur aufstehen und dem Fremden Platz machen. Nun fange ich an zu diskurieren. Ich bin lange außengeblieben, nicht wahr? ... Ich brauche Sie nicht zu bitten, sich meiner zu erinnern; tausend Gelegenheiten werden kommen, bei denen Sie an einen Menschen gedenken müssen, der drittehalb Jahre ein Stück Ihrer Familie ausmachte, der Ihnen wohl oft Gelegenheit zu Unwillen machte, aber doch immer ein guter Junge war, und den Sie hoffentlich manchmal vermissen werden ...

Welch ein Familienidyll, in das sich der *gute Junge* gänzlich eingefügt hatte! Doch nur ein paar Straßenzüge weiter hatte er in Auerbachs Hof bei Behrisch ein zweites Zuhause, wo er mit diesem *wie in einer Burg, von allen Menschen abgesondert*, sitzen, *über die Leipziger lachen* und sie gar mit einem *Ausfall* bedrohen konnte. – Schon als 14-Jähriger hatte er in einem Brief über seine Charaktereigenschaften geschrieben: *Ich gleiche ziemlich einem Camaeleon.* – Damit hatte er nicht Unrecht.

Doch zurück zur Familie Schönkopf. Die Tochter Käthchen war erheblich eingespannt in den Familienbetrieb, weshalb sie nicht so viel Zeit für auswärtige Unternehmungen hatte, wie ihrem Freund lieb gewesen wäre. Doch gab es dafür häusliche Unterhaltungen; es wurde erzählt und gemeinsam gesungen, was Peter mit einem Instrument begleitete, und anstelle des von Wolfgang Goethe abgelehnten Kartenspielens wird es geselligeres Spielen und Scherzen gegeben haben. Besonders lustig wird es bei den Proben für eine Dilettanten-Aufführung zugegangen sein. Vater Schönkopf studierte im Herbst oder Winter in seinem Haus das kleine, damals sehr beliebte Lustspiel HERZOG MICHEL von Johann Christian Krüger ein. Die Aufführung muß ein Höhepunkt des Winterhalbjahres gewesen sein. Wolfgang Goethe spielte in einem Brief aus Frankfurt scherzhaft auf den Regisseur der Inszenierung an: *Was macht denn unser Principal, unser Direcktor, unser Hofmeister, unser Freund Schönkopf?* Und fügte hinzu: *Gedenkt er noch manchmal an seinen ersten Ackteur …?* Wolfgang Goethe gab in der Hauptrolle des Michel, einen jungen, etwas einfältigen Bauernburschen, der es plötzlich auf bauernschlaue Weise zum Herzog bringen will. Vater Schönkopf spielte den reichen Bauern, mit dessen Tochter Hannchen (gespielt von Annette) Michel verlobt ist, die ihm, als dem künftigen Herzog, nun aber nicht mehr fein genug ist. – Das einfache Lustspiel lebt von der Situationskomik, dem Spiel der Geschlechter und seinen manchmal drastischen Reimen. Es wird seine Wirkung auf die Zuschauer gewiß nicht verfehlt haben. Für die Hauptdarsteller Annette und Wolfgang lag natürlich noch ein ganz besonderer Reiz in dem Spiel hinter dem Spiel, in den Anspielungen auf ihre eigene Geschichte. So etwa, wenn Vater Andres seinem Hannchen den Michel ausreden möchte: *Es werden: „Du bist schön", dir hundert andre sagen –* und Hannchen ihm im Brustton der Überzeugung entgegnet:

Doch unter Hunderten wird nicht e i n Michel sein.
Das bißchen: „Du bist schön", das macht es nicht allein;
Ich seh es gern, wenn es die Junggesellen denken,
Doch daß sie's sagen, will ich gern den meisten schenken.
Wenn es ein M i c h e l sagt, so hör' ich's zehnmal an,
Weil ich zehnmal von ihm ein gleiches denken kann.

Wie sehr konnten sie sich beide darin wiederfinden! Michel, alias Wolfgang Goethe, hat sich diese Sätze, gesprochen von seiner Annette, in den Kulissen bestimmt gern angehört. – In den Zeiten, als es noch nicht üblich war, daß sich Liebespaare öffentlich küßten, war es für junge Liebende etwas, das Herzklopfen auslöste, wenn sie in einer Laienaufführung vor allen Leuten ihre Liebe agieren, sich umarmen oder gar küssen durften. Für Wolfgang Goethe und Annette ging dieser Wunschtraum hier in Erfüllung. – Das Stück endet nach Michels erzwungenem Verzicht auf die Herzogswürde mit seinen reumütig an Hannchen gerichteten Schlußversen: *Ja leider, ich muß tun, was meine Väter taten, / Du bist mein Herzogtum, mein Bier, mein Schweinebraten.* – Wolfgang Goethe blieb diese Aufführung lebhaft in Erinnerung. So manches Mal spielte er in späteren Briefen auf sie an oder schlüpfte in ihnen scherzhaft in die Rolle des „Herzogs Michel".

Was für ein Publikum diese Aufführung sah und sich dabei amüsierte, ist nicht bekannt. Ob neben Familienmitgliedern und Freundinnen Annettes auch die Herren der Tischgesellschaft anwesend waren? Wahrscheinlich schon. Adam Horn wird auch unter den Zuschauern gewesen sein und ebenso die Brüder Bernhard Theodor und Christoph Gottlieb Breitkopf. Zu ihnen war während des Jahres 1766 eine engere Freundschaft entstanden. Sie waren etwa gleichaltrige Mitstudenten, und Wolfgang Goethe fand durch sie familiären Anschluß an die angesehene Buchdrucker- und Verlegerfamilie, zu der auch zwei Töchter gehörten. Ihr Vater Johann Gottlob Breitkopf hatte den vom Großvater gegründeten und noch heute bestehenden Musikverlag übernommen und baute ihn durch Erfindungen im Notendruck weiter aus. Eben zu jener Zeit errichtete er ein eigenes großes Wohn- und Geschäftshaus am neuen Neumarkt, den *Silbernen Bären*, gegenüber dem zu klein gewordenen Stammsitz, dem *Goldenen Bären*. – *Die ganze Familie sieht mich gern*, schrieb Wolfgang Goethe an Cornelia. In DICHTUNG UND WAHRHEIT lesen wir, daß er sich bei dem Hausbau nützlich machen konnte: „Ich ging ihnen beim Auf- und Ausbau, beim Möblieren und Einziehen zur Hand … In dem neuen Hause, das ich also entstehen sah, war ich oft zu Besuch." Dabei schätzte er nicht nur die herzliche und kultivierte Atmosphäre im Kreis der Familie, sondern auch die „schöne Bibliothek", die er benutzen durfte.

Ein Zeitgenosse, der Komponist Johann Friedrich Reichardt, hielt fest, was ihm Breitkopf einige Jahre später über die geselligen Stunden im *Silbernen Bären* und Wolfgang Goethe erzählt hatte: *Das … Breitkopf'sche Haus … war ein sehr gastfreies, und mancher Abend wurde da unter frohen Spielen und lebhafter, witziger Unterhaltung durchlebt, bald mit Musik, bald mit sinnreichen und lustigen Aufführungen dramatisierter Sprichwörter … Goethe [hat] in diesen Spielen geglänzt.*

Er hatte in Leipzig theatralische Belustigungen sehr geliebt und mit der Familie Breitkopf und der schönen Corona manche erfreuliche Darstellung veranstaltet. – Die Begegnung und gar gemeinsame Darstellungen mit Corona Schröter müssen ihn besonders beglückt haben. Mit ihren 15 Jahren war sie in Leipzig schon eine gefeierte Sängerin und Schauspielerin, zu deren Bewunderern auch Wolfgang Goethe seit seinen ersten Monaten in Leipzig gehörte. Dies war nun ein kulturelles Milieu, in dem er sich offensichtlich mehr zu Hause fühlte als in der parlierenden „großen Gesellschaft". Die gesellschaftliche Isolation des ersten Jahres hatte er also überwunden, zumal er seit dem Herbst 1766 auch von Oeser in seine Familie eingeladen und dort zu einem sehr gern gesehenen Gast wurde, besonders bei der ein Jahr älteren Tochter Friederike. Sie war eine kluge und gebildete junge Frau, unglücklicherweise mit einem in der Kindheit durch die Blattern beschädigten Antlitz. Ihre muntere und geistreiche, aber auch streitlustige Art sorgte stets für interessante Gespräche mit dem ähnlich veranlagten Studenten. Besonders gern besuchte er sie in der warmen Jahreszeit in Oesers kleinem Landgut in Dölitz, eine gute Wegstunde südlich von Leipzig, dem Sommerwohnsitz der Familie. Dort konnte er sich, wenn er es nötig hatte, in der Natur und in der Gesellschaft Friederikes von Mißhelligkeiten in der Stadt erholen, zu denen in einer späteren Phase auch Reibereien mit Annette gehörten, wie man aus einem Briefgedicht an Friederike aus Frankfurt erfahren kann:

> *Wenn mich mein böses Mädchen plagte,*
> *Wenn der Verdruß mich aus den Mauern jagte,*
> *War ich verwegen gnug, und wagte*
> *Dich aufzusuchen, eh' es tagte,*
> *Auf deinen Feldern, die du liebst,*
> *Die du mir oft so schön beschriebst. –*

> *Da ging ich nun in deinem Paradiese,*
> *In jedem Holz, auf jeder Wiese,*
> *Am Fluß, am Bach, das hoffende Gesicht*
> *Vom Morgenstrahl geschminkt, und sucht' und fand dich nicht.*

Wenn nicht bei Tagesanbruch, so kam es eben später dazu, daß sie sich gemeinsam an den *Reizen des Landlebens* und an ihren klugen Gesprächen ergötzen konnten, die sie zu anderer Jahreszeit statt im Garten in der Theaterloge miteinander führten. Vater Oeser wird sich an der Freundschaft der beiden gefreut und seinen Studenten noch etwas mehr protegiert haben.

Das Breitkopf'sche Haus bot Wolfgang Goethe noch eine weitere „Heimstatt", wie man wohl sagen darf. Ganz oben in der Mansarde

„Gebirgige Landschaft mit Wasserfall". Radierung Goethes nach einer Vorlage von Johann Alexander Thiele, 1768

wohnte der Kupferstecher Johann Michael Stock, der an einem breiten Arbeitstisch hinter dem großen Giebelfenster mit viel Geschick Illustrationen und Vignetten für die Bücher des Verlags Breitkopf herstellte. Er saß da „in einer sehr ordentlichen und reinlichen Stube, wo ihm Frau und zwei Töchter häusliche Gesellschaft leisteten" (DICHTUNG UND WAHRHEIT). Die Töchter hießen Dora und Minna; sie waren sieben und fünf Jahre alt, und ihr Vater war mit achtundzwanzig Jahren auch noch recht jung, ein Mann, „der bei seinem anhaltendem Fleiß einen herrlichen Humor besaß und die Gutmütigkeit selbst war". Bei ihm wollte Wolfgang Goethe die Techniken des Kupferstechens lernen. Zwei Landschaften, die er unter Anleitung Stocks anfertigte, sind überliefert und wurden schon seinerzeit „gut aufgenommen". – Die jüngere Tochter Minna (die eigentlich Marie hieß) heiratete später Schillers engsten Freund Christian Gottfried Körner und blieb Goethe zeitlebens verbunden. Ihre Erzählungen über den Leipziger Studenten hat ein Bekannter festgehalten:

Von [ihres Vaters] Schülern der eifrigste, zugleich aber auch zu allerhand munteren Streichen der aufgelegteste, war... Goethe ... sechzehn Jahre alt. Unsrer guten Mutter machte diese Bekanntschaft mancherlei Sorge und Verdruß. Wenn der Vater in später Nachmittagsstunde noch fleißig bei der Arbeit saß, trieb ihn der junge Freund an, frühzeitig Feierabend zu machen, und beschwichtigte die Einwendungen der Mutter damit, daß die Arbeit mit der feinen Radiernadel im Zwielicht die Augen zu sehr angreife, zumal er dabei durch das Glas sehe. Wenn nun auch die Mutter erwiderte, d u r c h das Glas sehen, greife die Augen nicht so sehr an wie i n das Glas, und zwar manches Mal zu tief sehen, so ließ doch der muntre Student nicht los und entführte uns den Vater zu Schönkopfs oder nach Auerbachs Keller ... Diese Bekanntschaft hat unsrer guten Mutter manche Träne gekostet. Wenn aber am anderen Morgen Mosje Goethe – denn vornehme junge Herren wurden „Mosje" tituliert – sich wieder bei uns einfand und ihn die Mutter tüchtig ausschalt, daß er den Vater in solche ausbündige Studentengesellschaft führe, in welche ein verheirateter Mann, der für Frau und Kinder zu sorgen habe, nicht gehöre, dann wußte er durch allerhand Späße sie wieder freundlich zu stimmen, so daß sie ihn den Frankfurter Strubbelpeter nannte und ihn zwang, sich das Haar auskämmen zu lassen, welches so voller Federn sei, als ob Spatzen darin genistet hätten.

Nur auf wiederholtes Gebot der Mutter brachten wir Schwestern unsere Kämme, und es währte lange Zeit, bis die Frisur wieder in Ordnung gebracht war. Goethe hatte das schönste braune Haar; er trug es ungepudert im Nacken gebunden ..., so, daß es in dichtem Gelock herabwallte ...

So verbrachte Wolfgang Goethe manche heitere Stunde im Kreise von Menschen, die er durch seine offene Art und wohl nicht selten durch ein Feuerwerk von Einfällen für sich einnahm und unter denen er sich selbst entfalten, immer etwas aufnehmen und lernen konnte. Wer ihn näher kennenlernte, wird seine vielseitige Begabung gespürt haben und auch, daß seinem Übermut und seiner Munterkeit ein echtes, warmherziges Interesse für die Menschen zugrundelag, die sich auf ihn einließen. – Im Februar 1767 gab es jedoch ein trauriges Ereignis in seinem Bekanntenkreis: Frau Böhme, der erste Mensch in Leipzig, der sich seiner wirklich angenommen hatte, starb. Das bewegte ihn sehr. In einem Brief an Cornelia schrieb er ihr einen dankbaren Nachruf:

Obwohl sie gestorben ist, schätze ich die Räthin [conseillère] Böhme mehr als alle lebenden Schönen. Ich will dir ihren Charakter, wenn auch nur unzureichend, schildern. Sie hatte ein großes und rechtschaffenes Herz, ein ungewöhnliches Zartgefühl ..., sehr wenig Launen, die auch nur von ihrem dauernden Unwohlsein herrührten. Mit dem Eifer einer Mutter bemühte sie sich, dann und wann die Fehler, die sie an mir wahrnahm, zu korrigieren. Anfangs tat sie dies sehr vorsichtig, aber als sie sah, daß ich es richtig aufnahm, sprach sie sehr frei mit mir. Sie freute sich, wenn sie sah, daß ich sogleich korrigierte, was sie schlecht gefunden hatte, und sie war so gütig, mich ihren gehorsamen Sohn zu nennen. Ich bin wirklich immer ihrem Urteil, ihren Ratschlägen gefolgt und habe sie nur darin gekränkt, daß ich das Spielen haßte. [Im Original auf Französisch]

Die ‚Conseillère‘ Böhme (das französische Wort konnte sowohl Hofrätin als auch Ratgeberin bedeuten) hatte er wegen ihrer Krankheit in den letzten Monaten vor ihrem Tod kaum noch sehen können. Die gesellschaftliche Beziehung zu Prof. Böhme kam danach fast ganz zum Erliegen. Der Professor war mit ihm „nicht zufrieden", wie Goethe in Dichtung und Wahrheit berichtet: „... ich schien ihm nicht fleißig genug und zu leichtsinnig ...; und ich vermied ihn zuletzt, um seinen

Vorwürfen auszuweichen." – Ab dem Sommer oder Herbst 1766 dürfte dann Behrisch als Wolfgang Goethes wichtigster Ratgeber an die Stelle der Conseillère Böhme getreten sein. Einen krasseren Gegensatz als den zwischen der sanften Professorengattin und dem sarkastischen Hofmeister Behrisch kann man sich freilich kaum vorstellen.

Behrisch und sein „Jonathan"

In einem Brief vom Mai 1774 ließ Goethe seinem Leipziger Freund
Behrisch, den er seit Jahren aus den Augen verloren hatte, Grüße bestellen mit der Bemerkung: *von seinem ehmaligen Jonathan.* Man hat diese
Anspielung wenig beachtet; doch sie verrät, wenn man ihrer Bedeutung
nachgeht, sehr viel über Wolfgang Goethes Beziehung zu Behrisch. –
Schon in seiner frühen Kindheit war Goethe der biblischen Gestalt Jonathan begegnet, dem ältesten Sohn des israelitischen Heerführers und
Königs Saul. In einer Aufführung mit dem Puppenspiel, das er und Cornelia zu Weihnachten geschenkt bekommen hatten, sah er die Geschichte von David und Goliath aus dem Alten Testament, an der auch Saul
und Jonathan beteiligt sind. Diese erste Puppenspiel-Aufführung muß
einen unvergeßlichen Eindruck in ihm hinterlassen haben.

Erinnerungen daran finden sich in den ersten Kapiteln von Goethes
Romanfragment WILHELM MEISTERS THEATRALISCHE SENDUNG. Dort werden von Wilhelm Meisters Großmutter Marionetten für eine Aufführung
von *David und Goliath* vorbereitet, und sie stellt dabei den Jonathan
mit den Worten vor: *Das hier ist Jonathan, der hat Gelb und Rot, weil
er jung ist und flatterig und hat einen Turban auf.* – Auch in dem ab-
geschlossenen Roman WILHELM MEISTERS LEHRJAHRE begegnen wir, in einer umgestalteten Handlung, wieder dem Jonathan. Wilhelm, der junge
Held dieses Romans (der manche Ähnlichkeiten mit seinem Autor Goethe hat) bringt bei einem Besuch seiner Geliebten, der Schauspielerin
Mariane, zur Unterhaltung einige Marionetten mit: *Es bedarf nur einer
Kleinigkeit, um zwei Liebende zu unterhalten, und so vergnügten sich
unsre Freunde diesen Abend aufs beste. Die kleine Truppe wurde gemu-
stert, jede Figur genau betrachtet und belacht. König Saul im schwar-
zen Samtrocke wollte Marianen gar nicht gefallen; er sähe ihr, sagte sie,
zu steif und pedantisch aus. Desto besser behagte ihr Jonathan, sein
glattes Kinn, sein gelb und rotes Kleid und der Turban. Auch wußte sie
ihn artig am Drahte hin und her zu drehen, ließ ihn Reverenzen machen
und Liebeserklärungen hersagen ... David war ihr zu klein und Goliath
zu groß; sie hielt sich an ihren Jonathan. Sie wußte ihm so artig zu
tun, und zuletzt ihre Liebkosungen von der Puppe auf unsern Freund
herüber zu tragen, daß ... ein geringes Spiel, die Einleitung glücklicher
Stunden ward.* – Wenn man diese Stellen liest, spürt man, wie sehr der

Autor dem gelbroten und *flatterigen* Jonathan mit dem Turban zugetan ist; sehr wahrscheinlich, weil er mit ganz frühen Kindheitserinnerungen verwoben war. Die Vermutung liegt nahe, daß sich Goethe als Kind mit dieser Gestalt identifiziert hatte.

Zu diesen Eindrücken vom Puppenspiel her muß dann, früher oder später, auch die genaue Kenntnis dessen gekommen sein, was im Alten Testament über David und Goliath und Jonathan geschrieben steht. Goethe liebte schon als Kind die Erzählungen aus der Bibel und las sie begierig. Im Buch des Propheten Samuel wird er, vielleicht mit der Hilfe seiner bibelkundigen Mutter, die Geschichte von der innigen Freundschaft zwischen David, dem Bezwinger Goliaths, und Jonathan gefunden haben. Ihr Kern: Nachdem David den Riesen Goliath getötet und die Philister in die Flucht geschlagen hatte, schloß Jonathan, der Sohn des israelitischen Königs Saul, eine unverbrüchliche Freundschaft mit ihm: *Als David aufgehört hatte, mit Saul zu reden, verband sich das Herz Jonathans mit dem Herzen Davids, und Jonathan gewann ihn lieb wie sein eigenes Herz.* Er rettete David vor den Nachstellungen seines Vaters, der um seine Macht fürchtete, und verzichtete aus Liebe zu dem Freund auf die eigene Thronfolge: *Fürchte dich nicht! Sauls, meines Vaters, Hand wird dich nicht erreichen, und du wirst König werden über Israel, und ich werde der Zweite nach dir sein ... Und sie schlossen beide einen Bund miteinander vor dem Herrn.* – Nur der Tod konnte diesen Bund trennen. Als Jonathan im Krieg mit den Philistern gefallen war, singt David ein ergreifendes Klagelied für den Freund: *Es ist mir leid um dich, mein Bruder Jonathan; ich habe große Freude und Wonne an dir gehabt; deine Liebe ist mir wundersamer gewesen als Frauenliebe ist.*

Jonathan wurde so in der biblischen Tradition zum Inbegriff des Freundes, ähnlich wie Pylades, der Freund Orests, in der antikgriechischen Tradition. Dieser Hintergrund, verwoben mit Goethes Kindheitserinnerungen an das Puppentheater, läßt ermessen, wie viel es bedeutete, wenn er seine Freundschaft mit Behrisch in diesen biblischen Gestalten spiegelte und sich Behrischs *Jonathan* nannte. – Die Freundschaft zu Behrisch war für Wolfgang Goethe also etwas Besonderes. Wie die Liebe zu Annette war sie für ihn eine *Herzensangelegenheit,* der er sich mit großer Intensität hingab. Seine Briefe an Behrisch bezeugen dies ganz eindeutig.

In DICHTUNG UND WAHRHEIT findet man jedoch kaum etwas über diese emotionale Bindung an den Freund. Goethe schildert Behrisch dort sehr anschaulich und ausführlich als ein Original voller Skurrilitäten und beklagt mehrfach, daß sie „die schöne Zeit" miteinander „vergeudet" hätten. Er bleibt hingegen recht knapp, wenn es um die Vorzüge Behrischs geht und darum, was er ihm während ihrer gemeinsamen Zeit in Leipzig verdankte. Diese einseitig pointierte Darstellung in DICHTUNG UND WAHRHEIT hat dazu geführt, daß Behrisch in der Literatur über Goethe sehr unterschätzt wurde und man ihn meistens als einen eher zu belächelnden seltsamen Kauz hinstellte. Dabei übersah man jedoch die weniger auffälligen Charakterisierungen und positiven Aussagen Goethes über ihn in DICHTUNG UND WAHRHEIT. So wurde man weder Behrisch selbst noch der bedeutenden Wirkung gerecht, die er auf Wolfgang Goethes persönliche und dichterische Entwicklung ausübte. – Indem dieser sich in ihrer Freundschaft als seinen *Jonathan* sah, übertrug er Behrisch indirekt die Rolle Davids, des überlegenen und geliebten Freundes. Dies bekundet seine damalige große Wertschätzung Behrischs und auch seine starke emotionale Bindung an ihn.

Einiges deutet darauf hin, daß Behrisch darin eine Verantwortung für seinen jungen Freund erblickte. Er wurde ihr mit einem bemerkenswerten pädagogischen Geschick gerecht. Es wurde schon mehrfach erwähnt, wie sehr Wolfgang Goethe durch die Kritik von Clodius in seinem Selbstvertrauen als Dichter erschüttert worden war und daß er aus diesem Grund ein halbes Jahr lang keine Gedichte mehr schrieb. Wenn nun Goethe in DICHTUNG UND WAHRHEIT berichtet: „Unter den Personen, welche sich Behrisch zu Zielscheiben seines Witzes erlesen hatte, stand gerade Clodius obenan", so läßt sich vermuten, daß Behrisch mit seinem Spott über Clodius die Absicht verfolgte, ihn als Autorität auf dem Gebiet der Dichtung in Frage zu stellen. Dafür gab es auch gute Gründe, denn seine Dichtungen fanden zwar in Leipzig Beifall; sie waren jedoch von mäßiger Qualität und ließen sich daher gut parodieren. Indem der Literaturkenner Behrisch mit seinem Spott Clodius als Dichter vom Sockel stieß, half er Wolfgang Goethe damit, sein Clodius-Trauma zu überwinden. Man kann annehmen, daß Behrisch dies ganz bewußt getan hat, um seinem Schützling wieder Vertrauen in die eigenen Fähigkeiten zu geben. Erst dann konnte er wieder beginnen, Verse zu schreiben, die nicht nur dazu dienten, Briefe an seine Freunde *auszuschmücken [embellir]*.

Ab dem November 1766 schrieb Wolfgang Goethe wieder Gedichte, wie wir aus einem Brief an Cornelia aus dem Mai 1767 erfahren. In ihm legt er ihr gegenüber eine Art Rechenschaft über seinen Werdegang als Dichter ab: *Da ich ganz ohne Stolz bin, kann ich meiner innerlichen Überzeugung glauben, die mir sagt, daß ich einige Eigenschaften besitze, die zu einem Poeten erfordert werden und daß ich durch Fleiß einmal einer werden könnte. Ich habe seit meinem zehnten Jahre angefangen, Verse zu schreiben, und habe geglaubt, sie seien gut; jetzt in meinem 17ten sehe ich, daß sie schlecht sind, aber ich bin doch sieben Jahre älter und mache sie um sieben Jahre besser...* Nach der schon zitierten Briefstelle über die fatale Kritik von Clodius fährt er fort: *Seit dem November habe ich höchstens 15 Gedichte gemacht, die alle nicht sonderlich groß und wichtig sind und von denen ich nicht eins Gellert zeigen darf, denn ich kenne seine jetzigen Sentiments über die Poesie. Man lasse doch mich gehen: Habe ich Genie, so werde ich Poete werden, und wenn mich kein Mensch verbessert; habe ich keins, so helfen alle Kritiken nichts. Mein Freund, der Gellert sehr genau kennt, sagt oft, wenn ich ihm ein Stück bringe: das sollte [er] Gellert zeigen; wie würde der [ihm] ein saubres Loblied singen ...*

Welches neue Selbstvertrauen spricht aus diesen Sätzen! Der knabenhafte Dünkel, mit dem Wolfgang Goethe nach Leipzig gekommen war, ist überwunden; ohne falschen Stolz, doch mit spürbarer Zuversicht scheint er wieder darauf zu vertrauen, daß er die Begabung für eine Zukunft als Poet habe. Kritiker scheinen ihm entbehrlich zu sein; doch die Bestätigung durch seinen Freund (womit nur Behrisch gemeint sein kann), erwähnt er nicht ohne Stolz gegenüber der Schwester. Er fügt noch hinzu, daß er vielleicht Gellert etwas zur Begutachtung *durch eine dritte Hand schicken* wolle. Doch es deutet nichts darauf hin, daß er dies getan hat. Eigentlich war es auch gar nicht nötig, denn er erfuhr ja eine Bestätigung durch den kompetenten Freund, der ihm *oft* (!) gesagt habe, wenn er ihm ein Gedicht brachte, Gellert würde ihn dafür loben. – Aus diesem Brief an Cornelia wird ersichtlich, daß Wolfgang Goethe wieder zum Dichten zurückgefunden hatte, und es kann kaum ein Zweifel daran bestehen, daß Behrisch erheblich daran beteiligt war. Das *Genie* zum Dichter war eine Sache der eigenen Begabung; sonst *helfen alle Kritiken nichts*, wie er schreibt. Aber daß Behrisch ihm half, seine Krise zu überwinden, und ihn als Freund mit kritischem Sachverstand begleitete, muß viel zu seinem Neubeginn mit dem Dichten und zu einem anspruchsvolleren Niveau seiner neuen Dichtungen beigetragen haben. Wie aus späteren Briefen Wolfgang Goethes an Behrisch hervorgeht, suchte er ständig den Gedankenaustausch mit ihm über seine Gedichte und dramatischen Versuche, und er war jeweils gespannt auf die Kommentare seines *wehrten Critikus*, wie er ihn einmal in einem Brief mit dem Unterton von respektvoll freundschaftlicher Ironie titulierte.

In DICHTUNG UND WAHRHEIT berichtet Goethe, wie er in Leipzig (es muß in seinem ersten Jahr gewesen sein) zunehmend davon beunruhigt war, daß er in der Einschätzung von Dichtung auf eine verwirrende „Geschmacks- und Urteilsungewißheit" stieß, wobei selbst ein Wieland von manchen nicht anerkannt wurde. Klarheit auf diesem Gebiet war für ihn natürlich von größter Wichtigkeit: „Ich forderte einen Maßstab des Urteils und glaubte gewahr zu werden, daß ihn gar niemand besitze, denn keiner war mit dem andern einig ..." – Als er Behrisch kennenlernte, fand er endlich jemanden, der ihm aus dieser Not half: „In der Dichtkunst hatte er dasjenige, was man Geschmack nannte, ein gewisses allgemeines Urteil über das Gute und Schlechte, das Mittelmäßige und Zulässige; doch war sein Urteil mehr tadelnd, und er zerstörte noch den wenigen Glauben, den ich an gleichzeitige Schriftsteller bei mir hegte, durch lieblose Anmerkungen, die er über die Schriften und Gedichte dieses und jenes mit Witz und Laune vorzubringen wußte. Meine eigenen Sachen nahm er mit Nachsicht auf und ließ mich gewähren; nur unter der Bedingung, daß ich nichts sollte drucken lassen. Er versprach mir dagegen, daß er diejenigen Stücke, die er für gut hielt, selbst abschreiben und in einem schönen Bande mir verehren wolle."

Nachdem Wolfgang Goethe weder bei Gellert noch bei Clodius oder jemand anderem Orientierung und Unterstützung für seine eigenen literarischen Bestrebungen gefunden hatte, war ihm in Behrisch ein persönlicher Kritiker begegnet, der für ihn unschätzbar war. Zunächst durch den „Maßstab des Urteils", den er von ihm vermittelt erhielt und der ihn offenbar überzeugte, obwohl Behrisch mit seinen Urteilen gern zu spöttischer Schärfe tendierte. Er unterließ es aber, seinen jungen Freund mit der gleichen Strenge zu kritisieren oder bevormundend in sein Dichten einzugreifen. Er wußte ja, wie verheerend Clodius' unsensible Kritik auf ihn gewirkt hatte. – Mit dem Vorschlag, ihm aus den besten Gedichten einen schönen Gedichtband in kalligraphischer Schrift anzufertigen, und der damit verbundenen Bedingung, nichts drucken zu lassen, dürfte Behrisch mehrere Absichten verfolgt haben. Er veranlaßte Wolfgang Goethe damit, sich Gedanken über eine eigene Auswahl zu machen und selbstkritisch seine Gedichte zu überprüfen. Er selbst konnte das

Augenmerk vor allem auf die guten und besten Texte lenken und Verbesserungen an ihnen vorschlagen, ohne als Kritiker zu wirken, der am Mißlungenen herumnörgelte. Die Bedingung, nichts drucken zu lassen, könnte einerseits einer Marotte Behrischs zugerechnet werden, nämlich seiner Aversion gegen den Buchdruck, von der Goethe in DICHTUNG UND WAHRHEIT berichtet. Ob diese Aversion aber bei Behrisch wirklich so stark war, wie er tat, läßt sich nicht entscheiden. Vielleicht hat er sie auch deshalb ins Spiel gebracht, um den jungen Dichter vor verfrühten Veröffentlichungen zu bewahren. Wie auch immer es sich damit verhalten haben mochte: Durch sein Angebot hatte er mit pädagogischem Geschick einen hohen Qualitätsanspruch eingeführt, dem nichts Belehrendes anhaftete. Er selbst war bei dem von ihm vorgeschlagenen Gedichtband für die Schönheit von Schrift und Buchschmuck verantwortlich, sein junger Freund für eine dem angemessene dichterische Qualität.

Aus den vorhandenen Gedichten eine Auswahl zu treffen, war nun eine etwas heikle Angelegenheit. Behrisch scheint sich dazu eine Veranstaltung ausgedacht zu haben, die seiner Vorliebe für exklusive Inszenierungen entsprach: Nur ein „Grand conseil poétique", eine „Große poetische Ratsversammlung", konnte einer solchen verantwortungsvollen Aufgabe gerecht werden. Aus einem Brief an Cornelia aus dem August 1767 erfahren wir Genaueres hierüber: *Was meine Verse betrifft …: Behrisch bringt eine neue Ausgabe an den Tag, die alles übertreffen wird, was man bislang gesehen hat. Du weißt, daß ich jedes Jahr im Monat August einen Band von 500 Seiten aus meinen in dem Jahr entstandenen Arbeiten in* quarto maggiore *zusammengestellt habe. Um auf diese gute Einrichtung nicht zu verzichten, versammelte sich die Große poetische Ratsversammlung, wo alle Gedichte vorgelesen wurden, die meiner Feder entströmten, seitdem ich um die liebliche Pleiße umherstreife. Es wurde beschlossen, daß alles in die ewige Finsternis meiner Truhe verdammt werde, außer zwölf Stücken, die in aller, bisher der Welt unbekannten Pracht auf 50 Blatt in* octavo minore *niedergeschrieben werden sollen unter dem Titel* ANNETTE. [Aus dem Französischen]

Man kann aus dem ironischen Stil dieser Sätze ein wenig rückschließen auf die witzig übertreibende Art, in welcher Behrisch diese Zusammenkunft gestaltet haben wird. Gewiß ging es dabei recht launig zu. Alles, was in Wolfgang Goethes Truhe oder Schublade [*coffre*] beerdigt wurde, erlitt somit einen verdienten, aber heiteren Tod. Der Poet brauchte seinen mißlungenen Kindern nicht nachzuweinen und mußte sich nicht weiter um sie grämen. Desto größeren Glanz erwarteten ja seine wohlgeratenen Produkte! – Wolfgang Goethe hat in seinem Brief die Zusammensetzung des Rates nicht erwähnt. Wahrscheinlich bestand er nur aus Behrisch und ihm selbst; vielleicht wurde auch Adam Horn die Ehre zuteil, in einer Nebenrolle mitwirken zu dürfen. – Bei allem Scherz, der hier veranstaltet wurde, handelte es sich jedoch um eine durchaus ernsthafte Angelegenheit. Die von Wolfgang Goethe im Brief an Cornelia erwähnten 500-seitigen Quartbände seiner Dichtungen, die er seit 1762 oder 1763 für den Vater anläßlich des eigenen Geburtstages zusammenstellte, belegen, was für ein Vielschreiber er schon in frühen Jahren war. Man weiß, daß er neben langen Gedichten und Dramen zu biblischen Stoffen schon als 14-Jähriger einen Josephsroman in Arbeit hatte.

In DICHTUNG UND WAHRHEIT schreibt Goethe über „die weitschweifige Periode" in der deutschen Literatur jener Zeit, die sich auch in den „mehreren Quartbänden" mit seinen Manuskripten für den Vater niedergeschlagen habe. Erst in Leipzig habe er durch Gespräche, besonders in der Schönkopfschen Tischgesellschaft durch seinen „Tischgenossen, den Hofrath Pfeil, das Bedeutende des Stoffes und das Konzise der Behandlung mehr und mehr schätzen" gelernt; doch habe er sich nicht klar machen können, wie dieses „Konzise", also die Kürze, das Konzentrierte, zu erreichen sei. Er erwähnt Behrisch in diesem Zusammenhang nicht. Aber indem dieser ihm die Aufgabe stellte, seine Dichtungen anstatt in einem 500-seitigen Quartband auf nur 50 Seiten Kleinformat zusammenzufassen, zwang er ihn ganz konkret, das Weitschweifige abzulegen.

Tatsächlich hatte Behrisch mit seinem Anspruch erreicht, daß Wolfgang Goethe konzentrierter zu Werke ging und seine Gedichte, nach der Darstellung in DICHTUNG UND WAHRHEIT, an Qualität gewannen: „Die Richtung meines Dichtens, das ich nur um desto eifriger trieb, als die Abschrift schöner und sorgfältiger vorrückte, neigte sich nunmehr gänzlich zum Natürlichen, zum Wahren; und wenn die Gegenstände auch nicht immer bedeutend sein konnten, so suchte ich sie doch immer rein und scharf auszudrücken, um so mehr, als mein Freund mir öfters zu bedenken gab, was das heißen wolle, einen Vers mit der Rabenfeder und Tusche auf holländisch Papier schreiben, was dazu für Zeit, Talent und Anstrengung gehöre, die man an nichts Leeres und Überflüssiges verwenden dürfe." – Ganze Wochen seien schon zu Beginn allein für die Beschaffung der Arbeitsmaterialien verstrichen und noch viel mehr Zeit für die vielfältigen Arbeitsgänge und großen Mühen, die sich Behrisch für das Bändchen abverlangte, das in einer schwungvollen „sächsischen" Handschrift geschrieben sowie mit Titelzeilen in Fraktur und mit zierlichen Vignetten geschmückt wurde. Man weiß nicht so recht, ob Behrisch den ganzen Aufwand zu seinem eigenen Vergnügen veranstaltete oder ob er damit seinen jungen Dichter zu ebenso gewissenhafter Arbeit veranlassen wollte. Wahrscheinlich beides. – Wolfgang Goethe hat offensichtlich Behrischs pädagogische Absichten nie durchschaut und der Autor von DICHTUNG UND WAHRHEIT auch nicht. Trotz seiner wiederholten Klagen um die „vergeudete Zeit" lobt er am Ende jedoch Behrischs Werk: „[Er] brachte wirklich nach und nach ein allerliebstes Manuskript zusammen." Es war Goethes erster Gedichtband ANNETTE, der somit 1767 in einer Auflage von einem Exemplar das Licht der Welt erblickte. – „Es ist aber nichts davon übrig geblieben", schreibt Goethe 45 Jahre später. Doch das verschollene Büchlein wurde 1894 wieder aufgefunden und 1923 als Faksimile-Ausgabe veröffentlicht. So können wir noch heute bewundern, was für ein bibliophiles Schmuckstück Behrisch seinem jungen Freund mit diesem Gedichtband geschaffen hat.

Liebe und Eifersucht

Wolfgang Goethe eröffnete seinen ersten Gedichtband mit einem Widmungsgedicht. Da er mit diesem Gedicht einer antiken griechischen Tradition folgen wollte, ist es in reimlosen Versen abgefaßt:

AN ANNETTEN

Es nannten ihre Bücher
Die Alten sonst nach Göttern,
Nach Musen und nach Freunden,
Doch, keiner nach der Liebsten;
Warum sollt' ich, Annette,
Die Du mir Gottheit, Muse,
Und Freund mir bist, und alles,
Dies Buch nicht auch nach Deinem
Geliebten Namen nennen?

Eine Huldigung an die geliebte Freundin, als Gedicht nichts Geniales. Es ist Lyrik im Stil der Zeit, die der junge Wolfgang Goethe schon auf hohem Niveau beherrschte. Diese Rokoko-Lyrik, ist sprachlich geschmeidig, empfindsam und witzig, elegante Gesellschaftspoesie, für uns heute jedoch die Lyrik einer versunkenen Epoche, die uns kaum noch unmittelbar anspricht. Sie ist daher nur mehr wenig bekannt und auch wenig angesehen. Man übersieht dabei allerdings, daß von den Dichtern jener Epoche in der Lyrik wie in der Prosa eine Sprachkultur entwickelt wurde, der die deutsche Literatur späterer Epochen und die deutsche Sprache insgesamt viel verdanken. Man spricht, bezogen auf die Liebeslyrik des Rokoko, auch von anakreontischer Dichtung. Nach dem Vorbild des altgriechischen Dichters Anakreon wurden die Liebe und die Freundschaft, auch der Wein, in idyllischer Landschaft besungen; heiterer Lebensgenuß war das Thema. Die Wirklichkeit des Lebens und das eigene Erleben blieben ausgeklammert. Typisch hierfür ist ein Vierzeiler, den Wolfgang Goethe in einen Brief an Cornelia (vom 11. Mai 1767) einfügte, wobei er eine Strophe aus Weißes SCHERZHAFTEN LIEDERN abwandelte:

Von kalten Weisen rings umgeben,
Sing ich, was heiße Liebe sei;
Ich sing vom süßen Saft der Reben,
Und Wasser trink ich oft dabei.

Erläuternd fügte er hinzu, daß ein Poet nicht wirkliche Liebe zu empfinden brauche; er müsse in seinen Gedichten entweder ideale, vollkommene Mädchen darstellen oder böse ... – Die Pointe an diesem Vierzeiler
ist, daß Wolfgang Goethe ihn zu einer Zeit schrieb, da er in Wirklichkeit
kaum noch von „kalten Weisen" umgeben war (etwa den Universitätsprofessoren), sondern von Behrisch und Annette, und er aus eigenem
Erleben von „heißer Liebe" hätte schreiben können. Aber das gehörte
sich eben nicht für die spielerische und tändelnde Rokoko-Lyrik. Wolfgang Goethe weist auf diese bloß imaginäre Tendenz in seinem Gedicht
gewiß auch mit der Absicht hin, daheim keinen Verdacht aufkommen
zu lassen. Die Eltern sollten und Cornelia konnte nicht wissen, wie es
wirklich um ihn stand. Er bewahrte auch ihr gegenüber völliges *Still-*
schweigen über seine Liebe, wie er es Moors auferlegt hatte. Sogar mehr
als das; er schwindelte ihr etwas vor. Nachdem er ihr über Constanze
Breitkopf und ihre Freundin sowie über die verstorbene Frau Böhme
berichtet hatte, erwähnt er beiläufig erstmals Annette – jedoch nicht
unter diesem Namen: *Die kleine Schoenkopf* – so schreibt er, im Original
auf Französisch, – *verdient ... nicht vergessen zu werden. Sie ist ein sehr*
gutes Mädchen, bei dem sich Aufrichtigkeit des Herzens mit einer ange-
nehmen Unbefangenheit verbindet, obwohl ihre Erziehung eher streng
als gut war. Sie ist meine Wirtschafterin [mon oeconome], *wenn es um*
meine Wäsche und Kleidung geht, denn darauf versteht sie sich sehr gut,
und es macht ihr Freude, mir mit ihrem Geschick zu helfen, und ich habe
sie deswegen sehr gern. Nicht wahr, meine Schwester, ich bin ziemlich
komisch, ich liebe alle diese Mädchen. Wer könnte sich auch gegen sie
wehren, sie sind so gut ... Ich liebe sie alle, ohne mich an eine zu binden,
alle mögen mich, keine liebt mich, das ist alles, was ich brauche, und ich
bin damit zufrieden.

Schrieb er so unwahrhaftig wegen Befürchtungen gegenüber dem
Vater, bei dem er den Eindruck des fleißig Studierenden aufrechterhal-
ten mußte? Oder verschwieg Wolfgang Goethe sein wahres Verhältnis zu
Annette deshalb gegenüber Cornelia, weil er sie in dem Glauben lassen
wollte, sie selbst sei das wichtigste Mädchen in seinem Herzen (so wie

ANNETTE

Leipzig.
1767.

Titelblatt aus dem handschriftlich von E. W. Behrisch erstellten Gedichtband ANNETTE

er für sich eine Sonderstellung bei der Schwester beanspruchte)? Oder
hoffte er vielleicht, Cornelia würde zwischen den Zeilen lesen und ahnen, wie sich die Dinge wirklich verhielten? Es läßt sich nicht entscheiden. – Allerdings treibt er sein Versteckspiel hier schon fragwürdig weit,
wenn er versichert, er habe seine „Ökonomin" wegen ihrer Qualitäten
auf dem Gebiet der Hauswirtschaft (!) *sehr gern* und gleich hinzufügt,
er liebe *alle diese Mädchen …, ohne* [sich] *an eine zu binden,* und dazu
versichert, keine liebe ihn.

Diesem Brief ist auch ein Gedicht mit dem Titel *An den Schlaf* beigelegt, ein weiteres Beispiel für ein Rokoko-Gedichte des jungen Goethe
aus dem Mai 1767. Es ist an den Gott des Schlafes gerichtet, „Hypnos",
der in antiken mythologischen Darstellungen oft als geflügelter Jüngling
mit einem Mohnstengel in der Hand erscheint. Hier die Cornelia zuge-
sandte Fassung des Gedichts:

An den Schlaf

Der du mit deinem Mohne   *An meines Mädchens Seite*
Der Götter Augen zwingst,   *Sitz ich, ihr Aug' spricht Lust,*
Und Bettler oft zum Throne,   *Und unter neid'scher Seide*
Zum Mädchen Schäfer bringst,   *Steigt fühlbar ihre Brust;*
Hör mich, kein Traumgespinste   *Oft wären sie zu küssen*
Verlang ich heut von dir,   *Die gier'gen Lippen nah,*
Den größten deiner Dienste   *Doch ach, dies muß ich missen,*
Geliebter, leiste mir.   *Es sitzt die Mutter da.*

    Heut abend bin ich wieder
    Bei ihr, o tritt herein,
    Sprüh Mohn von dem Gefieder,
    Da schlaf' die Mutter ein:
    Blaß werd' der Lichter Scheinen,
    Von Lieb' mein Mädchen warm,
    Sink wie Mama in deinen,
    Ganz still in meinen Arm.

Das Gedicht ist in seiner Thematik typisch für die Dichtung jener Zeit.
Die Mutter als Hüterin der Moral und die ersehnte Liebeserfüllung waren beliebte Motive. Für das Ende eines Gedichtes gehörte sich, wie hier,

eine witzige Wendung, der epigrammatische Schluß. Auch sprachlich lebt das Gedicht in mancher Hinsicht von Vorbildern der deutschen Rokoko-Dichtung. Doch einige Verse weisen schon darüber hinaus: Der trockene Schlußvers der zweiten Strophe fällt ebenso auf wie in der dritten Strophe der klangvolle Vers *Sprüh Mohn von dem Gefieder.* Vor allem aber lassen die beiden ersten Verse des Gedichtes aufhorchen: die klingen schon wie aus einem Gedicht – von Goethe.

Der Band ANNETTE ist wohl Anfang Oktober 1767 abgeschlossen worden. Um die „50 Blatt" (100 Seiten mit jeweils maximal zwölf Zeilen) zu füllen, wurden ein paar Gedichte mehr aufgenommen, als ursprünglich vorgesehen; am Ende waren es 19 Texte. Sie bieten einen Querschnitt durch die damals gängige und geschätzte Rokoko-Dichtung. Längere Vers-Erzählungen wie der *Triumph der Tugend* und zwei Prosa-Erzählungen mit eingeschobenen Versen über die *Kunst, die Spröden zu fangen* wechseln sich ab mit kurzen scherzhaften Liebesgedichtchen, wobei Wolfgang Goethe die verschiedensten Vers- und Reimmuster gekonnt und mit großem sprachlichen Geschick durchspielte. So vermittelt der Band den Eindruck einer beachtlichen Professionalität, aber kaum den der Originalität. Wer nach Spuren der ganz persönlichen Liebesbeziehung mit Annette forscht, wird kaum etwas finden. – Auch in dem Gedicht *Annette an ihren Geliebten,* das man als „vollkommenes Beispiel der Rokokokunst in Deutschland" bezeichnet hat, darf man nicht die Spiegelung eines realen Geschehens erblicken. Die Nennung des Namens *Annette* im Titel ist allerdings eine Hommage des Dichters an seine Liebste, während der schöne Name *Doris* in der „Schäferdichtung" beliebt war. – Zitiert nach Behrischs Handschrift:

Annette an ihren Geliebten.

Ich sah, wie Doris beÿ Damöten stand,
Er nahm sie zärtlich bey der Hand;
Lang sahen sie einander an;
Und sahn sich um, ob nicht die Eltern wachen,
Und da sie niemand sahn,
Geschwind – Genug, sie machtens, wie wirs machen.

So heiter und unbeschwert wie in diesen Gedichten ging es in der Wirklichkeit eben nicht immer zu. Die wachsame Mutter als Realität im Hause Schönkopf mußte schon ernst genommen werden wie in einem der Texte des Bandes erkennbar wird: Da ist von einem spröden Mädchen die Rede, das immer zurückhaltend gewesen sei, *wie es meine Annette jetzt ist*, heißt es da, *wenn sie ihre Mutter beobachtet*. Unser Rokoko-Dichter hatte – nur dieses eine Mal im ganzen Band – ein unverhülltes Stückchen Wirklichkeit in seine fiktive Welt eingeschmuggelt. Aber die Überwachung durch die Mutter war nicht das eigentliche Problem. Wie wir schon gesehen haben, fand Annette Wege, dem zu entgehen, und allmählich wurde Wolfgang Goethe im Hause Schönkopf fast zu einem Mitglied der Familie, gegen das niemand Mißtrauen hegte.

Die Schwierigkeiten kamen von innen. Je länger die Beziehung dauerte und je älter Annette darüber wurde, desto mehr stellte sich die Frage, was daraus werden sollte. Realistisch gesehen, wäre eine Trennung vernünftig gewesen; aber mit zunehmender Dauer waren die Bande fester geworden. Zu fest, um sie einfach zerschneiden zu können. Für den Studenten im zweiten Studienjahr wurde die Situation zunehmend prekärer. Seit er im November 1766 wieder mit dem Dichten begonnen hatte und sehr viel Zeit mit Behrisch verbrachte, muß sein geringes Interesse am Jura-Studium noch weiter nachgelassen haben. Im 8. Buch von DICHTUNG UND WAHRHEIT schreibt Goethe im Zusammenhang mit seinen Studien bei Oeser, Fleiß sei seine Sache nicht gewesen, „denn es machte mir nichts Vergnügen, als was mich anflog". Diese Aussage läßt sich auch auf sein Studium der Rechtswissenschaft beziehen, deren trockene Materie ihn gewiß nicht „anflog", zumal die Professoren nichts hierzu beitrugen. – In seiner Autobiographie beklagt Goethe mehrfach, wie er mit Behrisch bei der Arbeit an dem Gedichtband „die schöne Zeit … vergeudete". Dies muß, wie die vielen Stunden, die er im Brühl bei Annette und ihrer Familie verbrachte, von seiner Zeit für das Jura-Studium abgegangen sein. So wird in ihm zunehmend ein Gefühl des Unbehagens, ein schlechtes Gewissen gegenüber dem Vater und dessen Erwartungen entstanden sein, das er wahrscheinlich verdrängte. – Zudem mußte er wissen, daß er die Beziehung zu Annette nur fortführen konnte, wenn er sie schließlich heiraten würde, was wiederum nur möglich erschien, wenn er das Studium bald abschließen und eine juristische Laufbahn einschlagen würde. Danach stand ihm jedoch gar nicht der Sinn. Auch rechnete er damit, daß für seinen Vater eine Gastwirtstochter ohne Vermögen nicht akzeptabel war. Probleme über Probleme!

Der tiefste Zwiespalt ist dabei noch gar nicht benannt: Wolfgang Goethe liebte das Mädchen, mit dem er *zum allerersten Mal das Glück, das eine wahre Liebe macht*, erlebte. An der Wahrhaftigkeit seines Gefühls – mochte auch mancherlei Unreifes damit verbunden gewesen sein – könnte man nur zweifeln, wenn man die Ernsthaftigkeit des jungen Goethe überhaupt in Frage stellte. Er wird sich Annette mit der Zeit mehr und mehr verbunden gefühlt haben. Vielleicht sind ihm aber auch Zweifel gekommen, ob er sich für immer an sie binden wollte. Konnte er, der erst Achtzehnjährige, sich überhaupt schon binden? Auf diese Fragen gab es keine klare Antwort, nur ein Schwanken, das ihn bedrücken mußte. Es ist die Ur-Situation, die sich mehrfach in seinem Leben, auf unterschiedliche Weise, doch immer quälend, wiederholen wird: Kann, muß, darf er sich an eine geliebte Frau auf Dauer binden?

Wie Anna Katharina Schönkopf diese Situation erlebte, wissen wir nicht. Aus den Briefen Wolfgang Goethes gewinnt man den Eindruck, daß ihre Mutter die Tochter gern verheiratet gesehen hätte. Der Student kam für sie wohl wegen seines jugendlichen Alters kaum in Betracht. Über den Vater hören wir nichts dergleichen; er hätte vielleicht seine Tochter noch gern ein paar Jahre im Haus und in der Gaststube gesehen. – Die Mutter saß ihr also im Nacken, drängte und wollte ihr keine Zeit dafür lassen, daß sich die Dinge in Ruhe entwickeln konnten. So muß wohl auch bei Annette eine gewisse Anspannung entstanden sein. Vielleicht auch dadurch, daß sie den wahren Charakter ihrer Beziehung zu dem bei den Eltern gern gesehenen Studenten lange Zeit – oder immer? – verheimlichen mußte.

Annette fand das Wohlgefallen gar mancher Gäste der Schönkopfschen Gast- und Weinstube, was bei ihrem munteren Wesen und ihrer Tüchtigkeit kein Wunder war. Gewiß trug sie damit zur Beliebtheit des Hauses bei. Ihr damaliges Alter läßt vermuten, daß sie schon einige Jahre in der Küche mitgeholfen und in der Gaststube aufgetragen hatte. Ihre von Horn gepriesene „Freimütigkeit" bezeugt die Selbstsicherheit, die sie im Umgang mit den Gästen gewonnen hatte. So konnte es nicht ausbleiben, daß „Käthchen" in der Wirtsstube Komplimente erhielt und sich Bewerber um sie bemühten. Die Komplimente ließ sie sich gern gefallen; bei ernsthafteren Avancen konnte sie Desinteresse fühlen lassen, doch anscheinend nicht jedesmal. – Für Wolfgang Goethe waren schon Komplimente für „sein Mädchen" zuviel, und er reagierte hochgradig eifersüchtig. Doch konnte auch Annette ihrerseits sehr eifersüchtig sein, wie aus Briefen Wolfgang Goethes hervorgeht. So entstanden Spannungen. Die Ursache hierfür mißt Goethe in DICHTUNG UND WAHRHEIT seiner Eifersucht und „bösen Laune über das Mißlingen meiner poetischen Versuche" zu, während Annette diese Eifersucht „mit unglaublicher Geduld" ertragen habe. Es ist zwar nobel, wie er damit nach Jahrzehnten alle Schuld auf sich nimmt, aber aus den Briefen, die er Annette nach seiner Heimkehr aus Frankfurt schrieb, wird deutlich, daß es sich in Wirklichkeit anders verhielt. Annette war nämlich nicht das brave, geduldige Mädchen, sondern sie verstand es, sich energisch und erfolgreich gegen ihren eifersüchtigen oder übel gelaunten Freund zu wehren. Ein Brief Wolfgang Goethes aus Frankfurt beweist dies eindeutig. Es handelt sich um die Antwort auf einen (verlorenen) Brief Annettes, in dem sie es anscheinend für sein Empfinden zu sehr an Bedauern und Mitgefühl für ihn fehlen ließ, obwohl er Leipzig wegen einer gefährlichen Erkrankung hatte verlassen müssen. Er schrieb ihr daraufhin am 1. November 1768: *Meine geliebteste Freundin, noch immer so munter, noch immer so boshaft. So geschickt, das Gute von einer falschen Seite zu zeigen, so unbarmherzig einen Leidenden auszulachen, einen Klagenden zu verspotten, alle diese liebenswürdigen Grausamkeiten enthält Ihr Brief …* Dennoch dankt er ihr für die *unwartet schnelle Antwort* und versichert: *Ihre Lebhaftigkeit, Ihre Munterkeit, Ihren Witz zu sehen, ist mir eine der größten Freuden, er mag so leichtfertig, so bitter sein, als er will. – Was ich für eine Figur gespielt habe, das weiß ich am besten …*

Diese paar Sätze verraten mehr über das temperamentvolle und eigenwillige, auch spöttische Wesen Annettes und über die spannungsreiche Beziehung der beiden Liebenden als alles, was in den geglätteten Absätzen von DICHTUNG UND WAHRHEIT zu lesen ist. – Welche Macht Annette über Männer ausüben konnte, geht aus einem anderen Brief aus Frankfurt an sie hervor, in welchem Wolfgang Goethe eingesteht, daß er manchmal mit seinem *ganzen Ernst* etwas von ihr Verlangtes n i c h t tun wollte, jedoch vergebens; denn sie *konnte mich es tun machen, wie es ihr beliebte,* mit ihrer *Gabe …, nach ihrem Köpfchen die Leute zu gouvernieren.* – Sie scheint erstaunlich selbstbewußt und eigenständig gewesen zu sein. Dies mochte vielleicht auch mit dem Vorbild ihres tüchtigen Vaters zu tun haben. Er entstammte einer Leipziger Zinngießerfamilie. Die Wanderschaft hatte ihn nach Frankfurt geführt, wo er gern Zinngießermeister geworden wäre; als Mann ohne Frankfurter Bürgerrechte hätte er aber zu viele Jahre darauf warten müssen. So kehrte er, nachdem er eine Frankfurterin, die Tochter eines Buchbindermeisters, geheiratet hatte, in seine Heimatstadt zurück. Er arbeitete hier als Zinngießer, gleichzeitig auch als Musterschreiber, bis er mit 40 Jahren in dem vom Vater geerbten Haus am Brühl 1756 einen Weinschank eröffnete, der ihm und seiner Familie eine sichere Existenz bot. Das Klima in dieser Familie, wo man musizierte und sang, wo der Vater Laienspiele inszenierte und es verstanden hatte, eine respektable Tischgesellschaft in der Schankstube anzusiedeln, wo die Tochter mit anpacken mußte, hatte auf sie offenbar recht positiv gewirkt und ihr zu einem gesunden Selbstwertgefühl verholfen. Sie las auch Bücher, aber nicht so viele wie Constanze Breitkopf, die Wolfgang Goethe schon *fast aufgegeben* habe, wie er Cornelia schrieb, da sie *zu viel gelesen* hätte, und da sei *Hopfen und Malz verloren*. Annette in ihrer unverbildeten und selbstbewußten Natürlichkeit war ihm da viel lieber. Wenn nur nicht ihre Eifersucht gewesen wäre! Ein harmloser Handkuß ihres Liebsten für ihre Freundin, Mademoiselle Obermann, genügte schon, um sie auszulösen, und noch schlimmer war es (wie in einem anderen Brief zu lesen ist), wenn er im Dilettanten-Theater mit dieser ein Paar zu geben hatte! In solchen Fällen verfügte Annette anscheinend über ein ganzes Arsenal von Sanktionen, die zu weiteren dramatischen Szenen führen konnten. Wie damit fertigwerden?

Wolfgang Goethe versuchte es auf seine Weise, als Dichter. Als die Mißhelligkeiten in ihrer Beziehung zunahmen und unerfreulicher wurden, begann er im Februar 1767 ein „Schäferspiel" zu schreiben mit dem Titel DIE LAUNE DES VERLIEBTEN. – Die sogenannte Schäferdichtung spielt in einer idyllischen Hirtenwelt. Sie reicht bis in die Renaissance und die Antike zurück und wurde dann im französischen Rokoko als eine naturhafte Scheinwelt der höfisch-verfeinerten Lebensform des Adels gegenübergestellt. In Deutschland haben um 1750 Gellert, Gleim u. a. Schäferspiele in einem Akt eingeführt, in denen meist zwei Liebespaare agieren, die nach mancherlei Verwicklungen zu einem Leben in Liebe und Freundschaft finden und so den Traum vom arkadischen Glück verwirklichen. Nach diesem Vorbild wollte Wolfgang Goethe innerhalb des traditionellen Musters sein eigenes Verhalten als Liebender, der sein Mädchen immer wieder mit Eifersucht und bösen Launen plagt, „zu einer quälenden und belehrenden Buße dramatisch behandeln" (DICHTUNG UND WAHRHEIT). In der Figur des Eridon kritisiert er das eigene törichte Verhalten. Einem befreundeten Liebespaar gelingt es, den eifersüchtigen Eridon durch eine listige Verführung auf die rechte

Bahn zu lenken und so das Liebesglück mit seiner Amine wieder herzustellen. – Wolfgang Goethe hat seinen Einakter mehrfach überarbeitet, denn er wollte ihn *sorgfältig nach der Natur copieren*, doch ohne dabei realistisch vorzugehen. Er arbeitete insgesamt vierzehn Monate an den neun Szenen in gereimten Alexandrinern, bis er die etwa 20 Druckseiten für gut genug hielt; eine für ihn ungewöhnlich lange Zeit. – In der Münchner Ausgabe von Goethes Werken wird das Stück *als schönstes Beispiel des deutschen Rokokogenres* bezeichnet. Da die Schäferspiele aber bald darauf, als der „Sturm und Drang" seinen Siegeszug antrat, eine veraltete Gattung waren, spielte das erste erhaltene dramatische Werk Goethes weiter keine Rolle für die deutsche Dichtung. Doch Goethe gab dieses Jugendwerk nicht auf. 1779 erlebte es seine Uraufführung durch das Weimarer Herzogliche Liebhabertheater im Schloßsaal der Ettersburg, mit prominenter Besetzung: Goethe selbst spielte den eifersüchtigen Eridon, während die zweite Frauenrolle von Corona Schröter übernommen wurde. 1806 erschien der Einakter auch im Druck.

Im Leipzig der Jahre 1766/67 hatte Wolfgang Goethe jedoch nicht den Erfolg, um den es ihm eigentlich ging. Die Selbstbefragung, die er mit der Figur des Eridon durchführte, bewirkte nur in der Dichtung eine Lösung der Konflikte, nicht im realen Leben. Die Beziehung zu Annette blieb problematisch; es gelang ihm nicht, damit aufzuhören, sie durch Eifersucht oder sonstige Launen zu „plagen". Die Erfahrung, wie wenig die Einsicht in die eigenen Schwächen und Fehler dazu verhilft, sie zu überwinden, muß für ihn bitter gewesen sein. Wie war es auszuhalten, daß in seiner Liebe zu Annette durch eigene Schuld dem Glück so schnell die Qual folgen konnte? – In Leipzig fand er seine eigene Weise, auf solche inneren Nöte, aber auch auf freudige Erlebnisse, zu reagieren. In einem häufig zitierten, berühmten Abschnitt aus dem 7. Buch von Dichtung und Wahrheit schreibt Goethe, bezogen auf seine damaligen, noch tastenden Versuche:

„Und so begann diejenige Richtung, von der ich mein ganzes Leben über nicht abweichen konnte, nämlich dasjenige, was mich erfreute oder quälte oder sonst beschäftigte, in ein Bild, ein Gedicht zu verwandeln und darüber mit mir selbst abzuschließen, um sowohl meine Begriffe von den äußeren Dingen zu berichtigen, als mich im Innern deshalb zu beruhigen. Die Gabe hierzu war wohl niemand nötiger als mir, den seine Natur immerfort aus einem Extreme in das andere warf. Alles, was daher von mir bekannt geworden, sind nur Bruchstücke einer großen Konfession …"

Das Schäferspiel DIE LAUNE DES VERLIEBTEN ist in diesem Sinn die erste größere Dichtung Goethes unter seinen überlieferten Werken, in welchem er die ihn bedrängenden Erfahrungen in Dichtung zu verwandeln suchte, „um sich im Innern deshalb zu beruhigen". – Sehr aufschlußreich ist hier die Aussage, daß ihn „seine Natur immerfort aus einem Extreme in das andere warf". Wenn Goethe in DICHTUNG UND WAHRHEIT über Leipzig erzählt, klingt das meistens viel ausgeglichener, als er jene von innerer Unsicherheit geprägte Zeit erlebt und erlitten hat. In Wirklichkeit durchlebte er, das gesteht er an dieser Stelle ein, höchst intensiv seelische Höhen und Tiefen, übersteigerte Glücksgefühle und Verzweiflungen, die ihn zuletzt bis an den Rand des Abgrunds führten. Es ist der besonnene Goethe der späten Jahre, der seine Worte überlegt setzt, welcher hier schreibt, und so muß man das wörtlich nehmen: Er war damals der Spielball seiner Natur. Er mußte erst noch lernen, sich selbst, „seine Natur" zu beherrschen und nicht ihr ausgeliefert zu sein. – Man kann sich vorstellen, daß Wolfgang Goethe in dieser Lebensphase als Hin- und Hergeworfener manchmal Angst vor sich selbst hatte.

Der einzige, der ihm in seiner Not beistehen, an den er sich halten konnte, war Behrisch. Ihm konnte er alles mitteilen, was ihn durchstürmte, quälte und beglückte. Die Briefe, die er ab dem Oktober 1767 an ihn schrieb, zeigen dies. Er konnte ihm gegenüber ganz offen sein, zumindest in seinen Briefen. Behrisch moralisierte nicht, und bis zu einem gewissen Grad war er ein Außenseiter wie er selbst. Er war der ältere Freund, dem er rückhaltlos vertraute. In DICHTUNG UND WAHRHEIT schreibt Goethe, wohl mit leicht ironischem Unterton, Behrisch sei derjenige gewesen, der „Vergnügen daran fand, meine Ungeduld und Unruhe zu zähmen, womit ich ihm dagegen auch genug zu schaffen machte". Schade, daß Goethe auch hier Beispiele schuldig bleibt; es mögen sich mancherlei, auch durchaus amüsante Konfrontationen zwischen ihnen abgespielt haben. So war Behrisch nicht nur der *Critikus* und Kalligraph; er war immer zuverlässig da für seinen Jonathan, als der unentbehrliche, der erfahrene und herzlich geliebte Freund. – Vielleicht muß man heute darauf hinweisen, daß damals die Liebe zu einem Freund in der Skala der Werte höchsten Rang besaß und nicht unter dem Generalverdacht stand, Ausdruck von Homosexualität zu sein. Goethe setzte später dem Freundespaar Orest und Pylades in seiner *Iphigenie* ein Denkmal; Schiller und Hölderlin, um zwei weitere berühmte Beispiele zu nennen, feierten in ihren Dichtungen solche Freundschaften. Von allen drei Dichtern ist bekannt, daß es ihnen nicht an (erwiderter) Liebe zu den Frauen mangelte. – „Liebe und Freundschaft" hieß die Glücksformel, der man in den Dichtungen und Briefen jener Zeit häufig begegnet.

Über die Ereignisse des Sommers 1767 wissen wir nur wenig. Das geistige Hauptinteresse Wolfgang Goethes galt zweifellos dem Dichten. Er schrieb neue Gedichte und überarbeitete ältere für das Buch ANNETTE, entwarf und verwarf Verse und Szenen für sein Schäferspiel, in stetem Austausch mit Behrisch, der seinerseits schon mit der akribischen Herstellung des Gedichtbändchens begonnen hatte. Einen Hinweis auf den Zeitaufwand und die Hingabe, die das Dichten Wolfgang Goethe abverlangte, finden wir in der THEATRALISCHEN SENDUNG, wo Wilhelm Meister seinem Freund erklärt, er irre sich, wenn er glaube, *daß eine solche Arbeit, deren Vorstellung die ganze Seele füllt …, in unterbrochenen zusammengegeizten Stunden hervorgebracht werden [könnte]. Nein, der Dichter muß ganz sich, ganz in seinem geliebten Gegenstand leben.* – Auch hier dürfte Wilhelm Meister von Wolfgang Goethes eigenen Erfahrungen sprechen, die bis in die Leipziger Zeit zurückreichen, denn schon damals war er eigentlich Dichter und nicht Jurastudent.

Im ersten Brief an Cornelia aus dem August 1767 hatte er ihr eine Kostprobe aus dem entstehenden Gedichtband geschickt, mit der ironischen Bemerkung: *Du wirst dir eine Vorstellung von diesem herrlichen Buch machen können, wenn du das beigefügte, durch einen Schreibfehler verdorbene Blatt ansiehst.* In einem zweiten Brief an Cornelia aus dem August lesen wir: *Deine Bitte, das reizende Buch von 50 Blättern … zu sehen, ist dem Rat [conseil] vorgelegt worden; die Sache ist noch nicht entschieden, da manche dafür, andere dagegen sind. Vielleicht wird die Sache bei der nächsten Sitzung abgeschlossen, am 20. Sonntag nach Trinitatis.* [Aus dem Französischen] – Diese Stelle bestätigt die Vermutung, daß der „Conseil" nur aus Behrisch und Wolfgang Goethe bestand; denn es ist nicht vorstellbar, daß Wolfgang Goethe jemand anderen außer Behrisch darüber hätte mitentscheiden lassen, ob das Prachtbändchen seiner Schwester zugeschickt werden dürfe oder nicht. Daß von zwei Parteien gesprochen wird (*manche dafür, andere dagegen*), ist natürlich Teil der selbstironischen Überhöhung des „Rates". – Der 20. Sonntag nach dem Dreifaltigkeitsfest fiel im Jahr 1767 auf den 1. November. Doch da war an eine Sitzung des Conseils längst nicht mehr zu denken. Die Dinge hatten zuvor eine für Wolfgang Goethe katastrophale Wendung genommen.

III Das dritte Jahr (1767/68)

Der 13. Oktober 1767

Das elendeste Oktoberwetter, das die Herbstmesse in Leipzig seit dem Beginn des Monats begleitete und die Straßen in den *größten Kot* verwandelte, war der angemessene Rahmen für die Ereignisse, mit denen Wolfgang Goethe in diesem Monat konfrontiert wurde. Er leitete nicht nur den Niedergang des Jahres ein. Dieses Wetter wäre, wie Wolfgang an Cornelia schreibt, *sehr geschickt gewesen, Briefe, Gedichte und andre unglückliche Geburten auszubrüten.* Doch ein offizieller zehntägiger Besuch des Kurfürsten von Sachsen und seines Hofes mit zahlreichen Terminen an der Universität hielt ab dem 3. Oktober auch die Studenten in Trab: *Bald läßt er sich etwas auf der Akademiebibliothek vorlesen, und das muß man doch auch hören, bald besucht er die Malerakademie, und da muß man als ein ehrwürdiges Mitglied zugegen sein, so geht ein Morgen, ein Nachmittag nach dem andern, ohne daß man weiß, wohin,* faßt Wolfgang Goethe nach überstandener Hofvisite den beklagenswerten Zeitaufwand in seinem Brief vom 12. Oktober zusammen, wo er doch bei dem schlechten Wetter an seinem Schreibtisch so gut etwas hätte *ausbrüten* können.

Das wäre wahrscheinlich alles besser zu ertragen gewesen, wenn nicht schon gleich zu Beginn des Monats ein Vorfall in der Speisestube bei Schönkopfs ihn so tief beunruhigt hätte, daß er, erstmals nach einem ganzen Jahr, wieder einen Brief an Behrisch schrieb, den er ja fast täglich sah. Warum er ihm schreibt, anstatt ihn aufzusuchen, erklärt er gleich im ersten Satz: Er fürchtet seinen Spott. Dieser Brief gibt uns einen so tiefen Einblick in die Weise, wie Wolfgang Goethe seine Umgebung sieht, wie er beobachtet, erlebt und darüber schreibt, daß er hier ungekürzt wiedergegeben wird:

[Anfang Oktober 1767]
Ich muß dir etwas schriftlich sagen, weil ich mich vor deinem Spott fürchte, wenn ich dir es mündlich sagen sollte. Ich will kurz sein. Ich verlange deine Gedanken, deinen Rat, du hast mehr Erfahrung als ich und bei dieser Sache keine Leidenschaft. Es sind zwei Leute in die Stube gezogen, die unten offen [zu vermieten] *war. Du hast sie vielleicht dort gesehen. Doch das tut nichts zur Sache. Der eine ist ein ältlicher Mensch, der andere jünger, der mich wohl wert sein möchte, du verstehst*

mich. Doch deswegen bin ich ganz ruhig gewesen. Sie haben nebst dem Mittagstisch auch den Abendtisch ausgemacht, und werden alle Abende mitessen. Das ist mir etwas verdrießlicher, aber noch nicht alles. Wenn du dir mein Mädchen vorstellen kannst, so kannst du dir ihre Bitten denken, mit denen sie mich belagert, diese Veränderung nichts in meinem Betragen und meinem Herzen ändern zu lassen. Sie hat mich unter den heftigsten Liebkosungen gebeten, sie nicht mit Eifersucht zu plagen, sie hat mir geschworen, immer mein zu sein. Und was glaubt man nicht, wenn man liebt. Aber was kann sie schwören? Kann sie schwören, nie anders zu sehn als jetzt, kann sie schwören, daß ihr Herz nicht mehr schlagen soll? Doch ich will's glauben, daß sie's kann.

Aber nun gesetzt – nichts gesetzt, es klingt, als wenn ich nicht mit der Sprache heraus wollte. – Heute – Ein Blick auf einen Liebhaber hebt ihn in Himmel, aber seine Schöne kann ihn bald herunter bringen, sie darf nur ihre Augen auf einen andern wenden. Eine Sentenz. Du mußt sie mit meinem verwirrten Kopfe entschuldigen. Heute stand ich bei ihr und redete, sie spielte mit den Bändern an ihrer Haube. Gleich kam der Jüngste herein und forderte eine Tarockkarte von der Mutter. Die Mutter ging nach dem Pulte, und die Tochter fuhr mit der Hand nach dem Auge und wischte sich's, als wenn ihr etwas hineingekommen wäre. Das ist's, was mich rasend macht. Ich bin närrisch, denkst du. Nun höre weiter. Diese Bewegung kenne ich schon an meinem Mädchen. Wie oft hat sie, [um] ihre Röte, ihre Verwirrung vor der Mutter zu verbergen, eben das getan, um die Hand schicklich ins Gesicht bringen zu können. Sollte sie nicht eben das tun, ihren Liebhaber zu betrügen, was sie getan hat, ihre Mutter zu hintergehn? Es ist ein Argwohn, der bei mir einen großen Grad von Gewißheit hat. Setze, es wäre gewiß, und – ich zittre, deine Antwort zu hören – wie soll ich sie entschuldigen? Ja, das will ich, sie entschuldigen. Sage mir Gründe für sie, keine wider sie. Du würdest – genug – verliebte Augen sehen schärfer als die Augen des Herrn; aber oft zu scharf. Rate mir im ganzen und tröste mich wegen des letzten. Nur [ver-]spotte mich nicht, wenn ich's auch verdient hätte.

Der Brief beeindruckt durch die Genauigkeit, mit der er sowohl die realen Vorgänge als auch die eigenen Ängste darstellt. Mit dieser Prosa übertrifft Wolfgang Goethe die Sprache seiner bisherigen Gedichte bei weitem. Anders als in ihnen hat er sich hier ganz von literarischen Vorbildern gelöst. Doch darum geht es ihm gewiß nicht. Ihn erschrecken

Einblicke in die Seele des Menschen, wie er sie bei dem genauen Beobachten des geliebten Mädchens erahnt. Die Möglichkeit des Verrats, die er in der ihm bekannten Handbewegung seines Mädchens wittert, macht ihn *rasend*: Möchte sie damit ein Erröten wegen des Nebenbuhlers vor ihm verbergen? Kann Liebe treulos, wandelbar sein? Oder sehen seine *verliebten Augen* (wie er insgeheim hofft) doch *zu scharf*?

K. R. Eissler, der bedeutende, aus Wien nach New York emigrierte Psychoanalytiker, hat in seinem Buch *Goethe. Eine psychoanalytische Studie* (1963) diesen Brief auf eindringliche Weise aus psychiatrischer Sicht gedeutet. Er schreibt: „Überscharfe Wahrnehmung kann man oft an Personen wahrnehmen, die sich auf der Grenze zwischen Gesundheit und Wahnsinn befinden" und diagnostiziert, daß sich Wolfgang Goethe hier auf der gefährlichen Grenze zwischen beidem bewege. Jedenfalls muß für ihn viel auf dem Spiel gestanden haben, wenn er vor der Antwort Behrischs *zittert*.

Tröste mich, bittet er Behrisch, und: *Rate mir im ganzen.* – Bei einem Gleichaltrigen hätte der 18-jährige Wolfgang Goethe mit seinen geahnten Einsichten in die Wandelbarkeit und Unzuverlässigkeit der innigsten Gefühle kaum Verständnis finden können. In Behrisch hatte er nicht nur einen unterhaltsamen Gesellen an seiner Seite, sondern auch einen Mann, auf dessen Lebenserfahrung und Engagement als Freund er sich verlassen konnte, wenn es nötig war. Wir wissen nicht, wie er auf diesen Brief reagiert hat. Gewiß nicht mit Spott. Vielleicht konnte er jedoch gar nicht mehr antworten, denn plötzlich wankte auch seine Existenz: In diesen Tagen erhielt er vom Grafen von Lindenau die Kündigung seiner Stelle als Hofmeister seines Sohnes.

Die Gründe dafür sind nicht eindeutig zu ermitteln. Anscheinend kamen mehrere zusammen, von denen Goethe einige in DICHTUNG UND WAHRHEIT aufführt. Dem Grafen war wohl einiges aus Leipzig über Behrisch zugetragen worden: daß er mit einer Clique von Studenten in Beziehung stehe (zu der auch Wolfgang Goethe gehörte), mit denen er in den Gärten mit mancherlei Mädchen, nicht nur gut beleumundeten, verkehre, und dies in Begleitung seines gräflichen Zöglings. Abends überlasse er diesen zudem gern dem Kammerdiener, um seine studentischen Freunde in Auerbachs Keller zu treffen. Solche und weitere Gründe oder Gerüchte scheinen eine Rolle gespielt zu haben. Doch sei, wie Goethe betont, der junge Graf „keineswegs vernachlässigt" worden. „Wenn die Lehrmeister ihre täglichen Stunden gaben", habe Behrisch „sich entweder in dem Zimmer des jungen Grafen oder wenigstens daneben" aufgehalten, und er habe „die Collegia mit ihm sehr ordentlich frequentiert". Der für uns interessanteste Grund zur Kündigung erschließt sich indirekt: Dem Nachfolger Behrischs als Hofmeister machte der Graf später „ausdrücklich zur Bedingung", keinen Umgang mit dem Studenten Goethe zu pflegen! Anscheinend hatte der Graf auch erfahren, daß Behrisch auf Kosten seines Sohnes zu viel Zeit und Interesse Wolfgang Goethe widmete.

Die anscheinend fristlose Kündigung muß für Behrisch ein Schlag aus heiterem Himmel gewesen sein. Mit dieser Kündigung verlor er natürlich auch die Wohnung in Auerbachshof und durch die spektakulären Umstände vermutlich obendrein noch einen Teil seiner Reputation. So konnte er kaum auf eine neue Anstellung in Leipzig hoffen. Aber nun zeigte sich, daß Behrisch über Qualitäten verfügte, die ihm trotz seines ungewöhnlichen Auftretens die Fürsprache einflußreicher Gönner einbrachten. Goethe schlägt in diesem Zusammenhang in DICHTUNG UND WAHRHEIT auf einmal einen anderen Ton an. Während er bis hierhin vor allem die seltsamen bis skurrilen Züge an Behrisch hervorgehoben hatte, lesen wir nun mit Erstaunen eine höchst positive Charakterisierung: „Sein gutes Äußeres, seine Kenntnisse und Talente, seine Rechtschaffenheit, an der niemand etwas auszusetzen wußte, hatten ihm die Neigung und die Achtung vorzüglicher Personen erworben" – auf deren Empfehlung Behrisch alsbald von Fürst Leopold III. von Anhalt-Dessau zum Erzieher seines vierjährigen „natürlichen" Sohnes an den Hof von Dessau berufen wurde. Wieder war es die Fürsprache Gellerts (und der anderen „vorzüglichen Personen"), die Behrisch binnen kurzem zu einer neuen, weit besseren Anstellung verhalf. – Diese Wendung der Dinge deutet darauf hin, daß die Entlassung Behrischs keinen wirklich gravierenden Grund haben konnte, denn sonst hätte sich der hochmoralische Gellert nicht beim Fürsten von Dessau für ihn eingesetzt.

Behrisch profitierte letztlich von dieser Kündigung, wie sich herausstellen sollte. Doch zunächst muß sie, so unerwartet wie sie kam, bitter für ihn gewesen sein. Abgesehen von der persönlichen Kränkung, die sie für ihn bedeutete, wußte er auch nicht, was für Verhältnisse ihn in Dessau tatsächlich erwarten würden. Er mußte Leipzig mit dem ihm angemessenen kulturellen Milieu verlassen, die Tischgesellschaft im Brühl, auch seinen Zögling, den jungen Grafen, wobei wir nicht wissen, wie es um seine Beziehung zu ihm bestellt war. Und außerdem stand ihm die

Trennung von seinem „Jonathan" bevor, seinem so anhänglichen und labilen jungen Freund. Ein weiterer Grund zur Sorge!

Behrisch war, wie er später in Dessau bewies, ein fähiger Pädagoge, originell und klug, und er muß bei all dem Spöttischen in seinem Naturell doch ein warmherziger Mensch gewesen sein, sonst hätte sich Wolfgang Goethe ihm nicht so ganz und gar zuwenden können. Daß dies so war, verrät ein unscheinbar wirkender Nebensatz, den er wenig später an Behrisch nach Dessau schrieb: *... obgleich ich noch nicht das geringste Billett* [Briefchen] *von dir zerrissen habe.* – Behrisch ist ein ganz wesentlicher, kaum zu überschätzender Teil von Wolfgang Goethes Leipziger Jugendgeschichte. Es war ein großes Glück für ihn, daß er ihm begegnet war. Leider gibt es kein Dokument, aus dem unmittelbar abzulesen wäre, wie Behrisch seinerseits die Beziehung zu seinem jungen Freund erlebte und beurteilte. Denn Goethe hat später in einer seiner Verbrennungsaktionen alle Briefe und „Billetts" von ihm (wie auch von anderen Freunden und Bekannten) verbrannt, und wir können daher nur versuchen, aus Rückschlüssen das Wesen dieses so ungewöhnlichen Freundes zu erfassen.

Umgekehrt sind wir dank der postumen Veröffentlichung von Wolfgang Goethes erhaltenen 20 Jugendbriefen an Behrisch (die Goethe testamentarisch genehmigt hat) ungewöhnlich gut darüber informiert, was in ihm selbst damals vorging. So können wir auch seine unmittelbare Reaktion auf die Nachricht von Behrischs Entlassung erfahren. Wir finden diese Reaktion in dem undatierten Brief an Behrisch, der aufgrund eines darin erwähnten Umstandes dem 7. oder 9. Oktober 1767 zugeordnet werden kann. Dieser Brief ergibt auf den ersten (und auch zweiten) Blick wenig Sinn; man versteht nicht, was er soll und will. So finden sich in der Goethe-Literatur nur ein paar Anmerkungen zu ihm, die sich auf vordergründige Details beziehen, und noch niemand hat versucht, den Grund für seine Verworrenheit herauszufinden oder seine Aussagen zu erklären. – Man weiß aus den zuvor zitierten Briefen, daß Wolfgang Goethe damals schon ein sehr bewußter und guter Briefschreiber war, der sich bemühte, zumal an Behrisch, genau, gut und interessant zu schreiben. Wenn nun plötzlich ein Brief auftaucht, der inhaltlich kaum etwas Zusammenhängendes auszusagen scheint und in dem außerdem bei den Anrede-Pronomen ein Chaos herrscht – sechsmal wechselt er bei der Anrede an den Freund zwischen *Sie, Er* und *du* –, dann muß dies Anlaß zum Nachdenken geben. Was kann der Grund dafür sein, daß Wolfgang Goethe hier derart unlogisch und zusammenhanglos schrieb?

Der Brief beginnt mit der Abschrift eines dreistrophigen Liedes mit dem Titel: *Hochzeitslied, an meinen Freund.* Da Behrisch um diese Zeit keinerlei Aussicht auf eine Hochzeit hatte, handelt es sich wohl um eine Art Fingerübung im anakreontischen Stil, die Wolfgang Goethe für Behrisch abgeschrieben hatte, wie er es manchmal tat. Es folgt noch der Nachsatz: *Ich schicke dir dieses kleine Gedicht, dessen Verfasser du an der Denkungsart und an der Versifikation gar leicht erkennen wirst, um deine Meinung darüber zu hören. Mir kommt es noch so ganz artig vor.* – Wahrscheinlich blieb der angefangene Brief zunächst so liegen.

Mit der nächsten Zeile erfolgt dann ein Bruch, ein totaler Wechsel des Stils: *Schreiben Sie* [!] *mir immer ein bißchen, wenn Sie Zeit haben, und die haben Sie wohl immer* [!] *jetzt, obgleich man beim Auerbachshoflärm* [durch die Messestände], *schwören sollte, es wäre keine unbeschäftigte Seele darin. – Zum Halleschen Tor ist noch niemand Merkwürdiges hereingekommen. Wie steht es sonst um Sie? – Ich käme heute abend und bäte mich bei Ihm* [!] *zu Gaste, wenn Er nicht so früh äße, so aber mag ich nicht. – Herr Born haben heute auf der Universitätsbibliothek sehr figuriert. Stiefeln und Schapobas stehen ihm admirabel. Der Herr von Watzdorf paradierten im Sommerkleide. Die beiden Messieurs hatten sich auf das devoteste dahin rangiert, wo Ihro Churfürstl. Durchlaucht gleich bei ihnen vorbei mußten. Sie neigten sich auf das beste und hatten beide die Gnade, von der hohen Landsherrschaft gar nicht bemerkt zu werden, welche Ehre sodann der ganzen Akademie widerfuhr. – Meine Kleine läßt Ihn grüßen. Meine Nebenbuhler werden sich nächstens vice versa ins Tollhaus bringen. Glück auf die Reise. Krebel* [von der Tischgesellschaft] *ist ein guter Mann; er ist wirklich für dich* [!!] *besorgt ... Ich hätte Ihnen* [!] *schon viel gesagt, dächt' ich; aber ich wäre doch nicht ganz fertig. Ich war heute bei Öser ... Er hat seine Säle wie Nürnberger Puppenküchen aufgeputzt. – Leben Sie wohl! Habe ich heute abend um halb neune nicht Antwort auf diesen Brandbrief, so bin ich selbst da.*

Ich finde nur e i n e Erklärung für diesen wirren Brief: Wolfgang Goethe hatte kurz zuvor in der Tischgesellschaft durch Krebel die Hiobsbotschaft von Behrischs Entlassung und vielleicht auch von seiner baldigen Abreise erfahren. Er ist völlig außer sich über das, was seinem Freund widerfahren ist (vielleicht auch über dessen bevorstehenden Verlust). Er steht unter Schock. – Eissler hat seiner Goethe-Studie eine ausführliche *Skizze zu einer Psychologie des Genies* angefügt. Er schreibt dort: „Besonders in Goethes Werk kann man sehr präzise zeigen, daß schon der Akt der Wahrnehmung an sich das Wesen des Genies enthält und teilhat an dem Merkmal der Neuschöpfung." Und an anderer Stelle: „Schon im Akt des Aufnehmens individuell bedeutender Eindrücke der äußeren Welt durch die Sinne, Gefühle oder Gedanken ist das Genie signifikant anders als das Nichtgenie." – Heute hängt man in der Wissenschaft den Genie-Begriff wohl niedriger. Aber mir erscheint Eisslers These sehr plausibel. Sie erklärt auch, worin der Grund dafür gelegen haben könnte, daß Wolfgang Goethe durch die Trennung von Behrisch so völlig außer sich geriet: in seiner ganz außergewöhnlichen Sensibilität. – Wenn man den Goethe der Leipziger Jahre verstehen möchte, sollte man wohl, Eissler folgend, davon ausgehen, daß er in manchen Situationen „signifikant anders" und intensiver fühlte und erlebte als die Menschen gemeinhin.

Sein „*Brandbrief*" scheint zunächst gar nichts Dramatisches an sich zu haben. Doch beim wiederholten Lesen beginnt man zu begreifen, wie es in Wolfgang Goethe aussieht, was mit ihm „im Akt des Aufnehmens" geschehen ist. Er ist so erschüttert über das, was er kurz zuvor erfahren hat, daß er keinen klaren Gedanken fassen oder zu Papier bringen kann. Offenbar ist er nicht einmal imstande, die Anrede-Pronomen in einer logischen Weise zu verwenden. Der Kern seiner Gedanken scheint mir in dem Widerspruch zu bestehen: Ich muß Behrisch unbedingt sehen. / Ich kann ihn jetzt unmöglich sehen; das ertrage ich nicht. – So weicht er einem gemeinsamen Abendessen unter einem nichtigen Vorwand aus, kündigt aber am Ende des Briefes seinen Besuch für den Abend an, falls Behrisch nicht von sich hören ließe. Seine Anteilnahme und Sorge für Behrisch kann er nur indirekt ausdrücken: *Krebel ist ein guter Mann, er ist wirklich für dich besorgt.* Es würde ihn überfordern, über seine eigenen Gefühle zu schreiben. – Es bleibt offen, ob Wolfgang Goethe an diesem Tag allein die Nachricht von der Kündigung Behrischs oder auch schon die von seiner baldigen Abreise nach Dessau erfahren hat. (Der Satz: *Glück auf die Reise* könnte sich auf Behrisch beziehen; doch könnten damit auch ironisch die *Nebenbuhler* gemeint sein.) Seine im Brief erkennbare Verstörung deutet eher darauf hin, daß er um den unmittelbar bevorstehenden Verlust Behrischs weiß.

Bald danach stand fest, daß Behrisch am Abend des 13. Oktobers nach Dessau abreisen würde. Dies machte rasches Handeln nötig, denn es blieben nur wenige Tage, und es gab noch zu tun! Die Abschlußsitzung des *Conseil poétique* mußte vorgezogen, der Gedichtband ANNETTE abgeschlossen werden. – Vielleicht rettete dies Wolfgang Goethe vor der völligen Verzweiflung. Als Pendant zum Widmungsgedicht *An Annetten* schrieb er in diesen Tagen vor Behrischs Abreise ein Gedicht, das den Band abschließen sollte:

AN MEINE LIEDER

> *Seid, geliebte kleine Lieder,*
> *Zeugen meiner Fröhlichkeit;*
> *Ach sie kommt gewiß nicht wieder,*
> *Dieser Tage Frühlingszeit.*

> *Bald entflieht der Freund der Scherze,*
> *Er, dem ich euch sang, mein Freund.*
> *Ach, daß auch vielleicht dies Herze*
> *Bald um meine Liebste weint.*

> *Doch, wenn nach der Trennung Leiden*
> *Einst auf euch Ihr Auge blickt,*
> *Dann erinnert Sie der Freuden,*
> *Die uns sonst vereint erquickt.*

Den Gedichtband hatte Wolfgang Goethe zu Beginn Annette gewidmet; an die er sich auch in der letzen Strophe wendet. In der zweiten Strophe dankt er Behrisch, dem er seine Lieder *gesungen* hatte und nun zum Abschied ein kleines poetisches Denkmal als dem *Freund der Scherze* setzt. Daneben klingt die Ahnung eines weiteren Abschieds an. Die Wege der drei einander so vertrauten Menschen, die im letzten Vers das Wort *uns* vereint, beginnen sich zu trennen. – Die inspirierende Liebste, der vertraute Freund und er selbst als junger Dichter in ihrer Mitte ergaben für Wolfgang Goethe mit dem Geflecht ihrer Beziehungen *die Geschichte des Herzens*, die den Kern seiner Leipziger Existenz bildete.
    Wolfgang Goethes Schmerz über die unvermeidliche Abreise Behrischs war aber in Wirklichkeit zu stark, seine Verzweiflung und Ängste reichten zu tief, als daß sie mit einem harmonisierenden Schlußgedicht zu beruhigen gewesen wären. Behrisch war in den turbulenten Wirren von

Wolfgang Goethes Liebesdrama mit Annette der Anker, den er brauchte, um nicht abgetrieben zu werden. *Rate mir im ganzen*, hatte er ihn ein paar Tage zuvor gebeten. Er wußte, wie nötig er Behrisch hatte; doch nicht nur wegen seiner Probleme mit Annette. Er war für ihn auch der Garant, daß er zum Dichter berufen war. Gellert hatte seine Prosa mit roten Tintenkorrekturen vernichtet, Clodius sein Hochzeitsgedicht fast der Lächerlichkeit preisgegeben. Beide hatten es nicht verstanden, ihn zu fördern, sondern ihn zum Verstummen gebracht. Es war Behrisch, der ihm wieder Mut zum Dichten gegeben hatte. Er hatte ihm die so dringend benötigten Maßstäbe des Urteils vermittelt, ihn für seine guten Gedichte gelobt und zu Selbstkritik an schwachen Versen angehalten; das muß so gewesen sein, wenn Goethe es später auch nie erwähnt hat. Er zeichnete ihn für seine gelungenen Gedichte aus, indem er sie mit größter Sorgfalt abschrieb und so ihren Wert beglaubigte. Erst Behrisch hatte ihm, gewissermaßen durch die Hintertür, wieder den Zugang in die Welt des Dichtens geöffnet, auf das sich Wolfgang Goethe nun erneut verlegte, während er das Jura-Studium zunehmend vernachlässigte. In einer stillen Revolte, mit Behrisch im Rücken, löste er sich so von der Autorität des Vaters.

Inzwischen war zu seiner anspruchsvollen Tischgesellschaft bei Schönkopfs der regelmäßige Umgang in einem hochgebildeten Milieu mit den Familien des Akademiedirektors Oeser und des Verlegers Breitkopf gekommen. Die Künste (auch die bisher wenig erwähnte Musik) spielten in ihren Häusern eine lebendige Rolle. Er empfing hier geistige Anregungen und persönliche Anteilnahme, knüpfte freundschaftliche Beziehungen zu den Töchtern und Söhnen dieser Familien. Der gesellschaftliche Rahmen, in dem das geschah, bewirkte, daß er sich dort wieder stärker an die ihm vertrauten bürgerlichen Konventionen anpaßte, was ihm nicht schwerfiel. – Aber mit dem Herzen war er doch mehr bei Annette und bei Behrisch. Natürlicherweise war das geliebte Mädchen der Angelpunkt, um den sich alles drehte. Und Behrisch war nicht nur der Freund und Critikus, er war auch ein freier Geist, mit dem Grenzüberschreitungen möglich waren. Ihm gegenüber konnte Wolfgang Goethe ungeschützt Gedanken und Gefühle äußern, die er sonst, aus Konvention, für sich behalten mußte. – Den täglichen Umgang mit diesem unentbehrlichen und unersetzlichen Freund sollte er nun verlieren.

Die anfängliche Verstörung und Hilflosigkeit Wolfgang Goethes hierüber müssen bald dem Zorn über das Unrecht gewichen sein, das dem Freund durch die in seinen Augen unberechtigte Kündigung zugefügt wurde. Üble Zuträger mußten Behrisch, davon war er überzeugt, beim Grafen von Lindenau verleumdet haben. Auflehnung und Trotz stiegen in ihm auf. Nun war Solidarität mit dem Freund gefordert; der eigene Schmerz mußte zurücktreten. Aus dieser Stimmung, dieser Empörung heraus schrieb Wolfgang Goethe vielleicht zum ersten Mal in vollem Ernst Gedichte, in denen er das, was ihn „quälte ...“, in ein Bild, ein Gedicht“ verwandelte.

Er dichtete für seinen Freund drei Oden. Von der bisher bevorzugten Form des Liedes in gereimten Versen wandte er sich einer neuen Form zu: der Ode im „hohen Stil“, in freien Rhythmen und reimlosen Versen, die von Klopstock und anderen aus der antiken in die deutsche Dichtung übernommen worden war. – Die erste Ode handelt in einer allegorischen Darstellung davon, daß der Gärtner einen *wohltätigen Baum* (mit dem Behrisch gemeint ist) verpflanzen möge, um ihn vor dem *tückischen Zahn* der *Raupen* und vor *der listigen Spinne* zu retten, die *mit grauem Ekel die Silberblätter* überzieht. In der letzten von zehn Strophen ermuntert Wolfgang Goethe in den beiden Schlußversen den Freund zu seinem Umzug:

> *Verpflanze den schönen Baum,*
> *Gärtner, er jammert mich.*
> *Baum, danke dem Gärtner,*
> *Der dich verpflanzt!*

Auch die zweite Ode hat allegorischen Charakter. Leipzig wird mit seiner umgebenden Fluß- und Sumpflandschaft als eine feindselige Welt, eine Brutstätte des Bösen dargestellt. In der ersten Strophe hadert das Ich mit dem Weggang des Freundes – und ermutigt ihn doch dazu:

> *Du gehst! Ich murre.*
> *Geh! Laß mich murren.*
> *Ehrlicher Mann,*
> *Fliehe dieses Land.*

> *Tote Sümpfe,*
> *Dampfende Oktobernebel,*
> *Verweben ihre Ausflüsse*
> *Hier unzertrennlich.*

Gebärort
Schädlicher Insekten,
Mörderhülle
Ihrer Bosheit.

In der letzten Strophe (der sechsten) folgt am Ende noch einmal die durch ihre Wiederholung verstärkte Aufforderung:

Ehrlicher Mann,
Fliehe dieses Land!

In der dritten Ode spricht der Dichter seinen Freund unmittelbar an und rät ihm in den drei ersten Strophen, so scheint es, stoischen Gleichmut gegenüber dem Schicksal zu wahren:

Sei gefühllos!
Ein leichtbewegtes Herz
Ist ein elend Gut
Auf der wankenden Erde.

Behrisch, des Frühlings Lächeln
Erheitre Deine Stirne nie,
Nie trübt sie dann mit Verdruß
Des Winters stürmischer Ernst.

Lehn dich nie an des Mädchens
Sorgenverwiegende Brust,
Nie auf des Freundes
Elendtragenden Arm.

Spätestens in dieser dritten Strophe wird jedoch klar, daß für Wolfgang Goethe stoische Gefühllosigkeit eine unmenschliche Haltung wäre, die für ihn und seinen Freund nicht in Frage kommen kann. Denn gerade in der Not erweist der das Elend mittragende Freund seinen Wert. – In den abschließenden Strophen der dritten Ode an den Freund begegnen wir dem dichterischen Genie des jungen Goethe zum ersten Mal in einer ganz eigenen, kraftvollen Sprache, in kühnen Bildern und Wortneubildungen, wie sie seine späteren Sturm-und-Drang-Hymnen kennzeichnen werden:

Tod ist Trennung,
Dreifacher Tod
Trennung ohne Hoffnung
Wiederzusehn.

Gerne verließest Du
Dieses gehaßte Land,
Hielte Dich nicht
Freundschaft mit Blumenfesseln an mir.

Zerreiß sie! Ich klage nicht.
Kein edler Freund
Hält den Mitgefangnen,
Der fliehn kann, zurück.

Der Gedanke
Von des Freundes Freiheit,
Ist ihm Freiheit
Im Kerker.

Du gehst, ich bleibe.
Aber schon drehen
Des letzten Jahrs Flügelspeichen
Sich um die rauchende Achse.

Ich zähle die Schläge
Des donnernden Rads,
Segne den letzten,
Da springen die Riegel, frei bin ich wie Du.

Diese Verse lassen nichts mehr von der Verwirrung seines nur wenige
Tage zuvor geschriebenen Briefes spüren. Er scheint hier entschlossen,
sich dem Schicksal zu stellen, den eigenen Schmerz zu bezwingen, um
damit dem Freund den Weg zum unbeschwerten Aufbruch in die Freiheit zu öffnen. Am Ende beschwört er jenes alte Symbol des wechselhaf-
ten Glücks, das Rad mit den sich drehenden Speichen, das als Emblem
der geflügelten Göttin Fortuna auch ihm selbst wieder Glück verheißt.
Nach dem *letzten Jahr*, seinem dritten Studienjahr, würden dann auch

für ihn die Riegel des *Kerkers* aufspringen. – Wenn das Bild des Kerkers hier auch eine poetische Übertreibung seiner Situation zu sein scheint, so drückt es doch mit innerer Wahrheit aus, was Goethe in DICHTUNG UND WAHRHEIT nie so deutlich eingestand: wie verhaßt ihm der Zwang war, in Leipzig an ein ungeliebtes Jura-Studium gekettet zu sein, bis das Glücksrad ihn in die ersehnte Freiheit rollen könnte.

Behrisch dürfte dieses Abschiedsgeschenk in doppelter Hinsicht gefreut haben. Er kannte den langen Weg von den konventionellen Versen, die Wolfgang Goethe noch 1 ½ Jahre zuvor geschrieben hatte, bis zu diesen ungewöhnlichen Oden. Er war ihn mitgegangen, hatte seinen Anteil an ihm. Nun hielt er diese persönlich bewegenden und literarisch überzeugenden Strophen in Händen als Bekundung der Freundschaft und des gewachsenen dichterischen Könnens. Was die Trennung für Behrisch persönlich bedeutete, wissen wir nicht. Doch wird er sich Sorgen um den jungen Freund gemacht haben, denn sein *Brandbrief* muß für ihn ein Alarmsignal gewesen sein. Er wußte am besten einzuschätzen, wie schwierig das letzte Jahr in Leipzig für Wolfgang Goethe ohne seinen ausgleichenden Einfluß werden könnte. – Behrisch bewahrte die drei ihm gewidmeten Oden zeitlebens auf. Nach fast 50 Jahren gelangte das Manuskript des 18-jährigen Wolfgang Goethe zusammen mit seinen damaligen Briefen wieder zurück in Goethes Hände, Jahre nachdem Behrisch verstorben war. Goethe ließ diese Oden zu seinen Lebzeiten nicht drucken: vielleicht war das eine letzte Reverenz an den feinsinnigen Kalligraphen Behrisch mit seiner Aversion gegen Druckerzeugnisse.

In jenen kritischen Oktobertagen 1767 besann sich Wolfgang Goethe wieder auf Cornelia. Am 12. Oktober, dem Tag vor der Abreise Behrischs, ließ er die Vorlesungen ausfallen, wie er der Schwester schrieb, und las schon in der Frühe alle ihre Briefe aus diesem Jahr wieder (als wolle er sich ihrer Existenz versichern). Danach begann er einen sehr langen Brief an sie zu schreiben, den er an den beiden folgenden Tagen fortsetzte und beendete. Es berührt eigenartig, wenn man neben den Briefen an Behrisch aus der ersten Oktoberhälfte, in denen Wolfgang Goethe unter mächtiger Hochspannung zu stehen scheint, hier nun aus dem gleichen Zeitraum einen ganz „normalen“, unaufgeregten Brief zu lesen bekommt. Drei Themen nehmen auf den vielen Seiten dieses Briefes am meisten Raum ein: Zahlreiche Ratschläge, die er seiner Schwester für ihre Weiterbildung, auch auf praktisch-gesellschaftlichem Gebiet, erteilt; Auskünfte über seine literarischen Arbeiten; sowie – ungewohnt – Äußerungen über sein Studium. Dazwischen findet sich auch eine kurze Bemerkung über seine *kleine Wirtin*, also über Annette, der Cornelia ein Muster für Stickereien geschickt hatte: *Sie ist ein recht gutes Mädchen, das ich sehr liebe; sie hat die Hauptqualität, daß sie ein gutes Herz hat, das durch keine allzu große Lektüre verwirrt ist ...* Der Nebensatz, daß er seine kleine Wirtin *sehr liebe*, hat hier nicht viel zu bedeuten. Ähnliches hat er schon öfters über Mädchen aus Cornelias Kreis geschrieben. Immer noch hütet er sich, Annette allzusehr herauszustellen und sich seiner Schwester zu offenbaren.

Wir erfahren aus dem Brief einiges über seine *bisher verfertigten Dinge*. Es freue ihn sehr, daß sein Schäferspiel *sowohl dir als meinen Critikern gefallen hat*. Dennoch sei er noch nicht zufrieden damit: *Ich arbeite nun schon acht Monate daran, aber es will noch nicht parieren. Ich lasse mich nicht dauern, ganze Situationen zwei- oder dreimal zu bearbeiten, weil ich hoffen kann, daß es mit der Zeit ein gutes Stückchen werden kann ... Wenn man denkt, fertig zu sein, geht's erst recht an. – Sonst habe ich aber gar nichts dieses halbe Jahr gemacht ... Einige Kleinigkeiten, einige Oden* [jene gerade entstandenen an Behrisch], *womit ich dich nicht belästigen will, sind alles, was ich aufweisen kann. Manchmal mach' ich Madrigals ...* – Aus der Zeitangabe zum Schäferspiel ergibt sich, daß er damit im Februar 1767 begonnen hat, was auch den Rückschluß erlaubt, daß spätestens damals das Thema ‚Eifersucht' in seiner Liebesbeziehung schon eine Rolle gespielt haben muß. Er stellt seine dichterische Produktion als eher geringfügig dar; doch verrät er, wie lange er daran arbeitete. Während dieser Zeit war er außerdem noch mit den Gedichten für sein Buch ANNETTE beschäftigt. Auch hierzu erfahren wir Interessantes: *Ich schickte euch gern die Annette, wenn ich nicht befürchten müßte, daß ihr mir sie nicht abschreibt. Denn auch das Büchelchen, das ich so sehr ausgeputzt und verbessert habe, wollte ich niemandem kommuniziert haben. Bis hierher hat es zwölf Leser und zwei Leserinnen gehabt, und nun ist mein Publikum aus. Ich liebe gar den Lärm nicht.*

Als letzte Neuigkeit teilt Wolfgang Goethe Cornelia an diesem Tag mit, wie es den teils umfangreichen poetischen Arbeiten ergangen ist, die er aus Frankfurt nach Leipzig mitgebracht hatte: BELSAZAR, ISABEL, SELIMA *pppp. Haben ihre Jugendsünden nicht anders als durch Feuer büßen können. Dahin denn auch Joseph wegen der vielen Gebete, die er zeitlebens getan hat, verdammt worden ist ... Es ist ein erbauliches*

Buch, und der Joseph hat nichts zu tun, als zu beten. Wir haben hier manchmal über die Einfalt des Kindes gelacht, das so ein frommes Werk schreiben konnte. Doch ich darf nicht viel von Kind reden, es ist noch nicht vier Jahre, daß er [der Joseph-Roman] *zur Welt kam.* – Vermutlich in den letzten Tagen vor Behrischs Abreise vernichtete Wolfgang Goethe also seine poetischen Jugendsünden, indem er alle seine Knabendichtungen verbrannte und auch seine fünfaktige Tragödie BELSAZAR, an der er noch in Leipzig gearbeitet hatte. Durch Behrisch und andere Einflüsse geschult und selbstkritisch geworden, konnten ihm seine früheren Arbeiten nicht mehr genügen. So wurde auch ein Josephs-Roman, den er mit 13 oder 14 Jahren geschrieben hatte, ein Opfer der Flammen. Wir gewinnen hier wieder einen kleinen Einblick in Behrischs pädagogisches Geschick: Er lachte mit dem jungen Poeten einfach über dessen frühere Naivität und seinen gar zu frommen Joseph. Das beschämte und verletzte nicht; der junge Autor konnte über den noch jüngeren, der er einmal war, lachen und das „Frühwerk" aufgeben.

Dies war Goethes erstes *Autodafé*, wie er später solche Verbrennungen von unfertigen oder überholten Manuskripten und alten Briefen nannte, womit er den Begriff für die öffentliche Verbrennung von Ketzern (bzw. von verbotenen Büchern) selbstironisch übernahm. Seine Autodafés standen meist an Wendepunkten seines Lebens und hatten eine abschließende und befreiende, wohl auch eine symbolische Bedeutung. So löste sich Wolfgang Goethe mit diesem Akt von der Stufe seiner jugendlich-unreifen Versuche des Dichtens. Vielleicht war das Ganze außerdem auch eine Art Brandopfer für den scheidenden Behrisch. – Der vom Küchenherd aufsteigende, „das ganze Haus erfüllende Rauchqualm" versetzte die „gute alte Wirtin in nicht geringe Furcht und Angst", berichtet Goethe in DICHTUNG UND WAHRHEIT mit spürbarem Behagen. Als sich der Rauch verzogen hatte, waren ihm nur die Gedichte von ANNETTE und vielleicht ein paar neu entstandene Gedichte geblieben sowie das im doppelten Sinn noch nicht abgeschlossene Drama DIE LAUNE DES VERLIEBTEN. – Die Fortsetzung des Briefes an Cornelia von diesem Tag endet mit dem Bericht von der Bücherverbrennung. Der Name Behrisch wird weder in diesem Zusammenhang noch im Hinblick auf seine unmittelbar bevorstehende Abreise erwähnt. Wolfgang Goethe brachte es wohl nicht über sich, daran zu rühren.

Doch in der folgenden Nacht lösten die unterdrückten Ängste vor der Trennung von dem Freund und die Vorahnung, ohne Behrischs Rat und

Hilfe nicht mit sich selbst und auch nicht mit Annette ins reine zu kommen, bei Wolfgang Goethe Alpträume und einen Fieberanfall aus. Am Morgen des Tages von Behrischs Abreise schrieb er darüber dem Freund:

Noch so eine Nacht, wie diese, Behrisch, und ich komme für alle meine Sünden nicht in die Hölle … Erst konnte ich nicht schlafen, wälzte mich im Bette, sprang auf, raste; und dann ward ich müde und schlief ein; aber wie lange, da hatte ich dumme Träume, von langen Leuten, Federhüten, Tobackspfeifen … und darüber wachte ich auf, und gab alles zum Teufel. Danach hatte ich eine ruhige Stunde, hübsche Träume. Die gewöhnlichen Mienen, die Winke an der Türe, die Küsse im Vorbeifliegen, und dann auf einmal. Ft. Da hatte sie mich in einen Sack gesteckt. Ein rechter Taschenspielerstreich! Meerschweinchen hext man wohl vorm Peterstore hinein, aber einen Menschen wie mich, das ist unerhört. Aber so unwahrscheinlich es mir vorkam, so wahr fühlte ich es. Ich philosophierte im Sacke und jammerte ein Dutzend Allegorien im Geschmack von Shakespeare, wenn er reimt. Danach schien mir's, als wenn ich weg wäre, weg von ihr, aber nicht aus dem Sacke; ich wünschte mich in Freiheit, und wachte auf. – Der verfluchte Sack lag mir im Kopfe. Da kam mir's auf einmal ein, daß ich dich nicht wieder sehen würde (denn das hatte ich mir fest vorgenommen und bin es noch halb schlüssig) und das fühlte ich, in einem Augenblick, da ich dem Teufel nicht 6 Pfennige gegeben hätte, meine Kleine aus seinen Krallen zu kaufen, in einem Fieberparoxysmus, da mir der Kopf taumelig war. Ich riß mein Bett durcheinander, verzehrte ein Stück Schnupftuch und schlief bis acht auf den Trümmern meines Bettpalastes. Das hieß recht wie bei einer Henkersmahlzeit …
A propos, wann willst du hinuntergehen? Ich werde nicht unten sein [bei Annette im Brühl], *denn eine gewisse Kälte kann auf diesen und die nächsten Tage nicht schaden, und wenn sie sich übermorgen darüber beklagt, so schiebe ich die Schuld aufs Wetter. Lebe also wohl und komme im Kot* [der schlechten Wege] *nicht um. Wolltest du mich vor deiner Abreise noch einmal sehen, so komme um 5, 6 zu mir, aber nach der Affäre von unten. – Da hast du Annetten. Es ist ein verwünschtes Mädchen. Der Sack! Der Sack!*

Für den Tiefenpsychologen gibt es hier vieles zu erschließen. Doch auch ohne dessen spezielle Kenntnisse erfaßt der Leser dieses Briefes, daß sich der „Träumer mit schrecklicher Erniedrigung, Gefahr und Hilflosigkeit bedroht", „gelähmt und gefangen" sieht, wie Eissler schreibt. Jedem, der diesen Brief liest – bei dem es sich offensichtlich um die glaubhafte Wiedergabe von Wolfgang Goethes alptraumhafter Nacht handelt –, wird sich aus eigenem Verständnis etwas von dem komplizierten Beziehungsgeflecht erschließen, das Wolfgang Goethe, Annette und Behrisch miteinander verband. Daß sich Wolfgang Goethes Ängste nicht nur in einem Alptraum, sondern auch in einem Fieberanfall manifestierten, ist bezeichnend. Solche psychosomatitischen Reaktionen werden ihn ein Leben lang in ungewöhnlich starker Weise begleiten. – Insgesamt drängt sich der Eindruck auf, daß sich Wolfgang Goethe im Unterbewußtsein vor allem mit der Frage abquält, wie es mit ihm und Annette weitergehen solle, wenn er sich künftig ohne Behrischs Rat und Beistand zurechtfinden muß. Der „Sack" in dem Traum deutet wie der „Kerker" in der Ode auf einen Verlust von Freiheit, der jedoch hier eine ganz andere Ursache hat, nämlich die Bindung an und durch Annette. – Im wachen Zustand überfällt ihn plötzlich die Frage, ob er es aushalten könne, von Behrisch Abschied zu nehmen. Noch während er den Brief schreibt, ist er sich darüber nicht schlüssig. Jeder Augenblick des Beisammenseins wäre kostbar – und unerträglich. Er verabschiedet sich schriftlich mit einem *Lebe also wohl* – und schiebt Behrisch die Entscheidung zu, ob sie sich noch treffen werden, mit der Bitte: Wenn er ihn vor der Abreise noch einmal sehen wolle, dann bitte erst, nachdem er im Brühl gewesen sei. Er möchte wohl wissen, wie Annette von ihm Abschied nahm – und danach den Freund selbst als letzter verabschieden. In den Brühl ist Behrisch jedoch nicht mehr gegangen. Wie aus einem Brief Wolfgang Goethes nach Dessau hervorgeht, hatte Behrisch statt dessen für Annette einen Brief hinterlassen. Wahrscheinlich hat er noch am Nachmittag vor seiner Abreise Wolfgang Goethe in dessen Domizil in der *Feuerkugel* aufgesucht und ihm dabei diesen Brief für Annette übergeben.

Am Tag der Abreise Behrischs setzte Wolfgang Goethe *um 8 Uhr früh* den Brief an Cornelia fort. Wahrscheinlich hatte er davor schon den Brief an Behrisch abgeschlossen, in dem er ihm über seine nächtlichen Alpträume und den *Fieberparoxysmus* geschrieben hatte. Nach einem einleitenden Satz brachte er an Cornelia nur drei Sätze zu Papier, die nichts von seinem nächtlichen Drama erkennen lassen: *Im Vertrauen zu reden, ich bin diesen Morgen sehr lustig, obgleich Behrisch diesen Abend fortgeht. Er ist endlich seine dumme Stelle losgeworden*

und hat sich bei dem Fürsten von Dessau als Hofmeister seines natür-
lichen Sohnes engagiert. Ich wünsche ihm viel Glück dazu. – Wie ist
diese „lustige" Stimmung zu deuten? Ist das nach der *Henkersmahlzeit*
nun der Galgenhumor? Oder Fatalismus? Noch weiß er nicht, ob er
Behrisch am Nachmittag oder Abend noch einmal sehen möchte oder
lieber nicht.

Behrisch muß am Morgen seines letzten Tages in Leipzig Wolfgang
Goethes Brief über den nächtlichen „Fieberparoxismus" erhalten und
gelesen haben. Er wußte also, wie es um ihn stand. Er wußte auch, wie
Gefühle und Phantasien ihn überfluten und mitreißen konnten und wie
er dabei leicht den Boden unter den Füßen verlor. Man kann sich vorstellen, daß Behrisch manches Mal darüber gespottet und gescherzt haben wird, doch in dem Wissen, daß diese Gefühlsexzesse (wenn man das
so nennen darf), diese Paroxysmen, keineswegs spaßig waren, sondern
bedrohlich. – „Paroxysmus" wird in einem deutschen Handwörterbuch
von 1835 definiert als „ein von Zeit zu Zeit wiederkehrender Fieberanfall; auch, der von Zeit zu Zeit eintretende heftige Ausbruch des Wahn-
sinnes". Eissler hat die zuvor erwähnte Eifersuchtsepisode (als Annette
ihr Erröten mit einer charakteristischen Handbewegung zu verbergen
suchte) als „akute paranoid psychotische Episode" diagnostiziert. Es sei
dahingestellt, wie schlüssig diese Diagnose des Experten ist. Seine weiteren Ausführungen sprechen jedoch für mich überzeugend dafür, daß
es sich bei Wolfgang Goethes Übersteigerungen (oder wie immer man
es nennen möchte), die aus den schon zitierten und späteren Briefen an
Behrisch abzulesen sind, nicht bloß um pubertäre oder poetische Über-
spanntheiten handelte, wie das manche deuteten. Zutreffender scheint
es mir, demgegenüber ganz allgemein festzustellen: Wolfgang Goethe
bewegte sich in jenen Monaten, bedingt durch eine schwierige psychi-
sche Konstellation, auf einem sehr gefährlichen Grat. Seine Briefe an
Behrisch sind zwar a u c h bewußt gestaltete Prosa, zugleich aber der
sehr ernstzunehmende Ausdruck seiner inneren Nöte. – Da Behrisch dies
gewußt haben wird, erscheint es mir als sicher, daß er sich vor seiner
Abreise am Abend noch mit Wolfgang Goethe getroffen hat und dem
schwierigen Abschied nicht ausgewichen ist. Überliefert ist darüber jedoch nichts.

Aus dem abschließenden dritten Teil des Briefes an Cornelia, der
am nächsten Morgen, *Mittwochs frühe*, geschrieben wurde, erfahren wir,
wie es Wolfgang Goethe in einem Leipzig ohne Behrisch zumute ist.

Wie ein Jahr zuvor steht der Beginn eines neuen Studienjahrs vor ihm, des letzten in Leipzig. Damals hatte er sich in seinem ersten Brief an Behrisch ausgemalt, wie er sich den Winter, angesichts des Beginns der *verteufelten Collegien, in drei gleiche Teile aufteilen* würde, zwischen Behrisch, seiner *Kleinen* und den Studien, und er hatte daran anschließend seine Gefühle und Erwartungen in dem einen Satz zusammengefaßt: *Wie glücklich ich bin!* – Jetzt, nach der Abreise seines Freundes, schreibt er an Cornelia:

Ich will heute diesen Brief zu endigen suchen; ich habe schon viel geschrieben, aber noch nicht so viel, als ich mir vorgesetzt hatte. Jetzt will ich dir ein wenig von meiner jetzigen Lebensart Nachricht geben. Sie ist sehr philosophisch, ich habe dem Concerte, der Comödie, dem Reiten und Fahren gänzlich entsagt und alle Gesellschaften von jungen Leuten verlassen, die mich zu einem oder dem andern bringen könnten. Es wird dieses von großem Nutzen für meinen Beutel sein. Diese Woche gehe ich von Hause zu Tische und von Tische nach Hause, und das wird im Winter und [bei] schlechtem Wetter so fortgehen. Sonntags gehe ich um vier Uhr zu Breitkopfs und bleibe bis 8 daselbst. Die ganze Familie sieht mich gern, das weiß ich, und deswegen komme ich auch, und dann wieder nach Hause und so in infinitum. Manchmal besuche ich Hermannen, der mich auch ganz lieb hat, soweit es ihm sein Amt zuläßt, und bei gutem Wetter laufe ich eine Meile von der Stadt auf ein Jagdhaus, esse Milch und Brot und komme noch vor Abend wieder. Dieses ist das ganze Diarium meines Lebens, wie es hoffentlich noch ein Jahr aussehen soll, denn ich habe mich mit aller Mühe dahin gebracht, daß meine Umstände von mir abhängen. Meine Gesundheit hängt nicht so sehr von mir ab. Ich lebe sehr diät … Ich bin nur aus Laune heiter wie ein Apriltag und kann immer 10 gegen 1 wetten, daß morgen ein dummer Abendwind Regenwolken heranbringen wird.
Auf der letzten Seite dieses Briefes äußert er sich erstmals ausführlicher zu seinem Studium: *Die guten Studia, die ich studiere, machen mich auch manchmal dumm. Die Pandekten* [alte Gesetzessammlungen] *haben mein Gedächtnis dieses halbe Jahr her geplagt, und ich habe wahrlich nichts sonderlich behalten.* – Nach einigen, mit Beispielen begründeten Klagen über das unsystematische Vorgehen der Herren Dozenten (weshalb ein *Studiosus Juris* kaum *Vollständiges* wissen könne) folgt das Fazit: *Ich lasse mich hängen, ich weiß nichts.* Das solle Cornelia den Vater lesen lassen.

Was möchte er ihm damit signalisieren? Dieses Fazit nach zweijährigem Studium konnte in Frankfurt nur Unbehagen auslösen. Möchte er dem Vater zu verstehen geben, daß er auf einem anderen Fachgebiet keine Schwierigkeiten damit gehabt hätte, etwas zu behalten, bei seinem sonst so glänzenden Gedächtnis? Oder ihm eine Vorwarnung übermitteln? Er beschließt das Thema mit der lapidaren Bemerkung: *Es wird ihm so unangenehm sein wie mir. Meine zwei Bögen wären nun voll ...* – Damit endet (am 14. Oktober 1767) dieser lange Brief an Cornelia. Es ist der letzte an sie aus Leipzig, der überliefert ist, sehr wahrscheinlich auch der letzte überhaupt, den der Bruder ihr von dort geschrieben hat.

Wie sehr hatte sich seine Situation binnen eines Jahres verändert! Nach dem Höhenflug seit dem Sommer 1766, den seine Liebe zu Annette und seine Freundschaft mit Behrisch ausgelöst hatten und der ihn auch zu neuer Zuversicht und erheblichen Fortschritten beim Dichten geführt hatte, waren die Monate des ungetrübten Glücks inzwischen dahingeschwunden. Seine Konflikte mit Annette, der Wegzug Behrischs, der Zwang, sich ernsthaft auf den Abschluß des Studiums zu konzentrieren, den eigentlichen Zweck seines Aufenthaltes in Leipzig, all dies verlangte, daß er sich neu orientierte. Er erkannte das sehr wohl. *Mit aller Mühe* hatte er sich zu der Einsicht gebracht, daß seine *Umstände* von ihm selbst abhingen. Er möchte sich künftig einer *philosophischen Lebensart* befleißigen, seinem Leben Stetigkeit geben, zurückgezogen leben. – Wenn er jedoch täglich mittags *von Hause zu Tische* gehen würde, so war das nicht so alltäglich, wie es klang. Denn das hieß auch, täglich Annette zu begegnen, was einer *philosophischen Lebensart* kaum zuträglich sein würde. Er ahnt selbst, daß der Verwirklichung seiner Vorsätze vor allem eines entgegenstand: die Unbeständigkeit seiner Stimmungen, sein „flatterhaftes" Wesen.

Rund 45 Jahre später schreibt Goethe in DICHTUNG UND WAHRHEIT über die Auswirkungen, die Behrischs Wegzug von Leipzig damals auf ihn hatte: „Der Verlust eines Freundes wie Behrisch war für mich von der größten Bedeutung ...; so fiel ich gleich, da ich wieder allein war, in mein wirriges, störrisches Wesen zurück, welches immer mehr zunahm, je unzufriedener ich über meine Umgebung war, indem ich mir einbildete, daß sie nicht mit mir zufrieden sei." – Man könnte fast meinen, daß er sich wieder in den Zustand zurückversetzt fühlte, aus dem ihn Schlosser im April 1766 herausgeholt hatte. Dem war aber nicht so. Nach wie vor konnte er mit seiner Tischgesellschaft zu Mittag speisen und an deren Gedankenaustausch teilnehmen, konnte er die ihm wohlgesinnten Familien Schönkopf, Breitkopf und Oeser besuchen und aus seiner Altersgruppe vor allem Adam Horn und Annette in seiner Nähe leicht erreichen. Wenn er sich dennoch als „wieder allein" [!] empfand, so heißt das, daß sie alle ihm nicht bieten konnten, was er nur bei Behrisch fand. Bei ihm war er mit sich selbst einverstanden, denn Behrisch verstand und akzeptierte ihn so, wie er sein wollte: als angehenden Dichter. Nur im Gespräch mit ihm konnte er seine Gedanken ganz offen äußern und sie weiterentwickeln, wie aus einem Brief nach Dessau vom 3. November 1767 hervorgeht: *Ich kann mir nicht helfen, ich habe viele gute Gedanken, und kann sie nirgends brauchen als gegen dich.* – Behrisch hatte es anscheinend auch verstanden, das Verstörende, Extreme seines Wesens zu einem gewissen Grad aufzufangen und auszugleichen, ihm aus seiner Lebenserfahrung Ratschläge zu geben, die ihn überzeugten, wenn er sie auch nicht immer befolgte. Denn letztlich blieb er doch den widerstreitenden Kräften seines Innern ausgeliefert, die ihm selbst nicht durchschaubar waren und sein Leben einem launischen *Apriltag* gleichen ließen. Durch den Wegzug Behrischs aus Leipzig fühlte er sich seines einzigen Halts beraubt. Diese Wendung muß wie ein Schicksalsschlag auf ihn gewirkt haben. So begann Wolfgang Goethes drittes Jahr in Leipzig.

Trennungsschmerz

Am dritten Tag nach Behrischs Abreise schrieb Wolfgang Goethe seinen ersten Brief an ihn nach Dessau:

Leipzig, den 16. Octbr. 67
Gott weiß, ich bin so dumm, so erzdumm, daß ich gar nicht weiß, wie dumm ich bin. Meinst du denn, ich könnte mir einbilden, daß du fort bist? Das hab' ich mir noch gar nicht gesagt. Ich komme zwar nicht mehr in Auerbachshof, wo ich sonst alle Tage lag, und das sollte doch eine merkliche Änderung in meinen Umständen machen; aber es kommt mir so vor, als wenn ich eben jetzt nicht wollte oder du mir nicht Audienz geben könntest; und daß mir's, wenn ich gleich heute nicht hinaufginge, doch morgen nicht versagt wäre, hinaufzugehen; und so vertröst' ich mich von einem Tag zum andern, und geh' einmal ins Rosenthal, einmal nach Wahren, wo ich gestern, salva venia [mit Verlaub zu sagen], *beinahe ersoffen wäre.*

Wieviel überspielte Trauer, wieviel Heimweh nach dem Freund spricht aus diesen ersten Sätzen! Wolfgang Goethe begreift noch gar nicht, wie es ein Leben ohne Behrisch und ohne dessen vertraute Wohnung in Auerbachshof geben kann. – Er fährt fort:

Hernach geh' ich einmal zu meiner Kleinen, spiele der Abwechslung wegen einige Scenen aus des Goldonis ‚Verliebten' ... Ich habe heute wieder so einen dummen Auftritt gehabt, über einen dummen Zahnstocher, was nicht der Mühe wert war ... Danach versöhnt ich mich wieder, um ihr deinen Brief geben zu können. Aber wahrlich nur des Briefes wegen, ich hätte mich sonst nie wieder versöhnt ... Und da gab ich ihr den Brief, den las sie und verstand ihn nicht, da ging's ihr wie mir. Wahrlich die Stelle von ‚sittsam sein' und von ‚nie geküßt haben', das ist Griechisch für mich. Der einzige Horn, der sonst so duttend [einfältig] *ist, der will's verstanden haben und meint, das wäre eine Liebeserklärung in terminis* [in Worten]. *Auf alle Fälle will ich mir nicht den Kopf zerbrechen, denn das tut weh, sagt meine Mutter.*

Das Leben geht weiter. Mit Szenen à la Goldoni im Brühl, mit einsamen Spaziergängen vor die Stadtmauern, mit dem Rätseln über Behrischs

Brief an Annette, den Wolfgang Goethe ihr nach der Abreise Behrischs hatte übergeben sollen und dessen Inhalt er nicht begreifen kann.

Für den naiveren Horn war das aber ganz einfach zu verstehen (Briefe wurden damals häufig von Freunden mitgelesen), und vielleicht hatte er Recht, wenn er aus der Distanz des nicht selbst Betroffenen erklärte: Behrisch habe hier eine Liebeserklärung für Annette *in terminis* hinterlassen. – Das kam für sie ebenso überraschend wie für Wolfgang Goethe, und so hatte auch sie nicht gleich begriffen, aber dann doch geschwinder als er. In seinem Brief an Behrisch fährt er mit dem fort, was er ihm von Annette ausrichten soll: *Über die ‚reizende Creatur‘ hätte sie gelacht, und bedankte sich recht schön, daß du sie auf den Gedanken gebracht hättest, warum sich so viele in sie verliebten. Das hätte sie weg, daß du einer von den ansehnlichsten Philosophen seist, die sie je gekannt hätte.* – Was sich hier in Wirklichkeit zutrug, hatte wahrhaftig Züge einer Liebeskomödie von Goldoni! Annette hatte dem Anschein nach, doch ohne es zu wissen, auch Behrisch in ihren Bann gezogen, der ja häufiger oder sogar täglicher Gast in der Tischgesellschaft war. Doch sei er (wie in seinem Brief zu lesen stand) *sittsam* gewesen und habe *nie geküßt*, worüber sich Wolfgang Goethe lieber nicht den Kopf zerbrechen wollte. – Wenn wir statt seiner darüber nachdenken, bieten sich verschiedene Erklärungen an: Entweder hatte es Behrisch nicht gewagt oder er war zu klug, sich in die Schar von Annettes Verehrern einzureihen; oder sein junger Freund war ihm zuvorgekommen, und er wollte und konnte nicht als sein *Nebenbuhler* (wie Wolfgang Goethe diese Spezies in seinen Briefen nannte) auftreten. Nun, da er fortzog, brauchte er aus seinem Herzen keine Mördergrube mehr zu machen und konnte seine Neigung – oder seine Liebe? – für diese *reizende Creatur* in einem Abschiedsbrief gestehen. Mit der Folge, daß das Liebespaar durch dieses Geständnis ihres Freundes verwirrt ist, Annette ihn für seine Liebeserklärung zum Philosophen ernennt und der nur am Rand beteiligte Freund Horn meint, ihnen alles erklären zu können. – Vielleicht hatte Behrisch aber mit seinen für Wolfgang Goethe so rätselhaften Äußerungen ganz anderes im Sinn.

Am folgenden Tag setzte er den Brief an Behrisch fort. Er hatte sich wohl doch den Kopf über dessen Brief an Annette zerbrochen, ohne sich über ihn klar geworden zu sein. So greift er das Thema noch einmal auf. Zuerst berichtet er von einer Begegnung, die Annette und ihre Mutter mit Ernst Theodor Langer hatten, dem Nachfolger Behrischs als Hofmeister des jungen Grafen.

Gestern bin ich sehr närrisch gewesen, das sehe ich aus meinem Brief, sollte ich wohl heute gescheiter sein? Ich weiß nicht ... Der Herr Lange[r] ist der Mutter und der Tochter ums Tor begegnet, mit dem Grafen, an dem sie ihn gleich [er-]kannten. Herr L. soll sie scharf angesehen und sich etliche Male nach meinem Mädchen umgesehen haben, woraus die Alte nach ihrer Weltkenntnis schließen will, er sei von verliebter Complexion. Die Tochter zerbricht sich den Kopf nicht darüber und schreibt es auf Rechnung ihres Reizes, von dem sie seit deinem Briefe eine hohe Idee gekriegt hat. Sie mag aber haben, was für einen Begriff sie will, von ihrer Schönheit ..., so weiß sie alle ihre Reizungen so gegen mich zu gebrauchen, die kleine Zauberin, daß sie mich mehr als jemals festhält. Es scheint, als wenn sie sich gewisse Zeitpunkte zunutze machte, sich immer tiefer in mein Herz zu graben. Aber höre, wie steht's um deins? Erkläre dich deutlicher, wenn ich mir nicht den Kopf zerbrechen soll. Ich will deinen Brief niemandem zeigen, ich will ihn zerreißen, ob ich gleich noch nicht das geringste Billett von dir zerrissen habe. Sage mir nur, was heißt das? Allen kann es vielleicht verständlich erscheinen, nur ich, der ich dich kenne oder wenigstens zu kennen glaube, kann mir keine Auslegung darüber machen. Ich habe mir wirklich den Kopf zerbrochen und habe nichts herausgebracht, als daß du sie liebst. Aber das ist nicht sehr wahrscheinlich ... Das merke ich aber, daß ich dich und sie deswegen mehr liebe, unendlich mehr liebe, aus Zärtlichkeit und aus Stolz, kann's auch erklären, wie's zugeht. Wie's aber mit dir zugeht, das kann ich nicht erklären.

Man möchte die Zeit zurückdrehen können, um dieses ebenso ungewöhnliche wie liebenswerte Dreigestirn in der Konstellation zu erhalten, in der es sich hier gerade befindet. Da ist Annette, die „reizende Creatur", wie der eine sie nennt, die „kleine Zauberin", der andere – und in ihrem Bann dieses eigenartige Freundespaar, der so ganz Junge und „Närrische", in dessen Herz sich Zärtlichkeit und Stolz für die Liebste und den Freund vereinen, und daneben der erfahrene Freund, der innerlich jung genug ist, um mit den beiden mitzuempfinden, und alt genug, um einen schützenden Abstand zu wahren. – Wolfgang Goethe berichtet in diesem ersten Brief nach Dessau auch, wie Annette auf Behrischs Abschiedsbrief reagiert hat: *Übrigens hielt ich einen kleinen Dialog mit meinem Mädchen an der Küchentüre, der sich besonders gut ausnahm. Da sagte sie denn, wenn ich an dich schriebe, so sollte ich dir schreiben, daß sie … dir für die Ersparung des Abschieds dankte, weil sie gewiß geweint haben würde, weil sie dich lieb hätte, und da drückte sie mir die Hände und hatte die Tränen in den Augen, die eigentlich deinem Abschiede bestimmt waren.* – Eine kleine bildkräftige Szene, in der die Verbundenheit von Annette, Wolfgang Goethe und Behrisch noch einmal zum Ausdruck kommt. Doch die Zeit läßt sich nicht anhalten, und Menschen sind keine Gestirne. Die Unruhe ihrer Herzen und die Unberechenbarkeit vieler Umstände können sie über Nacht in ganz andere Bahnen treiben, und so können Freundschaften wie Liebschaften sich lösen und zuletzt nur noch in der Erinnerung untergründig weiterwirken – oder in aufbewahrten Briefen und überlieferten Gedichten ein kleines Nachleben führen.

Am Ende dieses ersten Briefes berichtet Wolfgang Goethe noch ein paar Dinge aus Leipzig, die Behrisch interessieren könnten. Er hatte bei Oeser zwei Aufträge Behrischs ausgeführt: *Ich … habe in deinem Namen Abschied genommen und Langen empfohlen.* – Da Behrischs Abreise ganz kurzfristig erfolgt war, hatte er Oeser nicht mehr selbst aufsuchen können und ihm daher durch Wolfgang Goethe Grüße bestellen und seinen Nachfolger Langer (wie er korrekt hieß) für den Unterricht an der Malakademie empfehlen lassen. Langer hatte mit Wolfgang Goethe ein Gespräch anknüpfen wollen, dem er aber ausgewichen war. – Schließlich fügt er noch an: *Auf den Montag fangen die guten Studia mit Macht an, ich habe jetzt ebensoviel Dummheit im Kopfe, als ich brauche, um fleißig zu sein. Doch mein Schäferspiel soll nicht vergessen sein; du sollst's bald kriegen. Du wirst's nicht mehr kennen, es ist ganz geändert. Ich habe einen Plan zu einem neuen ,Romeo' gemacht, weil mir Weißens seiner beim Durchlesen gar nicht gefallen hat; Gott bewahre einen vor der Idee, ihn auszuführen … Adieu. Gott segne Sie …*

Aus den Äußerungen dieses Briefes gewinnt man nicht den Eindruck, daß die im Brief an Cornelia angedeuteten Vorsätze zu einer mehr auf das Studium ausgerichteten „philosophischen" Lebensweise eine Chance haben, verwirklicht zu werden. Noch ist das Schäferspiel, die Nummer eins auf der Agenda, nicht abgeschlossen, da wird Wolfgang Goethe bereits mächtig von der Idee umgetrieben, Weißes Bearbeitung von Shakespeares *Romeo und Julia* (eben im Druck erschienen) durch eine eigene Gestaltung zu ersetzen. Er hatte Weißes Version schon in der Comödie gesehen und war von ihr enttäuscht gewesen, aber von dem Auftreten der Demoiselle Schulz als Julia so hingerissen, daß er

sich noch über 40 Jahre später daran erinnerte: „ihre Darstellung ...
ist mir noch ganz gegenwärtig, besonders wie sie in dem weißen Atlas-
kleide aus dem Sarg stieg und sich sodann der Monolog bis zur Vision,
bis zum Wahnsinn steigerte", was „ein unendliches Beifallklatschen"
ausgelöst hatte. – Pläne, Einfälle, Verse spuken ihm im Kopf herum;
seine eigene Liebesnot und die Leere, die Behrischs Abreise hinterlassen
hat, belasten ihn. – Wie sollte er sich da auf das Studium konzentrieren
und sich den Rechtsaltertümern zuwenden können? Seine Hoffnung,
genügend *Dummheit im Kopfe* zu haben, um fleißig zu sein, erscheint
da wenig begründet. –

   Für Wolfgang Goethes drittes Jahr in Leipzig sind, neben einer Reihe
von Gedichten, die 13 Briefe, die er an Behrisch nach Dessau schrieb, als
einzige unmittelbare Zeugnisse für diese Zeit überliefert. Sie sind unentbehrlich, um seine Entwicklung in diesem entscheidenden Lebensjahr verfolgen zu können, und ich werde deshalb ausführlich aus ihnen zitieren. Es
ist manchmal schwierig zu entscheiden, wie man diese Texte im einzelnen
einschätzen soll. Doch ist es fast immer eine Freude, diese so ungemein
lebendigen und sprachlich wie inhaltlich einfallsreichen Briefe zu lesen.

   Den nächsten Brief schrieb Wolfgang Goethe eine Woche später, am
Samstag, dem 24. Oktober. Gleich in den ersten Sätzen gibt er auf nicht
eben höfliche Weise seine Spielregeln für die künftige Korrespondenz
bekannt: *Gestern einen Brief von dir, und hier die Antwort. Ich hätte
aber doch geschrieben, wenn ich auch keinen gekriegt hätte; daß du
es nur weißt, alle Sonnabends um 7 geht ein Brief an dich ab, wonach
du dich zu richten hast. – Dein Brief ist gut, denn er ist lang; meiner wird nach diesem Maßstabe nicht gut werden. Ich habe heut keine
Schreiblaune. –*

   Den Mangel an Höflichkeit merkt man nicht nur dem Auftakt an.
Auch im Folgenden bleibt dieser Brief unter dem sonstigen Niveau. Es
fehlt dem Schreiber tatsächlich an der richtigen *Laune*, und so beläßt er
es bei einigen hingeworfenen kurzen Absätzen. Behrisch hatte in seinem
Brief anscheinend die etwas rätselhafte Äußerung über seine Liebe zu
Annette erklärt, die er wohl als eine platonische verstanden haben wollte. Dazu bemerkt Wolfgang Goethe: *Ich könnte nicht eben sagen, daß
es mir das Angenehmste wäre, wenn mein Mädchen diese hohe Liebe
für einen Dritten fühlen sollte* – und läßt es damit sein Bewenden haben. Eine Woche zuvor hatte er aus vollem Herzen geschrieben, daß er
Behrisch für seine Liebe zu Annette *unendlich mehr liebe, aus Zärtlich-*

136

keit und aus Stolz. – Man stößt bei dem Leipziger Goethe manches Mal auf diese Diskrepanz von Überschwang und Nüchternheit. Das konnte sehr vom *Wetter* abhängen, wie er diesen ihm bekannten Stimmungsumschwung mit einer Metapher benannte. Sich selbst verglich er in solchem Zusammenhang mit einer *Wetterfahne*, den Winden und Stürmen des Lebens oder seiner Natur ausgesetzt.

An diesem Tag hatte er schon eine wenig erfreuliche Begegnung hinter sich gebracht: *Ich bin heute auf der Akademie gewesen, Herr Graf* [Behrischs vormaliger Zögling] *nebst Herrn Langer kamen auch. Sie scheinen sehr gut zusammenzustehen. Ich war schlimmen Humors und redete nichts; dafür redeten der Professor* [Oeser] *und Langer desto mehr. Er will anfangen zu zeichnen. Er machte mir ein Compliment und noch was, ich weiß nicht was, auf einmal. Aber wie gesagt, ich konnte unmöglich viel antworten.* – Man hat den Eindruck, die Begegnung mit dem jungen Lindenau und dessen neuem Hofmeister könnte die Ursache für den „schlimmen Humor" gewesen sein. Wie anders war das noch vor wenigen Tagen gewesen, wenn er dem jungen Grafen begegnete, begleitet von Behrisch! – Er beendet den Brief mit einem: *Gute Nacht. Auf den Sonnabend mehr.*

Doch ein dramatischer Vorfall verhinderte, daß er am nächsten Samstag der Postkutsche seinen wöchentlichen Brief (Samstag war Posttag) nach Dessau mitgeben konnte. Zum Schreiben kam er erst am Dienstag danach (2. November). – Obwohl er keine drei Wochen zuvor Cornelia mitgeteilt hatte, daß er in seiner *jetzigen Lebensart ... dem Reiten und Fahren gänzlich entsagt* habe, war er mit Adam Horn ausgeritten, wobei es zu einem Zwischenfall gekommen war:

Daß du vom Sonnabend keinen Brief empfingst, wird dich gewundert haben; ohne gewichtige Ursache unterlasse ich es gewiß nie. Aber es war auch eine wichtige Ursache, eine mit der wichtigsten, dem Halsbrechen so verwandte: kurz, ich bin vom Pferde gestürzt, oder eigentlicher, ich habe mich vom Pferde gestürzt, da es mit mir, einem ungeschickten Reuter, durchging, um es nicht zu einem Schleifen oder sonstigem Stürzen kommen zu lassen ... Es ist eine betäubende Sache um ein großes unverhofftes Glück. Dieses, daß ich nicht den Hals gebrochen habe, hat mich, glaub ich, so im Kopfe schwindelnd gemacht. Aber, Gott sei Dank, ich habe mir keinen Schaden getan, denn du kannst wohl raten, daß ich ein aufgestoßnes Kinn, eine zerschlagne Lippe und ein geschellertes

Auge nicht unter die großen Schäden rechne. Solange sich nicht mein Mädchen über die Verunzierung dieses Gesichts beschwert, solang hat's gute Wege. – Wenn du diese Geschichte auf eine lächerliche Weise erzählt haben willst, so laß dir sie von Hornen erzählen. Was aber das Allerkomischste ist, ist, daß er im Anfang der Erschrockenste und Beängstigtste war.

Das ist ein trauriger Brief, ein recht ängstlicher Ton gegen meine launischen, närrischen Briefe. So ist's. Eine Wetterfahne, die sich dreht, immer dreht, und seit einiger Zeit, da der Wind meist aus Norden kommt, sich weniger dreht, aber doch immer so, daß gerne die Welt aus der Jahreszeit heraus sein möchte – aber Gott versteht mich.

Meine Liebe läßt dich grüßen, ich liebe sie immer wie stets; sie mich? Ich glaub's einstweilen. Ich lebe nach deiner Vorschrift so diät, wie ein ängstlicher junger Mensch auf Befehl seines Doctors, bei gewissen Vorfällen. Seit dem verfluchten Abend, da wir Schnupftuchsdesserts hatten [in seinem Traum], *habe ich keinen bei ihr zugebracht. – So leb ich, fast ohne Mädchen, fast ohne Freund, halb elend; noch einen Schritt und ich bin's ganz.*

Wenn Wolfgang Goethe seinen halb freiwilligen Sturz vom Pferd in diesem Brief auch mehr von der komischen Seite erzählt, so hat ihn der Vorfall, wie man zwischen den Zeilen spürt, doch getroffen, vielleicht sogar erschüttert. Manchmal endeten Stürze vom Pferd eben mit einem Genickbruch. – Erst zwei Wochen vorher hatte er Behrisch geschrieben, daß er bei einem Ausflug nach dem nördlich von Leipzig gelegenen Dörfchen Wahren *beinahe ersoffen wäre.* Anscheinend hatte er Mitte Oktober noch in der Pleiße gebadet. Wie Goethe in DICHTUNG UND WAHRHEIT berichtet, herrschte damals „in Gefolg von mißverstandenen Anregungen Rousseaus" bei dessen Jüngern „die Epoche des Kaltbadens". Es ist nicht sehr wahrscheinlich, daß Wolfgang Goethe dabei ernsthaft in Gefahr geriet, denn wir hören von diesem Vorfall nichts weiter. Beide Unfälle sind ein Indiz dafür, daß er sich gern im Freien außerhalb der Stadtmauern Leipzigs aufhielt und auch Gefahren nicht scheute. Wenn jedoch seine Gesundheit, sei es durch Krankheiten oder durch Unfälle, bedroht schien, nahm er dies wichtig und beobachtete sich genau. Der Sturz vom Pferd traf ihn wohl deshalb besonders heftig, weil er sich schwach fühlte, so wie er lebte – *fast ohne Mädchen, fast ohne Freund, halb elend.*

Auerbachs Hof in Leipzig, nach der Natur gezeichnet und gestochen von J. A. Rosmaesler in Leipzig 1778. „Dem Besitzer, Sr. Excellenz dem Herrn Ober-Stallmeister und Geheimen Rath Graf von Lindenau unterthänig gewidmet von Johann August Rosmaesler."

Anscheinend hielt er sich auf Behrischs Rat eine Zeitlang von Annette fern, sei es, um Konflikte zu vermeiden oder um sich etwas rar
zu machen, und so hat er niemanden bei sich, der ihn tröstet, auch keinen Freund, der *durch Mitleid unsre Wunde heilt*. Es schwingt einiges
an Selbstmitleid mit in den längeren, etwas gekünstelten Reflexionen,
die Wolfgang Goethe in diesem Brief vor Behrisch ausbreitet; aber am
Ende ist man doch berührt von den beiden Sätzen, mit denen er seine Not ganz schlicht ausdrückt: *Siehst du, das mein' ich und wollte,
Auerbachshof wäre nicht leer. Sonst war er ein Zufluchtsort; jetzt muß
ich in die Feuerkugel fliehen, und, das weißt du, da war ich nie recht
zu Hause. –* Diese letzten Sätze fassen zusammen, wovon eigentlich fast

der ganze Brief handelt: Es ist die Klage um den verlorenen Freund, in dessen Wohnung, seinem *Zufluchtsort*, und in dessen Herzen und Gedanken er sich daheim gefühlt hatte.

Am nächsten Morgen erreichte ihn ein Brief von Behrisch. Er scheint es mit Dessau gut, ja sogar sehr gut getroffen zu haben, denn Wolfgang Goethe beginnt die Fortsetzung seines Briefes vom Vortag mit den Sätzen: *Ich hoffte auf einen Brief von dir, und da hab' ich ihn. Es ist gut, daß du wohl bist, und so nah am Himmel.* – Auch hier können wir nur bedauern, daß Goethe später Behrischs Briefe vernichtet hat. Wie gerne wüßte man Genaueres über ihn und auch über die Verhältnisse, die er am Dessauer Hof angetroffen hatte! Was war es, daß er sich dort schon nach zwei Wochen „so nah am Himmel" fühlte? – Diese Formulierung wirkt überraschend und übertrieben; aber wenn man nachforscht, was sich damals in dem Fürstentum Anhalt-Dessau ereignete, beginnt man zu begreifen, daß Behrisch kaum etwas Besseres und Interessanteres hätte zufallen können, als dort in der unmittelbaren Nähe des Fürsten Franz Friedrich (offiziell: Leopold III.) zu leben und seinen 4-jährigen Sohn erziehen zu dürfen.

Der Hof von Anhalt-Dessau begann gerade in jener Zeit eine hervorragende Rolle in der deutschen Kulturgeschichte zu spielen, und Behrisch erlebte dessen Aufstieg und Blütezeit mit. Im Frühjahr 1767, also ein halbes Jahr zuvor, war der mit Behrisch fast gleichaltrige Fürst Franz von einer 1½-jährigen Studienreise durch Italien, Frankreich und England zurückgekehrt, auf der er sein Kunstverständnis erweitern, aber ebenso Kenntnisse und Anregungen für die kulturelle und wirtschaftliche Entwicklung seines kleinen Landes gewinnen wollte. Als Begleitung hatte er einige kompetente Persönlichkeiten und Künstler bei sich, die ihn darin unterstützen sollten. Als der bedeutendste unter ihnen erwies sich in den nächsten Jahrzehnten der vielseitige Architekt Friedrich Wilhelm von Erdmannsdorff, der als Freund und engster Vertrauter des Fürsten mit ihm zum Schöpfer dessen wurde, was man dann das „Gartenreich" nannte. Sein europaweit bewundertes Glanzstück wurde der für alle Bevölkerungsschichten offene Landschaftspark von Wörlitz (östlich von Dessau) mit seinen klassizistischen und neugotischen Gebäuden, der auch heute noch mit seiner unvergleichlichen Schönheit in der dort erreichten Einheit von Natur und Kunst begeistert. All dies war in die aufklärerischen Reformbemühungen des Fürsten eingebettet, die alle wichtigen Lebensbereiche umfaßten, insbesondere die Landwirtschaft und das

Handwerk. und so den Wahlspruch des Fürsten: „Das Schöne mit dem Nützlichen" zu verwirklichen suchten. Im sozialen Bereich versuchte er, durch Arbeitsangebote „zum Besten der Armen" Hilfe für die Notleidenden zu schaffen. So wollte Fürst Franz in seinem kleinen Fürstentum ein Friedensreich, ein „Irenopolis", als Gegenmodell zu der kriegerischen Eroberungspolitik seines Onkels, des Preußenkönigs Friedrich II. errichten. Es versteht sich, daß zu solch aufklärerischen Gedanken auch ein fortschrittliches Konzept von Erziehung gehörte.

Man muß es daher als eine Auszeichnung betrachten, daß Behrisch an diesen Hof zum Erzieher des ersten Sohnes von Fürst Franz berufen wurde. Dieser Sohn war, in der Sprache jener Zeit, ein „natürlicher", d. h. ein nicht ehelicher Sohn; schöner und richtiger gesagt: ein Kind der Liebe. Denn Franz Friedrich liebte, als er Anfang Zwanzig war, ein bürgerliches Mädchen, Johanne Eleonore Hoffmeier. Als sie mit 17 Jahren einen Knaben gebar, wollte der „natürliche" Vater, er war 23, seine ganzen fürstlichen Vorrechte aufgeben und mit ihr in England in einer bürgerlichen Ehe leben. Solches ließ jedoch Friedrich II., genannt der Alte Fritz, nicht zu. Er zwang seinen Neffen zu einer standesgemäßen Heirat. Mit 27 Jahren heiratete er die zehn Jahre jüngere Luise von Brandenburg-Schwedt. Sie muß eine feinfühlige Frau gewesen sein (wie Fürst Franz ein feinfühliger Vater), denn sie nahm den 4-jährigen unehelichen Sohn ihres Mannes bei sich auf, und Behrisch wurde sein Hofmeister. – Auch die Mutter des Kindes erlangte später durch die Heirat mit einem Adligen eine gesellschaftlich akzeptierte Position.

Für Behrisch muß es wie ein Wunder gewesen sein, aus der Leipziger Isolation, in der er sich als distinguierter Außenseiter zu behaupten suchte (wobei er sich allenfalls in seiner Studentenclique mit ein paar Späßen hervortun konnte), nun in den inneren Zirkel dieses humanistisch gesinnten Fürsten gelangt zu sein, „so nah am Himmel"! Hier konnte er miterleben, wie eine Gruppe von verantwortungsbewußten, kunstsinnigen Persönlichkeiten sich mit Erfolg bemühte, in ihrem Land etwas Vernünftiges zu bewirken. Möglicherweise war er beratend mitbeteiligt. Es heißt, daß der Fürst auf Behrischs Empfehlung hin den bekannten Reformpädagogen Basedow nach Dessau holte, wo er 1774 das Philanthropin (die Schule der „Menschenfreundlichkeit") gründete, „die berühmteste Erziehungsanstalt der Spätaufklärung" (M. Niedermaier).

Nachdem der Fürst über Jahre hin hatte verfolgen können, welche Erfolge Behrisch bei seinem ersten, dem illegitimen Sohn (dem späteren Grafen von Waldersee) als Pädagoge erzielt hatte, berief er ihn auch zum Erzieher seines jüngeren, legitimen Sohnes, des Erbprinzen Friedrich. Damit ist endgültig klar, daß Behrisch weit mehr war als die skurrile Person, als die er sich in Leipzig gerne gegeben hatte. Wenn Fürst Leopold III. von Anhalt-Dessau, dieser hochgebildete und an Fragen der Erziehung sehr interessierte Mann, Behrisch seinen legitimen Sohn anvertraute, der einmal die Geschicke des Landes übernehmen sollte, dann war dies ein Befähigungsnachweis erster Güte. – Behrisch hat zwar auch in Dessau, wie einige Aussagen belegen, seine Eigentümlichkeiten nicht abgelegt. Aber dies hat offensichtlich der Wertschätzung, die er dort genoß, keinen Abbruch getan. Als anerkannter Pädagoge und gebildeter Kenner der Literatur (er wurde später noch Vorleser des Fürsten) war er Teil der aufgeklärt-humanistischen Gemeinschaft, die so vorbildlich in Dessau wirkte. – Ein Besucher, der 1776 an diesem Hof weilte, berichtete später über Behrischs Stellung: „Er war bei Hof sehr gelitten; ich sah ihn immer an der fürstlichen Tafel." Dieser Besucher war als Begleiter des Herzogs Karl August von Sachsen-Weimar nach Dessau gekommen; es war Johann Wolfgang Goethe.

Kehren wir zurück in das Jahr 1767, als Wolfgang Goethe am 3. November auf einen Brief von Behrisch antwortete. Es sei gut, hatte er kommentiert, daß Behrisch wohl sei und so nah am Himmel. Doch schon im übernächsten Satz beginnt er mit einer moralischen Verurteilung des Fürsten von Dessau. Er müsse sich *doch manchmal schämen, wenn er seine Gemahlin bedächtig ansieht und sich ein paar Jahre zurückerinnert.* Wie anders müsse er *noch vor wenigen Jahren in den Armen seiner Geliebten* geredet haben als nun, empört sich Wolfgang Goethe von der Höhe seiner jugendlichen Moralvorstellungen und verkündet mit Emphase: *Ich möchte nicht Fürst sein.* – Einen Monat später wird er Behrisch ein langes Gedicht mit dem Titel „Der wahre Genuß" zu diesem Thema schicken.

Auch in diesem Brief (vom 2./3. November) kommt er wieder auf den Nachfolger Langer zu sprechen, der nun statt Behrisch in Auerbachshof wohnte. Langer war mit 24 Jahren noch recht jung, doch immerhin sechs Jahre älter als Wolfgang Goethe. Er war schon preußischer Husarenoffizier gewesen, woraus man schließen darf, daß er einiges an Lebenserfahrung mitbrachte und ein gestandener Mann war. Über ihn berichtet Wolfgang Goethe: *Herr Langer zeichnet mit auf der Akademie.*

Es mag ein guter Mann sein, denn du glaubst's und hast ihn lieb. Ich weiß nicht, ob meine Seele jetzt aller Verbindung geschlossen ist, oder wie's ist, genug, er wäre mein Freund nicht. Er hat mir nichts getan, und ich kann ihn nicht leiden. Warum? ... Raten kann ich's. Man liebt den Nachfolger niemals, wenn man den Vorfahren geliebt hat; Platzfolge ist immer eine Art von Vertreibung. – Er beendet den Brief mit Grüßen: *Annette und Horn lassen dich grüßen, sie erwarten beide Briefe; wer mit mehrerem Rechte, das magst du entscheiden.* – Er selbst werde wieder am Sonnabend schreiben, und er wolle es Behrisch *verzeihen,* wenn er *nicht immer so exakt,* also nicht jeden Samstag, antworte. Behrisch hatte ihm anscheinend mitgeteilt, er müsse sich noch einrichten in Dessau und könne daher nicht jede Woche schreiben.

Vier Tage später, am 7. November, folgt ein weiterer Brief Wolfgang Goethes an Behrisch, der ungewöhnlichste von allen bisher. Nach seelisch erschöpfenden Wochen, nach Zeiten des Elends, nach dem Schrekken durch den Sturz vom Pferd und der Angst vor ernsthaften Nachwirkungen hatte ihn das Schicksal – oder der Rat Behrischs? – wieder emporgetragen:

Leipzig, den 7. Nov. 67.
Es ist schon sechs, und um sieben geht die Post, aber ich muß dir schreiben. Liebster, es ist Sonnabend, und wenn ich dir nicht schriebe, könntest du denken, mein Fall [vom Pferd] *sei gefährlicher gewesen, als er ist. Ich bin ganz wiederhergestellt, und ich hoffe nicht, daß es etwa heimliche Folgen möge gehabt haben. Eine Uhr steht oft nicht gleich stille, wenn wir sie fallen lassen; nach einem halben Jahre bemerken wir manchmal Unrichtigkeiten, deren Grund wir nicht einzusehen wissen. – Das sind traurige Betrachtungen, die ich nie, und am wenigsten jetzt machen sollte, da ich komme, das größte Glück gehabt zu haben, das sich ein Mensch von meiner, von U n s r e r Empfindung wünschen kann. Ja, Behrisch, ich habe meine Jetty* [aus Annette, Nette, Jette] *eine Halbestunde ruhig, ohne Zeugen unterhalten, ein Glück, das ich jetzt manchmal genieße, sonst nie genoß. Diese Hand, die jetzt das Papier berührt, um dir zu schreiben, diese glückliche Hand drückte sie an* [ihre] *Brust. O Behrisch, es ist Gift in diesen Küssen! Warum müssen sie so süße sein? Sieh', diese Seligkeit habe ich dir zu danken! Dir! Deinem Rat, deinen Anschlägen! So eine Stunde! Was sind tausend von den runzlichten, toten, mürrischen Abenden gegen sie? Und diese Stunde bin*

ich dir schuldig, ich wüßte niemanden, dem ich sie lieber schuldig wäre als dir. Gott segne dich! Ich bete oft für dich, wenn ich im Himmel bin; dort bin ich, wenn sie mich in ihren Armen hält. Ich sage mir oft: wenn sie nun deine wäre, und niemand als der Tod dir sie streitig machen, dir ihre Umarmung verwehren könnte? Sage dir, was ich da fühle, was ich alles herumdenke – und wenn ich am Ende bin, so bitte ich Gott, sie mir nicht zu geben. Ist je ein Gebet erhört worden, so wird's dieses, und die Erfüllung brauchte – pfui, das ist ein häßlicher, gotteslästerlicher Gedanke, ein Gedanke, der das Gebet zu verdrängen gerichtet ist. So geht's im Glück, so lange das mit uns hält, so lange halten wir selten mit unserm Herregott.

Bis hierher reicht der erste Teil des Briefes. – Aus dem Übermaß seines Glücksgefühls spricht Wolfgang Goethe den Freund Behrisch mit *Liebster* an, was nur hier, dieses eine Mal geschieht. Er hatte sich Annette gegenüber nach seinen Ratschlägen verhalten, vermutlich geduldig und abwartend, und sie hatte sich ihm wieder zugewendet; aller Zwist war vergeben und vergessen, und die Liebenden hatte das unvergleichliche Glück des Sich-Wiederfindens, der himmlischen Nähe erfüllt, das Wolfgang Goethe als etwas Religiöses erlebte, wie durch seine Sprache deutlich wird. Wurde er von dieser Nähe zu Annette z u sehr „ergriffen", im doppelten Sinn des Wortes? Fühlte er sich nicht nur tief bewegt, sondern auch – festgehalten? Bittet er darum Gott, ihm Annette *nicht zu geben?* – Ist es eine natürliche Reaktion, daß aus einer übergroßen Nähe, aus der Verschmelzung des Ich mit einem Du schließlich das Bedürfnis entsteht, sich wieder des eigenen Selbst zu versichern, Boden unter den Füßen und Distanz zu gewinnen? Doch was nun im zweiten Teil dieses Briefes folgt, ist von so krasser Gegensätzlichkeit, daß es geradezu schockierend wirkt. Den ersten Teil hatte Wolfgang Goethe gleich nach der Stunde des *größten Glücks* niedergeschrieben, die ihn zu Gott beten ließ; direkt danach berichtet er dann von der Begegnung mit einem anderen Mädchen, die sich vor kurzem zugetragen hatte, und von den höchst unfrommen Gedanken, die ihn dabei bewegt hatten:

Sieh, wie ich ernsthaft geworden bin. Das arriviert mir oft. Ich habe dir viel über meinen Seelenzustand zu schreiben, nur jetzt nicht, die Zeit ist zu kurz. Ad varia. [Nun zu Verschiedenem.] Hr. Avenarius hat sich in einem Briefe deiner erinnert und läßt es dir vermelden. Ich bin bei Fritz-

chen [einem nicht weiter bekannten Mädchen] *gewesen, die ganz ein-gezogen geworden ist. So sittsam, so tugendhaft. Ich wette, sie verliebt sich in mich, wenn ich noch etliche Mal hinauskomme, faute de quelque chose de mieux* [in Ermangelung von etwas Besserem]. *Sie ist abscheu-lich erber* [ehrbar], e r b e r *im eigentlichen Verstande. Kein nackend Hälschen mehr, nicht mehr ohne Schnürbrust, daß es mir ordentlich lä-cherlich tut. Sie ist manchmal sonntags alleine zu Hause. Vierzehn Tage Vorbereitung, und so ein Sonntag sollten die Erberkeit von dem Schlos-se wegjagen, und wenn zehn Ingenieurs zehn solche Halbjahre an der Befestigung gearbeitet hätten. Wirklich, Avenarius hat sie etwas besser gemacht, das muß ich ihm nachsagen. Könnte ich's aber nur ungestraft tun und stünden im Brühle nicht einige Nägel und Stricke parat, wenn man so etwas erführe, so würde ich die affaire des Teufels übernehmen und das gute Werk zunichte machen. Kennst du mich in diesem Tone, Behrisch? Es ist der Ton eines siegenden jungen Herrn. Und der Ton und ich zusammen! Es ist komisch. Aber ohne zu schwören, ich unterstehe mich schon, ein Mädchen zu verf– wie Teufel soll ich's nennen. Genug, Monsieur, alles was Sie von dem gelehrigsten und fleißigsten Ihrer Schü-ler erwarten können. – Ich finde bei der Durchlesung den Schluß meines Briefes sehr toll. Ich habe nicht Zeit, noch ein Blatt zu nehmen. Gute Nacht.*

Im ersten Teil dieses Briefes war Wolfgang Goethe im Himmel – im zweiten reitet ihn der Teufel! Welche Extreme! – Wenn seinerzeit dieser zweite Teil des Briefes in falsche Hände geraten wäre, er hätte den Ver-fasser kompromittiert. Auch heute könnte er wegen seines Zynismus auf viele abstoßend wirken. Ein um seine Sittsamkeit besorgtes Mädchen genau aus diesem Grund verführen zu wollen und es damit – als *siegen-der junger Herr* – nach den Standards jener Zeit moralisch zu verder-ben und gesellschaftlich zu ruinieren: das wäre, so ausgeführt, wirklich teuflisch gewesen. Doch würden wir, durch die Psychologie aufgeklärt, solche Gedankenspiele wohl anders beurteilen: als pubertäre sexuelle Phantasien, wie sie sich in einer Phase besonders stark bedrängender und ungestillter Bedürfnisse bei den meisten Jugendlichen in dieser oder jener Form einstellen mögen. 1767 war dies alles tabuisiert; hier begann das Reich des Teufels, des Bösen. Solche Gedanken durfte man nicht zulassen, nicht einmal vor sich selbst. Man konnte jedoch diesem sonst unterdrückten Bereich des Menschlichen auch in Büchern begegnen – in der frivolen Literatur des 18. Jahrhunderts, vor allem der französischen. Hat Wolfgang Goethe sie durch Behrisch, den Experten für französische Literatur, kennengelernt und mit ihm über sie philosophiert? Man stößt auf diese Vermutung, wenn er Behrisch nun plötzlich mit *Monsieur* anspricht und sich ironisch den *gelehrigsten und fleißigsten* [seiner] *Schüler* nennt – womit er ihn mitverantwortlich macht für seine eigenen zynischen Äußerungen. – Wie es sich damit auch verhalten haben mag, Tatsache ist, daß Wolfgang Goethe hier einen Tabubruch vollzieht und vor Behrisch erschreckende seelische Abgründe offenbart.

Behrisch wird oft als „Mentor" des jungen Goethe bezeichnet. Diese Briefstelle zeigt, daß er das nicht war. Ein Mentor versucht seinem jüngeren, ihm an Wissen und Erfahrung unterlegenen Zögling die kulturellen und moralischen Werte seiner Gesellschaft zu vermitteln. Hier erweist sich, daß Behrisch sich in seinem Umgang mit Wolfgang Goethe nicht verpflichtet fühlte, als der Sachwalter der Moral aufzutreten; bei ihm waren auch amoralische Gedanken zugelassen. So pädagogisch klug und hilfreich er handeln konnte, er fühlte sich keineswegs als Erzieher und moralische Instanz gegenüber dem vertrauensvollen jungen Freund. – „Ein neues Element", schreibt Eissler, sei mit ihm in Goethes Leben getreten, das von ihm „später in der Figur des Mephisto symbolisiert wurde". Wenn Goethe in einem Brief vom Mai 1774 Behrisch einmal mit freundschaftlicher Ironie „den dürren Teufel" nennt, spielt er damit wohl auf diesen mephistophelischen Zug in ihm an. Wolfgang Goethe wurde sich sehr wahrscheinlich zuerst durch Behrisch solcher Abgründe in der eigenen Brust bewußt. In diesem zweiten Teil des Briefes vom 7. November haben wir das erste schriftliche Zeugnis hiervon. – Vier Jahre später wird er als Wortführer des „Sturm-und-Drang" in seiner Rede Zum Schäckespears Tag verkünden: *Das, was wir bös nennen, ist nur die andre Seite vom Guten, die so notwendig zu seiner Existenz und in das Ganze gehört, [wie] Zona torrida* [die Wüstenzone] *brennen und Lappland einfrieren muß, daß es einen gemäßigten Himmelsstrich gebe.*

In Goethes Urfaust (der keine zehn Jahre später niedergeschrieben wurde), gibt es eine Szene, durch die man stark an diesen Brief über „Fritzchen" erinnert wird: nämlich als Faust, nachdem er Gretchen erstmals auf der Straße gesehen hatte, zu Mephisto sagt (wohl im *Ton eines siegenden jungen Herrn*): *Hätt' ich nur sieben Tage Ruh, / Braucht keinen Teufel nicht dazu, / So ein Geschöpfchen zu verführen ...,* – worauf Mephisto entgegnet: *Ihr sprecht schon fast wie ein Franzos ...*

Unterschrift Ernst Wolfgang Behrischs mit den Worten „gehorsamer D[iener]"

Was den 18-jährigen Wolfgang Goethe in Leipzig bewegte und wie er darüber Behrisch in seinen Briefen schrieb, das wird in den nächsten Jahren in einigen seiner Dichtungen wieder auftauchen, so im Faust und am deutlichsten in seinem sensationell erfolgreichen Briefroman Die Leiden des jungen Werthers von 1774. – Eine Woche nach dem Brief, in dem er von der Glückseligkeit mit Annette und den Verführungsphantasien über Fritzchen geschrieben hatte, folgte ein Brief, dem die Goethe-Biographen und -Forscher mehr Interesse zuwandten als allen anderen Briefen Wolfgang Goethes aus Leipzig. Der Grund dafür ist eindeutig: Hier vernehmen wir in langen Passagen, noch viel ausgeprägter als in einigen Sätzen des vorangehenden Briefes, eine Sprache, wie es sie in der deutschen Literatur zuvor noch nicht zu gegeben hatte und die man die Sprache Werthers nennen wird, jene epochemachende „Sprache des Herzens", in der Goethe sechs Jahre später seinen Werther reden bzw. schreiben läßt und von der eine ganze Generation junger Menschen hingerissen wurde.

Dieser Brief an Behrisch ist in mehreren Etappen vom 10. bis 14. November geschrieben und erstreckt sich über rund sieben Seiten. Er kann deshalb hier nicht vollständig abgedruckt und nur zum Teil erläutert werden. – Wolfgang Goethe hatte am Dienstag, dem 10. November, einen Brief von Behrisch erhalten, über dessen Inhalt wir nichts erfahren. Obwohl seine Antwort erst am Samstag mit der Post nach Dessau spediert werden würde, beginnt er gleich an diesem Dienstag einen Brief zu schreiben, den er jedoch nach zwei Sätzen abbricht und erst am Abend und in der Nacht ausführlich fortsetzt. *Abends um 7 Uhr* schreibt er:

Ha, Behrisch, das ist einer von den Augenblicken! Du bist weg, und das Papier ist nur eine kalte Zuflucht gegen deine Arme. O Gott, Gott! – Laß mich nur wieder erst zu mir kommen. Behrisch, verflucht sei die Liebe! O sähst du mich, sähst du den Elenden, wie er rast, der nicht weiß, gegen wen er rasen soll, du würdest jammern. Freund, Freund! Warum hab ich nur Einen?

Auf den heutigen Leser werden diese Sätze zunächst exaltiert, überzogen wirken. Die Frage ist, wie ernst sie zu nehmen sind, d. h. ob wir sie für den ehrlichen Ausdruck des Erlebten halten dürfen – oder als poetische Stilisierungen und Übertreibungen einstufen müssen. Die Epoche, in der dieser Brief geschrieben wurde, trägt nicht von ungefähr den Namen „Zeit der Empfindsamkeit". Gefühle standen damals hoch im Kurs; sie zu äußern, war erwünscht. Aber das sollte im Umfeld des Rokoko auf eine zarte oder witzige Weise geschehen. Ein Ausruf wie: *Verflucht sei die Liebe!* fiel da schon deutlich aus dem vorgegebenen gesellschaftlichen Rahmen. Dieser Ton war neu.

Um 8 Uhr setzt Wolfgang Goethe seinen Brief fort: *Mein Blut läuft stiller, ich werde ruhiger mit dir reden können. Ob vernünftig? Das weiß Gott. Nein, nicht vernünftig. Wie könnte ein Toller vernünftig reden? Das bin ich ... Könnte ich nur zu einer Ordnung kommen, oder käme Ordnung nur zu mir ... O Behrisch. Behrisch! Mein Kopf.*
Ich habe mir eine Feder geschnitten, um mich zu erholen. Laß sehen, ob wir fortkommen. Meine Geliebte! Ah, sie wird's ewig sein. Sieh Behrisch, in dem Augenblick, da sie mich rasend macht, fühl ich's. Gott, Gott, warum muß ich sie so lieben? Noch einmal angefangen: Annette macht – nein, nicht macht. Stille, stille, ich will dir alles in Ordnung erzählen.

Wir wissen aus früheren Briefen, daß Wolfgang Goethe Behrischs Spott fürchtete. Er würde ihm nicht auf diese Weise schreiben und damit seine sarkastischen Kommentare riskieren, wenn er nicht w i r k l i c h so fühlte, wie er schreibt. Es ist keineswegs so, daß er den emotionalen Sturm in sich genießen würde: *Könnte ich nur zur Ordnung kommen!* klagt er und fordert sich selbst auf: *Stille, stille, ich will dir alles in Ordnung erzählen.*

Er beginnt nun dem Freund zu berichten, zunächst in einem ruhigen (der Ordnung gemäßen) Stil, was sich seit dem Sonntagmittag (dem 8. November) bei ihm zugetragen hatte. Bei dieser Gelegenheit erfahren wir, wie so ein Sonntag des Studenten Goethe verlaufen konnte:

Am Sonntage ging ich nach Tische zu Doktor Hermann und kehrte um drei zu Sch[önkopfs] zurück. Sie [Annette] *war zu Obermanns gegangen; ich wünschte mich zum ersten Mal in meinem Leben hinüber, wußte aber kein Mittel* [er war bei der Familie nicht eingeführt] *und entschloß mich, zu Breitkopfs zu gehen. Ich ging und hatte oben keine Ruhe. Kaum war ich eine Viertelstunde da, so sagt' ich der Mamsell* [Constanze], *ob sie nichts an Obermanns wegen der* MINNA [... VON BARNHELM, die sie für eine Liebhaber-Aufführung einstudierten] *zu bestellen hätte. Sie sagte nein. Ich insistierte. Sie meinte, ich könnte dableiben, und ich, daß ich gehen wollte. Endlich, von meinen Bitten erzürnt, schrieb sie ein Billett an Mams. Obermann, gab mir's, und ich flog hinunter. Wie vergnügt hoffte ich zu sein. Weh ihr! ...*

Denn Constanze hatte der Mamsell Obermann geschrieben, daß „Herr Goethe", kaum eingetroffen, lieber deren Gesellschaft aufsuchen möchte, weshalb sie böse sei, aber freundlich grüße. – Über den Fortgang lesen wir: *Mamsell O., nachdem sie den Brief gelesen hatte, versicherte mir, daß sie ihn nicht verstünde, mein Mädchen las ihn, und anstatt daß sie mich für mein Kommen belohnen, mir für meine Zärtlichkeit danken sollte, begegnete sie mir mit solchem Kaltsinn, daß es der O. sowohl als ihrem Bruder merklich werden mußte. – Diese Aufführung, die sie den ganzen Abend und den ganzen Montag fortsetzte, verursachte mir solches Ärgernis, daß ich Montag abends in ein Fieber verfiel, das mich diese Nacht mit Frost und Hitze entsetzlich peinigte und diesen ganzen Tag zu Hause bleiben hieß.*
Am Samstagnachmittag davor hatte Annette ihren Liebsten mit einer Zärtlichkeit beglückt, die ihn glauben machte, daß er *im Himmel* sei; am Sonntagnachmittag, als er auf Umwegen und unter Verletzung von Anstandsregeln zu ihr *geflogen* kam, behandelte sie ihn *mit solchem Kaltsinn,* daß er sich zurückgestoßen fühlen mußte. Es muß ihr peinlich gewesen sein, daß ihr Freund durch Constanzes Billett vor ihrer Freundin Obermann (ihr Vorname ist nicht bekannt) und deren Bruder bloßgestellt worden war, und sie wollte sich mit ihrem abweisenden Ver-

halten wohl von seinem nicht korrekten Benehmen distanzieren. Wenn sie aber diese kalte Behandlung am Montag noch fortsetzte, dann gewinnt man den Eindruck, daß sie sich damit für die Peinlichkeit bei Obermanns revanchierte. Sie hätte auch anders reagieren können, da ihr Freund ja so sehr ihre Nähe gesucht hatte. – Auch Annette war keineswegs frei von widersprüchlichen Reaktionen in den Liebeshändeln.

Wolfgang Goethe hingegen reagierte mit Fieber. Seelische Belastungen konnten sich bei ihm schnell körperlich auswirken, und zwar heftig. Dann war er wieder dem inneren Chaos ausgeliefert, das alle Ordnung aufhob und „seine Natur von einem Extreme ins andere warf". Hier läßt sich dieser Umschlag daran verfolgen, wie er seine Erzählung für Behrisch fortsetzt:

Nun! O Behrisch, verlange nicht, daß ich es mit kaltem Blute erzähle. Gott! – Diesen Abend [am Dienstag] *schicke ich hinunter* [in den Brühl], *um mir etwas* [zum Essen] *holen zu lassen. Meine Magd kommt und bringt mir die Nachricht, daß sie mit ihrer Mutter in der Comödie sei. Eben hatte das Fieber mich mit seinem Froste geschüttelt, und bei dieser Nachricht wird mein ganzes Blut zu Feuer! Ha! In der Comödie! Zu der Zeit, da sie weiß, daß ihr Geliebter krank ist. Gott! Das war arg; aber ich verzieh's ihr. Ich wußte nicht, welches Stück es war. Wie? Sollte sie mit d e n e n in der Comödie sein? Mit d e n e n! Das schüttelte mich! Ich muß es wissen. – Ich kleide mich an und renne wie ein Toller nach der Comödie. Ich nehme ein Billett auf die Galerie. Ich bin oben …*

Von dort aus sah er seine Befürchtungen bestätigt. Er fand Annette in einer Loge, zusammen mit ihrer Mutter, dem Bruder Peter und einem kleinen Mädchen neben ihr. Doch hinter ihr stand: *Herr Ryden* [der Nebenbuhler], *in einer sehr zärtlichen Stellung. Ha! Denke mich! Denke mich! auf der Galerie! Mit einem Fernglas – das sehend! Verflucht! O Behrisch, ich dachte, mein Kopf spränge vor Wut. Man spielte* Miss Sara. *Die Schulzen machte die Miss, aber ich konnte nichts sehen, nichts hören, meine Augen waren in der Loge, und mein Herz tanzte.* – Als er sich auf der Galerie wieder etwas fassen konnte, meinte er zu bemerken, daß Annette Herrn Ryden *ganz kalt begegnete,* daß sie sich *von ihm wegwendete* und *ihm kaum antwortete.* Wenn das wirklich so wäre, fragte er sich, *wäre Liebe zu mir nicht die letzte Ursache, der ich dieses zuschreiben sollte?* – Er hört, an seinem Schreibtisch sitzend, die Uhr schlagen (es ist Dienstagabend) und fährt fort: *Es schlägt neune, nun wird sie aus sein, die verdammte Comödie. Fluch auf sie. Weiter in meiner Erzählung. So saß ich eine Viertelstunde und sah nichts, als was ich in den ersten fünf Minuten gesehen hatte. Auf einmal faßte das Fieber mich mit seiner ganzen Stärke, und ich dachte in dem Augenblicke zu sterben; ich ... lief, ging nicht aus dem Haus – und bin seit zwei Stunden bei dir.*

Von nun an protokolliert er in seinem Brief die Gegenwart. Es wird eine lange Nacht (vom Dienstag auf Mittwoch) mit Fieberschüben und Ermattungen, kurzen Schlafperioden, Hoffnungen und Ängsten. Einige Auszüge verdeutlichen dieses nächtliche Seelendrama:

Kennst du einen unglücklicheren Menschen, bei solchem Vermögen, bei solchen Aussichten, bei solchen Vorzügen [wie] mich, so nenne mir ihn, und ich will schweigen ... – Aber ich liebe sie. Ich glaube, ich tränke Gift von ihrer Hand. Verzeih mir, Freund. Ich schreibe wahrlich im Fieber, im Paroxismus ... – Ich habe eine Viertelstunde auf meinem Stuhle geschlafen, ich bin wirklich sehr matt ... Wie werde ich diese Nacht verbringen? Davor graut's mir ... – Wie wird's morgen sein? Mein armer Kopf dreht sich. Morgen will ich ausgehen und sie sehen. Vielleicht hat ihre ungerechte Kälte gegen mich nachgelassen. Hat sie's nicht, so bin ich gewiß, einen gedoppelten Anfall von Fieber morgen abend zu kriegen. Es sei! Ich bin nicht mehr Herr über mich. Was tat ich neulich, als ich von meinem unbändigen Pferde weggerissen ward? Ich konnte es nicht einhalten, ich sah meinen Tod, wenigstens einen schrecklichen Fall vor Augen. Ich wagt' es und stürzte mich herunter. Da hatte ich Herz. Ich bin vielleicht nicht der Herzhafteste, bin nur geboren, in Gefahr herzhaft zu werden. Aber ich bin jetzt in Gefahr, und doch nicht herzhaft. Gott! Freund! Weißt du, was ich meine? Gute Nacht. Mein Gehirn ist in Unordnung. O wäre die Sonne wieder da! – In der Frühe notiert er: *Mittwochs früh. Ich habe eine schreckliche Nacht gehabt ... O Behrisch, ich bin etwas ruhiger, aber nicht viel. Ich werde sie sehen. Wir probieren unsere* MINNA *bei Obermanns, und sie wird drüben sein. Ha, wenn sie fortführe, sich kalt gegen mich zu stellen! Ich könnte sie strafen. Die schrecklichste Eifersucht sollte sie quälen. Doch nein, nein, das kann ich nicht.*

Am Mittwochabend, als er fieberfrei ist und nachdem er tagsüber Annette getroffen hatte, schreibt er, ruhig und aus zeitlichem Abstand:

Abends um 8. Gestern um diese Zeit, wie war das anders als jetzt. Ich habe meinen Brief wieder durchgelesen und würde ihn gewiß zerreißen, wenn ich mich schämen dürfte, vor dir in meiner eigentlichen Gestalt zu erscheinen ... Er zerreißt den Brief nicht, den er noch einmal durchgelesen, also geprüft hat, weil er das Vertrauen hat, vor Behrisch seine Schwächen eingestehen zu dürfen, sich ihrer nicht schämen zu müssen. Der Freund würde ihn in seiner wahren, seiner *e i g e n t l i c h e n   G e - s t a l t*, wie er es nennt, verstehen und akzeptieren. –

Es gibt Goethe-Experten, die die Wahrhaftigkeit und den Ernst dieses Briefes an Behrisch bezweifelt haben. Solche Urteile unterschätzen m. E. sowohl die kritische Situation, in der sich Wolfgang Goethe hier befand, als auch den Stand seiner Entwicklung. Sie nehmen den immerhin schon 18-Jährigen einfach nicht ernst genug, wenn sie ihm keine tieferen Gefühle oder keine „wirklich ganz ernsten Leiden" zutrauen. (Zur Erinnerung: In Shakespeares Tragödie ROMEO UND JULIA, die Wolfgang Goethe um diese Zeit gern für die deutsche Bühne eingerichtet hätte, zählt Julia erst fünfzehn Jahre.) Wolfgang Goethe lebte damals schon über zwei Jahre ein selbständiges Leben, und wenn er in mancher Hinsicht auch noch naiv war, in seinem Bewußtsein war er außergewöhnlich frühreif, und er war außerdem – bei aller Sprunghaftigkeit – ein ernsthafter Mensch.

Natürlich hat beim sprachlichen Ausdruck und dem dramatischen Aufbau dieses Briefes auch der Dichter Wolfgang Goethe mitgewirkt. Seine Sprachkunst war nicht von der persönlichen Existenz zu trennen. Doch bedeutet dies keineswegs, daß die Aussagen des Briefes vom 10. bis 14. November 1767 deshalb „Dichtung" und nicht wahrhaftig seien. Vielmehr zeigen sie, wie der Schreibende hier verzweifelt darum kämpft, sich in der *Gefahr* [!] zu behaupten und nicht vom Strudel seiner Gefühle hinabgezogen zu werden. – Überdies: Der Brief ist an Behrisch gerichtet ist, seinen *Critikus*, vor dessen scharfsichtigem Urteil Wolfgang Goethe größten Respekt hatte. Ihm, der ihn so genau kannte, konnte er nicht ein erdichtetes Ich für seine *eigentliche Gestalt* ausgeben!

Es gibt noch ein weiteres gewichtiges Argument dafür, daß es sich bei diesem sog. „Werther-Brief" wie auch bei den anderen Briefen an Behrisch um völlig ernstzunehmende Dokumente handelt: Als Goethe 1775 mit sich rang, ob er die Verlobung mit Lili Schönemann lösen solle, schrieb er eine Reihe von Briefen an Auguste von Stolberg, die damals als Vertraute eine ähnliche Rolle wie Behrisch einnahm. Sie erinnern in ihrem

Gestus stark an die Briefe, die Wolfgang Goethe an Behrisch nach Dessau schrieb. Friedhelm Kemp charakterisierte Goethes Briefe an Auguste so: „Diese Briefe [gehören] zu den freiesten, leidenschaftlich bewegtesten, den ‚hingewühltesten‘, die aus seinen jüngeren Jahren auf uns gekommen sind: voller Überschwang und Gärung der Gefühle, halb Beichte, halb Tagebuch, … aus ausweloser Verworrenheit …“ – Niemand bestreitet die Bedeutung und die Authentizität der Briefe Goethes an Auguste von Stolberg. Was Kemp über sie aussagt, trifft weitgehend auch auf den Brief an Behrisch vom 10. bis 14. November 1767 zu. Die Briefe Goethes an Auguste von Stolberg wie auch der im Jahr davor entstandene WERTHER stehen also in einer Kontinuität der Erlebens- und Ausdrucksweise, die sich schon in den Briefen an Behrisch aus Leipzig erkennen läßt. Auch die Briefe, die Goethe im Juni 1771 aus Sesenheim an seinen damaligen Vertrauten Salzmann über seine Liebesnöte um Friederike Brion schrieb, haben diesen gleichen, unverwechselbar Goetheschen Ton. – Man kann aus den Briefen an Behrisch ablesen, daß im Spätherbst 1767 die Entpuppung aus dem „eingewickelten Knaben“ bereits weit fortgeschritten war und sein Genie sich zu zeigen begann, freilich in einem Entwicklungsstand, dem es noch an Kraft und Selbstkontrolle mangelte.

Was ist nun die *eigentliche Gestalt* dieses jungen Menschen? Vielleicht kann man sagen: Er ist einer, der viel erleidet, obwohl er immer wieder so hochgemut und hochgestimmt durch das Leben zu fliegen scheint. Denn auf den Überschwang folgt unausweichlich der Absturz, sei es vom Pferd, vom erträumten Gipfel des Dichterruhms oder von dem Himmel des Glücks mit Annette. Sein auf alles reagierendes Sensorium macht ihn überaus verletzlich, auch krankheitsanfällig. Er bekommt keine Ordnung in sein Leben, obwohl er sich danach sehnt. Statt dessen spielen ihm sein Herz und seine Spontaneität immer wieder neue Streiche. – Wenn man spätere Äußerungen Goethes über die Zeit seiner Pubertät und seiner Sturm-und-Drang-Periode liest, die er oft ungnädig oder explizit negativ bewertet, so möchte man manches Mal den jungen Goethe gegen den alten in Schutz nehmen. War denn „der junge Goethe“, der zu einem festen Begriff in der deutschen Literaturgeschichte wurde, nicht die Inkarnation eines genialen Dichters?

Man könnte vermuten, Goethe habe sich später bei seinen negativen Äußerungen über die eigene Jugendperiode von seinem damaligen Mangel an Selbstdisziplin und Konsequenz distanziert. Es ist aber ein noch tiefer reichender Grund denkbar: Er wollte nichts mehr von ihr wissen, weil er an der ihn tief beunruhigenden Verworrenheit seiner Existenz und an seiner Leidenschaft für Annette bis zum Unerträglichen gelitten hatte. Die Zeitgenossen bewunderten und beneideten Goethe später wegen seiner Genialität. Sie wußten kaum etwas über das Problematische dieser Begabung, und auch wir können nur ahnen, welchen Preis er dafür zahlen mußte

Seit Behrisch Leipzig verlassen hatte, war Wolfgang Goethe in Wirklichkeit ohne festen Halt, und er ahnte, daß vor ihm der Abgrund lag. Seine wiederholten, teils scherzhaft formulierten Hinweise auf die Todesgefahr bei dem Sturz vom Pferd, seine Befürchtung, es könnte dabei etwas in ihm wie in einer Uhr zerbrochen sein, die *nicht gleich* [!] *stille steht*, verraten eine untergründige existentielle Angst. – Manche Stellen aus dem Brief vom 10.–14. November 1767 findet man öfters zitiert als Beleg für „die S p r a c h e Werthers"; aber meines Wissens hat sich niemand für die Not dessen, der sie schrieb, ernsthaft interessiert oder dem alarmierendsten Satz besondere Aufmerksamkeit gewidmet, diesem Hilferuf: *Aber ich bin jetzt in Gefahr, und doch nicht herzhaft.* – Ihm folgten die letzten Sätze, es sind zumeist nur noch Ausrufe, aus dieser für Wolfgang Goethe grauenvollen Nacht: *Gott! Freund! Weißt du, was ich meine? Gute Nacht. Mein Gehirn ist in Unordnung. O wäre die Sonne wieder da.* –

Es gibt noch weiteres über diesen so ungewöhnlichen Brief zu sagen, der ins Herz von Wolfgang Goethes Leipziger Zeit führt. Es fiel natürlich auf, daß die Sprache des Briefes Ähnlichkeiten mit dem WERTHER aufwies, ja, daß sich etliche wörtliche und auch inhaltliche Übereinstimmungen in Goethes berühmtem Briefroman nachweisen lassen. Der Germanist Albrecht Schöne schrieb in einer Abhandlung von der „Leidenschaftssprache" des Briefes an Behrisch „als Ausdruck einer eruptiven Kraft". Eine „übermächtige Empfindung" finde hier eine neue Sprache, und Schöne bezeichnet diesen Brief deshalb als „ein einzigartiges stilgeschichtliches Zeugnis": „Weit entschiedener und rücksichtsloser als alle poetischen Werke des Leipziger Goethe …, hat sein Brief der Empfindung zur Sprache verholfen und so der Dichtung neuen Weg gebahnt." – Doch ist Schöne nicht (und nach meiner Kenntnis auch sonst niemand) der Frage nachgegangen, was es bedeutete, wenn Wolfgang Goethe 1767 manchmal schon so schreibt, wie der Werther des Briefromans 6 ½ Jahre später. Die „Sprache Werthers" ist ja nicht nur im Kopf entstanden, sondern sie ist Ausdruck eines E r l e b e n s, einer

„eruptiven Kraft". Um so schreiben zu können wie Werther, muß man gefühlt haben wie Werther! Wolfgang Goethe konnte in Leipzig nur deshalb Briefe in einer ganz neuen „Sprache des Herzens" schreiben, weil die leidenschaftliche Liebe zu Annette sie aus ihm hervorgetrieben hat.

Folgen wir auch noch der Fortsetzung dieses Briefes: Wie Wolfgang Goethe am Mittwochabend schreibt, hatte sich an diesem Tag, dem 11. November, das Rad der Fortuna wieder zu seinen Gunsten gedreht: *Gestern machte das mir die Welt zur Hölle, was sie mir heute zum Himmel macht – und wird so lange machen, bis [sie] es mir zu keinem von beiden machen kann. –* Bei Obermanns wurde für die MINNA geprobt, und er traf Annette dort wieder, wo er am Sonntag so schlimme Stunden hatte erleben müssen. Doch nun! – *Sie war bei O., und wir waren eine Viertelstunde allein. Mehr brauchte es nicht, um uns auszusöhnen … Sie sah ihr Unrecht ein, meine Krankheit rührte sie, und sie fiel mir um den Hals und bat mich um Vergebung; ich vergab ihr alles. –* Sie berichtet ihm nun von dem Besuch im Theater, und wir vernehmen Annette in dem Zitat des Briefes selbst sprechen: *‚Siehst du‘, sagte sie, ‚wir waren gestern in der Comödie, du mußt darüber nicht böse sein. Ich hatte mich ganz in die Ecke der Loge gerückt und Lottchen neben mich gesetzt, daß er [Ryden] ja nicht neben mich kommen sollte. Er stand immer hinter meinem Stuhle, aber ich vermied, soviel ich konnte, mit ihm zu reden; ich plauderte mit meiner Nachbarin in der nächsten Loge und wäre gern bei ihr drüben gewesen.‘ – O Behrisch, das alles hatte ich mir gestern [einge-]redet, daß ich es gesehen hätte, und nun sagte sie es mir. S i e! Um meinen Hals gehangen! E i n Augenblick Vergnügen ersetzt Tausende voll Qual, wer möchte sonst leben; mein Verdruß war vorbei … Und s o ersetzt!*

Bei der nun folgenden Beschreibung dieser glücklichen Minuten ist Wolfgang Goethe weniger originell als zuvor bei der Schilderung seines Elends. Aber schon Dante sagte man nach, daß ihm die Schilderung der Hölle besser gelungen sei als die des Paradieses. Wolfgang Goethe verwendet nun wieder eine Sprache und Bilder, die in der Literatur des Rokoko typisch sind für solche Szenen. (Das wird dann im WERTHER anders sein.) Doch wollen wir deshalb, nach so viel Unglück zuvor, die Szene der Versöhnung nicht übergehen:

Mein ganzes Glück in meinen Armen! Die schöne Scham, die sie ungeachtet unsrer Vertraulichkeit so oft ergreift, daß die mächtige Liebe sie wider das Geheiß der Vernunft in meine Arme wirft; die Augen, die sich zudrücken, so oft sich ihr Mund auf den meinigen drückt, das süße Lächeln in den kleinen Pausen unsrer Liebkosungen; die Rötungen, [welche] die Scham, die Liebe, Wollust [damals im ursprünglichen, nicht sexuellen Sinn verwendet], *Furcht auf die Wangen treiben, dies zitternde Bemühen, sich aus meinen Armen zu winden, das mir durch seine Schwäche zeigt, daß nichts als F u r c h t sie je herausreißen würde! Behrisch, das ist eine Seligkeit, um die man gern ein Fegfeuer aussteht. Gute Nacht, mein Kopf schwindelt mir wie gestern, nur von was anderem. Mein Fieber ist heute ausgeblieben; so lang es gut Wetter bleibt, wird es wohl nicht wiederkommen. Gute Nacht.*

Nach einem Abstand von zwei Tagen fügt Wolfgang Goethe am Freitag seinem Brief *um 11 nachts* drei Sätze an: *Mein Brief hat eine hübsche Anlage zu einem Werkchen; ich habe ihn wieder durchgelesen und erschrecke vor mir selbst. Ich weiß nicht, warum ich jetzt schreibe. Gute Nacht. Es war nur um dir gute Nacht zu sagen.* – Man kann verstehen, daß er, zurückgelangt in eine Phase von relativer Normalität bzw. „Windstille", beim Wiederlesen seines Protokolls der verschiedenartigsten Krankheits-, Angst- und Glückszustände erschrickt vor den Tumulten der Leidenschaft in seiner Brust. Ebenso einsichtig ist, daß ihm, der seit acht oder neun Monaten an einem verhältnismäßig harmlosen Schäferspiel nach vorgegebenem Muster arbeitete, die unerhörte Dramatik der im Brief geschilderten Szenen und des berichteten Geschehens auffallen mußte. In seiner Jugend zogen ihm fast unablässig die Entwürfe für neue Dichtungen durch den Kopf; was Wunder, daß er in seinem Brief sogleich den Kern für eine Dichtung sah? Eben *die hübsche Anlage zu einem Werkchen*, wie er Behrisch schreibt. Doch auch diese Bemerkung wurde von Goethe-Experten umgekehrt gedeutet: Hier zeige sich, daß es Goethe nicht wirklich um die Liebe gehe; sie sei eigentlich nur der Anlaß zum Dichten. Seine Freundin „Käthchen" sei, wie man lesen kann, „Projektionsfläche für dessen literarische Versuche" gewesen. – Im ersten Teil dieses Buches sind viele Äußerungen Wolfgang Goethes zitiert, die eine entwicklungsgemäße, natürliche Sehnsucht nach Mädchen, nach einer Liebesbeziehung um ihrer selbst willen ausdrücken. Das braucht man nicht weiter zu kommentieren. Tatsache ist, daß Wolfgang Goethe in Leipzig aus dem dramatischen Geschehen im November 1767 kein *Werkchen* gemacht hat, sondern seine Liebesgeschichte in der Wirklichkeit erlebte und durchlitt und sie gerade n i c h t als Dichtung, sondern im persönlichsten Ausdrucksmedium, dem Brief, zu Papier brachte. – Es sollten noch über sechs Jahre verstreichen, bis Goethe tatsächlich in einem „Werkchen" (wenn man damit die Seitenzahl meint) diese rasende Liebesleidenschaft dichterisch gestaltete. Es besteht für mich kein Zweifel, daß die Keimzelle des WERTHER im Jahr 1767 in Leipzig zu finden ist, möglicherweise in dem, was er im November erlebt und auf eine so ungewöhnliche, stilistisch ganz neuartige Weise niedergeschrieben hatte.

Am Posttag, dem 14. November, fügt Wolfgang Goethe noch einige Mitteilungen in sachlichem Stil bei. Es geht dabei vor allem um sein *Clavier*, das er sich in Leipzig auf Vaters Kosten gekauft, anscheinend jedoch wenig benutzt hatte. Behrisch würde es ihm gern abkaufen, und er bekäme es auch günstig, unter Freunden; *doch ich tu's hinter meinem Vater, und da ist's gefährlich … Unsre Väter denken anders …* Doch hofft er, Behrisch zu dem Klavier verhelfen zu können. – Danach bestellt er einen Gruß von Annette und beschließt diesen unvergleichlichen Brief mit den Worten: *Es ist wahr, ich bin ein großer Narr, aber auch ein guter Junge; Annette meint's, meinst du es nicht auch?* – Fürchtet er Behrischs Antwort und bittet hiermit um Nachsicht?

Er muß über Behrischs Reaktion erleichtert gewesen sein, denn in seinem nächsten Brief vom 20. November bemerkt er gleich nach ein paar einleitenden Sätzen: *Dein Brief ist ein guter Brief.* – Behrisch, der kluge Freund, hatte den *tollen* Brief also nicht mit Spott bedacht, sondern mit einigen Ratschlägen reagiert, zu denen Wolfgang Goethe schreibt: *… ich habe Horn einige Nutzanwendungen daraus vorgelesen, und er meint, wenn ich immer dem, was du gesagt, gefolgt hätte und immer dem, was du schriebst, folgte: so könnte ich einer von den glücklichsten Menschen werden. Ich fühle, der Junge redet wahr, und doch kann ich weder dir noch ihm folgen.* – Und ohne weitere Erklärungen geht er über zu dem, was ihn doch ständig und am meisten beschäftigt, zu seiner Beziehung zu Annette. Da gibt es einige aufschlußreiche Details über ihr Verhalten zu lesen. Anders als Goethe es später in DICHTUNG UND WAHRHEIT darstellte, litt auch sie sehr an Eifersucht und konnte in ihrem Verhalten recht unausgeglichen sein: *Mittlerweile etwas zur Geschichte des Herzens: Wir haben oft geredet, warum sie mich lieben möchte? Wir haben viel Stolz in ihren Bewegungsursachen zu finden geglaubt. Was meinst du, daß folgende Bemerkung bewiese: Seit einiger Zeit, da ich sie des Abends nicht sehen konnte, hat sie mir zwar alle Zärtlichkeit* *bezeigt, ist unruhig gewesen, wenn ich einmal des Nachmittags nicht kam; allein, sie plagte mich mit keiner Eifersucht, mit keinem Zweifel. Das hieß, die Heftigkeit der Liebe hatte gegen sonst viel nachgelassen. Seit vier Wochen, da sich die Sache mit der* MINNA *angesponnen hat, da ich öfter zu Obermanns, zu Breitkopfs komme, ist das Feuer wieder mit aller Heftigkeit ausgebrochen. Eine Eifersucht, die oft bis zur Wut geht, ein Argwohn, ein Neid, der bis dahin geht, daß sie nicht erfahren darf, daß ich eine Hand geküßt habe, macht sie und mich elend. Es ist wahr, sie ist seit etlichen Tagen unendlich elend, und das Mitleiden, das ich mit ihr habe, macht, daß ich so viel Geduld habe. Was meinst du, Behrisch, sollte es nicht bloßer Stolz sein, daß sie mich liebt? Es vergnügt sie, einen stolzen Menschen, wie ich bin, an ihrem Fußschemel angekettet zu sehen. Sie hat weiter nicht auf ihn acht, solang er ruhig liegt. Will er sich aber losreißen, dann fällt er ihr erst wieder ein, ihre Liebe erwacht wieder mit der Aufmerksamkeit.* (20. November) – Wieviel Unsicherheit über ihre Gefühle belastete sie doch beide! Wolfgang Goethes Befürchtung, Annette könnte aus *bloßem Stolz* ihre Macht über ihn behalten wollen, ist nicht abwegig. Doch spricht seine Beobachtung, daß sie *seit etlichen Tagen unendlich elend* sei, dafür, ihre Gefühle anders zu deuten. Man kann letztlich nicht Genaues darüber herausfinden, was sie wirklich bewegte. Die lange Dauer ihrer Verbindung zu dem um drei Jahre Jüngeren spricht dafür, daß sie ihn wirklich liebte. Doch sprach nicht zu vieles dagegen, auf die Erfüllung eines Wunschtraums zu hoffen?

Seit der letzten Oktoberwoche waren im Haus des Kaufmannes Obermann, das schräg gegenüber von Schönkopfs Weinstube lag, die Proben für die Liebhaber-Aufführung der MINNA VON BARNHELM im Gange und dürften viel Zeit in Anspruch genommen haben, denn schon nach fünf Wochen sollte die Aufführung stattfinden. Die Hauptrollen wurden aus dem Freundeszirkel besetzt. Horn durfte den preußischen Major von Tellheim spielen, seine Freundin Constanze Breitkopf die Minna, eine sächsische Adlige, Wolfgang Goethe den Wachtmeister Werner. Wer dessen Pendant Franziska gab, ist nicht bekannt. Bei dem Nachspiel HERZOG MICHEL sollten diesmal Annettes Freundin Obermann als Hannchen und Wolfgang Goethe als Michel das Liebespaar spielen. Wir wissen nicht, ob oder wie Annette (und möglicherweise die Brüder Breitkopf) mit beteiligt waren. – Es zeugt von einem bemerkenswerten kulturellen Interesse in Leipzig, daß es schon so bald zu dieser privaten Aufführung kam, denn die Uraufführung von Lessings Lustspiel hatte erst kurz davor, am 30. September 1767, am Nationaltheater in Hamburg stattgefunden. Wolfgang Goethe sah dann, wie er Behrisch mitteilt, am 18. November die Leipziger Erstaufführung durch das Koch'sche Theater in der Comödie; sie habe sich *fürtrefflich ausgenommen.* Das war zu einem Zeitpunkt, als ihre eigenen Proben schon begonnen hatten. – Das Stück spielt in der Zeit nach dem Siebenjährigen Krieg, damals also fast in der Gegenwart, und sollte dazu beitragen, wie Goethe in DICHTUNG UND WAHRHEIT schreibt, „die gehässige Stimmung, in welcher Preußen und Sachsen sich während des Krieges befanden", aufzulösen. „Die Anmut und Liebenswürdigkeit der Sächsinnen überwindet den Wert, die Würde, den Starrsinn der Preußen" – darauf laufe es schließlich hinaus. – Untergründig scheinen sich bei den Proben mit den jungen, zum Teil verliebten oder auch eifersüchtigen Darstellerinnen und Darstellern noch weitere kleine Dramen abgespielt zu haben. Aber es entstehen auch neue Freundschaften. Constanze Breitkopf lernt hier Annette kennen und gewinnt sie lieb. Sie tadelt Wolfgang Goethe, weil er ihr nie gesagt habe, „was für ein liebenswürdiges Frauenzimmer" sie sei.

Im Kreis der Gleichaltrigen mag er sich von seinen Problemen mit Annette abgelenkt und die Trennung von Behrisch leichter verschmerzt haben. Sicher war er als Regisseur gefragt, und das Agieren als Schauspieler machte ihm Spaß. Die Beschäftigung mit dem bewunderten Lessing regte seinen eigenen dramatischen Ehrgeiz an: *A propos,* schreibt er Behrisch, *wenn du mein Schäferspiel sehen solltest, du würdest es nicht mehr kennen; es sind nicht hundert Verse stehen geblieben. Bald wird es ganz performiert* [ausgeführt] *sein. Ich habe ein neues Lustspiel angefangen,* DER TUGENDSPIEGEL *betitelt, in einem Akt, in Prosa.* – Man sieht, der junge Poet ist in seinem Element. Über die Juristerei müßte er allerdings vermutlich wie vor fünf Wochen – trotz aller guten Vorsätze für das letzte Studienjahr – den Stoßseufzer von sich geben: *Ich lasse mich hängen, ich weiß nichts.* Doch dieses Thema kommt in seinen Briefen nicht mehr vor.

Auch für den nächsten Posttag schreibt er seinen wöchentlichen Brief an Behrisch: *Soviel ich jetzt wegen der morgigen Aufführung der* MINNA *zu tun habe, will ich doch ein Blättchen an dich ausarbeiten,* beginnt er. Mit Annette habe er die Woche über *in einem dummen Frieden gelebt.* Der Hauptgrund seines Schreibens besteht jedoch darin, daß er die Meinung Behrischs zur ersten Szene seines neuen Lustspiels DER TUGENDSPIEGEL erfahren möchte, die er in einer Abschrift beilegt. In ihr sitzen zwei junge Freunde, Kaufleute mit den Namen Melly und Dodo, unter einem Baum und unterhalten sich, wobei der elegisch gestimmte Melly (hinter dem man unschwer Wolfgang Goethe erkennt) das Gespräch ständig auf seine geliebte Nelly bringt. – Für ein Lustspiel wirkt dieser Auftakt etwas trübsinnig und wenig originell. Entsprechend deutlich muß Behrischs Kommentar gewesen sein. Denn in der Woche darauf antwortet Wolfgang Goethe, am 4. Dezember, mit nur halb gespielter Empörung: *Hören Sie nur, Mosier* [!] *Behrisch, wenn Sie hinfüro mich so lange warten lassen und mir hernach ein so miserables Briefchen schicken: so werde ich mich revanchieren und meine sonnabendlichen Postreiter, besonders bei jetzigem Schneegestöber, sparsamer ausschicken. Ich schreibe da eine Szene, wenigstens ein Stück davon, mit aller Mühe ab, und zu allem Danke vergleicht sie der Herr mit dem* MEDON. *Nun wahrhaftig, du sollst weder das übrige von dieser Szene noch das ganze Stück zu sehen kriegen, wenn's fertig ist ...* – Das war nun freilich die Höchststrafe für Wolfgang Goethe, etwas aus seiner Feder mit dem verspotteten und verachteten MEDON von Clodius verglichen zu sehen! Doch Behrisch war unerbittlich und konnte auch scharf sein, wie sich hier zeigt, wenn es um literarische Qualität ging. An dem TUGENDSPIEGEL hat Wolfgang Goethe noch eine Zeitlang gearbeitet und Behrisch eine Zusendung angekündigt; er muß jedoch das Stück bald stillschweigend aufgegeben haben.

Daß Wolfgang Goethe nach seiner satirischen Antwort auf Behrischs vernichtende Kritik ihn dessen ungeachtet als seinen Kritiker anerkannte, geht daraus hervor, daß er unmittelbar anschließend fortfährt: *Hier schicke ich dir mein letztes Gedicht. Ich halte es für gut, und es soll in den zweiten Teil meiner Werke kommen.* Er denkt also schon daran, dem Gedichtband ANNETTE einen weiteren Band folgen zu lassen. Es handelte es sich um das neun Strophen umfassende Gedicht *Der wahre Genuß*. In ihm erteilt er, ohne die genaueren Umstände zu kennen, dem Fürsten Franz von Dessau, der das von ihm geliebte bürgerliche Mädchen verlassen hatte, auf moralisierende Weise eine Lektion darüber (*O Fürst!*), was wahre Liebe und tugendhaftes Verhalten seitens des Mannes seien. Zur Erläuterung schildert der rechtschaffene Autor, wie e r es mit seinem Mädchen hält. Zwei der neun Strophen mögen das veranschaulichen:

Empfinde Jüngling, und dann wähle
Ein Mädchen dir, sie wähle dich,
Von Körper schön, und schön von Seele,
Und dann bist du beglückt, wie ich!
Ich, der ich diese Kunst verstehe,
Ich habe mir ein Kind gewählt,
Daß uns zum Glück der schönsten Ehe
Allein des Priesters Segen fehlt.
...
Ich bin genügsam und genieße,
Schon da, wenn sie mir zärtlich lacht,
Wenn sie bei Tisch des Liebsten Füße
Zum Schemel ihrer Füße macht.
Den Apfel, den sie angebissen,
Das Glas, woraus sie trank, mir reicht,
Und mir, bei halbgeraubten Küssen,
Den sonst verdeckten Busen zeigt.

Der Unterschied dieser Verse zu der Sprache in den Briefen ist auffallend. Wenn Wolfgang Goethe dort seiner inneren Welt, seinem Glück oder seiner Not, in Prosa Ausdruck verleiht, wirken selbst die Übertreibungen echt. Dagegen erscheint er in diesen mit Leichtigkeit hingereimten Versen als gefangen in literarischen Vorbildern, z. B. wenn er mit dem (vermutlich in Wirklichkeit nur ansatzweise) entblößten Busen seines *Kindes* prahlt. Sie haben wenig Gewicht. Originell und überzeugend sind nur die Bilder der kleinen Liebesbeweise: seine Füße unter dem Tisch als Schemel für die ihren oder das von ihr benutzte Glas und ihr angebissener Apfel als heimliche Zeichen ihrer Vertrautheit.

Im zweiten Teil des Briefes vom 4. Dezember taucht erneut der Name Langer auf: *Herr Langer, der mich heute früh auf der Academie peremtorie invitiert* [mit Nachdruck eingeladen] *hat, ihn zu Anfang der anderen Woche zu besuchen, läßt dir sagen, er werde dir den nächsten Posttag schreiben, weil es Zeit erfordere, deinen Auftrag auszurichten. –* Er fährt dann fort, daß es ihm nicht gelungen sei, Zerbster Bier für Behrisch ausfindig zu machen. Danach: *Schreibe mir doch etwas, wie es dir in Dessau geht? Ich schreibe dir immer so viel von mir, und du schreibst mir gar nichts von dir. Ich glaube, du bist in Dessau vornehm*

geworden. Es ist wahrscheinlich. Wenigstens lässest du mich gar kei-
nen Anteil an deinem Schicksal nehmen und mich mutmaßen, daß du
ebenso wenig an meinem nimmst. Wenn ich alle deine Briefe an mich
durchsehe, so finde ich wenig oder nichts von deinem Zustande, das
du nicht ebenso gut jedem Fremden hättest schreiben können. Freilich
mag dein Briefwechsel mit Langer interessanter sein. Er hütet sich zwar
sehr, mir was davon zu sagen; aber ein, zwei Worte, und ich habe ge-
nug, eine ganze Reihe zu raten. Es ist gut, wenn man zwei Freunde in
einer Stadt hat, wo es manchmal etwas zu bestellen gibt: Der eine be-
sorgt die wichtigen Angelegenheiten, und der andere das Zerbster Bier,
und so hat jeder in seinem Departement seine Aufträge. Sie richten sich
nun natürlicher Weise nach der Fähigkeit der Personen. Und nicht etwa
pp. … Daß ich böse bin, kannst du aus dem, was ich geschrieben habe,
schon sehen, und halb auch nicht, denn halb weiß ich es selbst nicht.
Ich bin nun in einer üblen, sehr üblen Laune. Jeden andern Tag würde
ich vielleicht anders geschrieben haben. Auch gut so. Was geschrieben
ist, ist geschrieben. Lebe wohl und liebe mich.

Zum ersten Mal finden wir in einem Brief Wolfgang Goethes an
Behrisch einen Ton von Enttäuschung und Bitterkeit. Er ist enttäuscht
darüber, daß Behrisch ihm *gar nichts* von sich selbst mitteilt. Demnach
muß es in Leipzig anders gewesen sein und ein gegenseitiger Austausch
über das, was sie bewegte, ein wirkliches Freundschaftsverhältnis bestanden haben.

So ist auch verständlich, daß sich Wolfgang Goethe darüber gekränkt fühlt, daß er für Behrisch Nebensächlichkeiten erledigen soll
(Zerbster Bier besorgen), während Langer anscheinend einen wichtigen
Auftrag erhalten hat, von dem er – als Behrischs Freund! – nicht einmal
zu erfahren bekommt, worum es sich dabei handelt. Obendrein bittet
Langer dann Wolfgang Goethe darum, er möge Behrisch mitteilen, daß
dieser geheimnisvolle Auftrag *Zeit erfordre.* – Man würde selbst gerne
wissen, worum es da gehen könnte – bis es einem nach einigem Nachdenken plötzlich wie Schuppen von den Augen fällt: Der Auftrag, den
Behrisch seinem Nachfolger hinterlassen hatte, könnte darin bestanden
haben, daß er sich des jungen Goethe annehmen solle.

Man findet diese Vermutung durch etliche schon bekannte Details
bestärkt: Behrisch hatte Wolfgang Goethe gebeten, Langer in seinem Namen bei Oeser für die Malakademie zu empfehlen. Damit wurde sogleich
eine Beziehung zwischen ihnen hergestellt, und sie mußten sich dort wö-

chentlich begegnen. Dennoch ist Wolfgang Goethe den Annäherungsversuchen und persönlichen Einladungen Langers sechs oder sieben Wochen lang ausgewichen, so daß sein Verhalten schon als unhöflich gelten mußte. Warum sollte sich Langer, ein 24-jähriger gestandener Mann, dennoch weiter um diesen sechs Jahre jüngeren, so abweisenden und ihm unbekannten Studenten bemühen und ihn schließlich mit Nachdruck zu sich in Auerbachshof einladen? – Goethe hat wohl nie erfahren, was der für mich evidente Grund dafür gewesen sein wird. In Dichtung und Wahrheit gibt er eine ganz andere Erklärung für Langers Interesse an ihm. Dieser hatte ja seine Stelle unter dem ausdrücklichen Gebot des Grafen von Lindenau angetreten, keinerlei Umgang mit Wolfgang Goethe zu pflegen. Er tat es dennoch, was Goethe so kommentiert: „Neugierig, ein so gefährliches Subjekt kennenzulernen, wußte er mich mehrmals am dritten Orte zu sehen." Vielleicht hatte ihm Langer das seinerzeit eingeredet. Aber sollte dessen angebliche „Neugier" auf das „gefährliche Subjekt" tatsächlich so groß gewesen sein, daß er aus diesem Grund die eben angetretene Stelle riskiert hätte? Es erscheint viel plausibler, daß Langer auf Bitten Behrischs bereit war, eine Art Obhut für dessen jungen Freund zu übernehmen. Diese Vermutung wird auch dadurch gestützt, daß Langer ein stark christlich geprägter Mensch war und sich dann, wie wir noch sehen werden, tasächlich für den Jüngeren engagierte.

Wolfgang Goethe ist schließlich Langers Einladung gefolgt, wie er Behrisch in seinem nächsten Brief mitteilt: *Ich bin bei Langer gewesen. Es mag ein guter Mann sein, und den Unterschied zwischen deinem und seinem Charakter zu fühlen, darf man nur die Art sehen, wie er deine Stube möbliert hat. Übrigens ist seine Wirtschaft recht gut eingerichtet.* – Er ist Langer allem Anschein nach auch durch diesen Besuch nicht nähergekommen. Es muß schmerzlich für ihn gewesen sein, die so vertrauten Räume in einer stark veränderten Ausstattung wiederzusehen. Behrischs Auszug war auch für ihn selbst eine *Art von Vertreibung* aus seinem *Zufluchtsort* durch den *Nachfolger* gewesen. Dagegen konnte dessen Aufgeschlossenheit nicht ankommen. Aber Langer war, wie Behrisch, ein Mann von Charakter. Er gab nicht so schnell auf. In den nächsten Monaten gewann er doch noch das Vertrauen Wolfgang Goethes, und er wurde zu seiner stärksten Stütze, als er sie besonders nötig hatte.

So war es Behrisch gelungen, seinem Schützling einen älteren Freund an die Seite zu geben, der ihn selbst bis zu einem gewissen Grad ersetzen konnte – jedoch nicht als Kritiker. Wolfgang Goethe gab Langer nichts von seinen literarischen Versuchen zu lesen. Er wußte wohl, daß sein *Critikus* für ihn unersetzlich war. Behrisch muß sich dagegen dessen bewußt gewesen sein, daß die in Leipzig so intensive Freundschaft (die ja von seiner Seite aus auch eine Betreuung war) nicht auf Dauer fortbestehen konnte. Zudem galt es nun für ihn, seiner neuen Verantwortung in Dessau gerecht zu werden und die einmalige Chance dort wahrzunehmen, um sich eine solide Existenz aufzubauen. Daher kam es jetzt darauf an, den so sehr auf ihn fixierten jungen Goethe allmählich aus der engen Bindung zu lösen, ohne daß er darüber verzweifelte. – Das Schicksal hat es mit Goethe auch darin gut gemeint, daß es ihn immer wieder Freunde finden ließ, mit denen ihn neben der Sympathie auch oder vor allem sein künstlerisches Streben verband. Durch sie fühlte er sich angeregt, und in seinen jungen Jahren dichtete er eigentlich nur für sie. Meistens waren sie deutlich älter als er; von ihnen konnte er mehr lernen als von Gleichaltrigen. Wolfgang Behrisch war der erste dieser wichtigen älteren Freunde in seinem Leben.

Den Brief vom 4. Dezember, in dem er Behrisch wissen ließ, daß er ihm *böse* sei, beendete Wolfgang Goethe mit dem Gruß, den er in seinen Briefen aus Leipzig nur einmal sonst, gegenüber Riese, verwendet hatte: *Lebe wohl und liebe mich.* – Behrisch hatte die Botschaft verstanden, wie wir indirekt durch den nächsten Brief Wolfgang Goethes an ihn vom Dienstag (einem zweiten Posttag), dem 15. Dezember, gleich zu Beginn erfahren: *Das war nun doch einmal ein vernünftiger Brief, und der erste gescheite, den ich von dir gekriegt habe. Ich will dir auch antworten, weil ich in guter Laune bin, und das Wetter ist jetzt recht sehr veränderlich. Daß dir's wohl geht, ist mir lieb; es könnte zwar besser sein, aber bei wem könnte es nicht besser sein? … Du brauchst mir nun so bald nicht zu antworten; wenn du Zeit haben wirst, wird es gut sein.*

Behrisch scheint in seiner Antwort den richtigen Ton getroffen zu haben, um den Freund zu besänftigen und sein Einverständnis dafür zu gewinnen, daß er nun seltener Post aus Dessau erhalten werde. Wolfgang Goethe hält seinen Brief trotz der momentan *guten Laune* ungewöhnlich kurz. Er bedauert, daß Behrisch kaum Anmerkungen zu seinem Gedicht *Der wahre Genuß* gemacht hatte: *Du weißt ja, daß sie mir immer lieb sind.* Allerdings beharrt er gegen Behrischs Wunsch darauf, das Wort „Fürst" nicht durch einen neutralen Ausdruck zu ersetzen. Er lehnt dies als *übertriebene Delicatesse* von Behrisch ab, der verständlicherweise befürchtete, man könnte bei einer Veröffentlichung das Gedicht auf seinen Fürsten und dessen Affäre mit dem bürgerlichen Mädchen beziehen.

Gegen Ende des Jahres 1767 beginnt die Intensität des Briefwechsels nachzulassen. Erst kurz vor Weihnachten schreibt Wolfgang Goethe an Behrisch: *Du kriegst heute wieder einen kleinen Brief, doch besser einen kleinen als gar keinen. Der zweite Feiertag wird durch die zweitmalige Vorstellung der* MINNA *verklärt werden. Darauf wird Ball sein, und das alles bei Obermanns. Ich wünschte dich herüber, es ist doch immer drollig genug. Herr Langer hat mich um ein Billett gebeten, ich kann ihm aber keins schaffen, denn es ist nicht darauf angelegt. Es werden viele Zuschauer dasein, und unseres Tellheims letzter Tag ist angebrochen; er ist sterblich in seine Minna verliebt, Gott helf' ihm aus dieser Not. ... Gott segne dich.* – Der Freund Adam Horn muß um seine Constanze leiden, Behrisch ist nur durch Segenswünsche zu erreichen, und über Annette hören wir gar nichts. Das sind keine guten Wetteraussichten zum Jahresende! – Es wird Mitte März, bis Wolfgang Goethe wieder an Behrisch schreibt, und da auch andere Briefe oder sonstige Dokumente für die Zeit dazwischen fehlen, erfahren wir nichts über die Wintermonate. Nur eines dürfen wir als gewiß annehmen: Wolfgang Goethe muß in ihnen gedichtet haben, am Abschluß seines Schäferspiels und vermutlich auch an neuen Gedichten.

Doch wie stand es um seine Beziehung zu Annette? Nachdem er nicht mehr Behrisch als stets erreichbaren Freund aufsuchen und ihm jetzt auch nicht mehr wöchentlich in Briefen sein Herz ausschütten, seine Dichtungen zusenden und ihn um Rat fragen konnte, mußte sie der Mensch sein, von dem alles für sein Befinden abhing. Das könnte eine Belastung für ihr Verhältnis gewesen sein, zumal Annette wegen ihrer Pflichten nur begrenzt Zeit für ihn hatte.

Behrisch hatte auf den letzten kurzen Brief Wolfgang Goethes lange nicht geantwortet, und dessen Stolz ließ es nicht zu, ohne eine Antwort Behrischs erneut an ihn zu schreiben. – Anfang März brach er mitten im Semester zu einem zwölftägigen Besuch nach Dresden auf. Es war dies die einzige größere Reise, die er von Leipzig aus unternahm. (Sie beanspruchte für die etwa 120 km rund 24 Stunden in der Kutsche.) Der Hauptzweck dieser Reise bestand darin, die berühmte Gemäldegalerie kennenzulernen, von der ihm Oeser schon viel erzählt hatte. Ihr widmete er den größten Teil seiner Zeit dort. Außerdem besuchte er in

Dresden zwei Brüder Behrischs und versuchte, dessen potentielle Braut Auguste aufzuspüren. – Als er nach Leipzig zurückkam, erreichte ihn endlich ein Brief von Wolfgang Behrisch, auf den er unter dem Datum *März 1768* antwortete:

Wenn dir an einem Brief von mir etwas gelegen war, so tatest du wohl, zu schreiben, denn du hättest gewiß lange warten sollen … Nicht wahr, das hättest du nie vermutet, ich bin in Dresden gewesen, auf zwölf Tage, die Galerie zu sehen; die habe ich gesehen, was man gesehen heißt. Deine Brüder sind wohl und haben mich wohl bewirtet. Dresden ist ein Ort, der herrlich ist …
Viel Jammer und Mühe kostete es mich, Augusten auszufragen [zu suchen], und nach vieler Mühe erfuhr ich, daß sie fort war; das war dumm. – Könnte man nicht erfahren, wer das alberne Heiratsprojekt ausgedacht hat und was das für ein jämmerlicher Ton ist, in dem du mit Augusten stehst?
‚Was macht Annette?‘ – Ei, ei! Gibt's eine Annette in der Welt? Weißt du's auch noch? Ich dächte, du hättest es längst vergessen; wenigstens hast du in gut drei Monaten nichts nach ihr gefragt, und ich bin auch so höflich gewesen, dir nichts von ihr zu schreiben.
Gut, wenn du wissen willst, wie es mit uns steht, so wisse: Wir lieben einander mehr als jemals, obgleich wir einander seltner sehen. Ich habe den Sieg über mich erhalten, sie nicht zu sehen, und nun dacht' ich, gewonnen zu haben, aber ich bin elender als vorher; ich fühle, daß die Liebe sich selbst in der Abwesenheit erhalten wird. Ich kann leben, ohne sie zu sehen, nie, ohne sie zu lieben. Allen Verdruß, den wir zusammen haben, mache ich. Sie ist ein Engel, und ich bin ein Narr.
Höre, Behrisch, ich kann, ich will das Mädchen nie verlassen, und doch muß ich fort, doch will ich fort. Aber sie soll nicht unglücklich sein. Wenn sie meiner w e r t h bleibt, wie sie's jetzt ist! Behrisch! Sie soll glücklich sein. Und doch werd' ich so grausam sein und ihr alle Hoffnung benehmen. Das muß ich. Denn wer einem Mädchen Hoffnung macht, der verspricht. Kann sie einen rechtschaffnen Mann kriegen, kann sie ohne mich glücklich leben, wie fröhlich will ich sein! Ich weiß, was ich ihr schuldig bin; meine Hand und m e i n Vermögen gehört ihr, sie soll alles haben, was ich ihr geben k a n n. Fluch sei auf dem, der sich versorgt, ehe das Mädchen versorgt ist, das er e l e n d gemacht hat. Sie soll nie die Schmerzen fühlen, mich in den Armen einer andern zu sehen, bis ich

die Schmerzen gefühlt habe, sie in den Armen eines andern zu sehen,
und vielleicht will ich sie auch da mit dieser schrecklichen Empfindung
verschonen. Es ist sehr verworren, was ich geschrieben habe, aber du
magst dich herausdenken. Du kennst mich.

Es scheint in der Tat verworren, was Wolfgang Goethe fühlt, erlebt,
denkt und schreibt. Er hält sich deshalb selbst für einen Narren. Denn
es ist ein Widerspruch in sich, wenn er schreibt: *Ich kann, ich will das*
Mädchen nie verlassen, und doch muß ich fort, will ich fort. – Wie soll
das zusammenpassen? Es paßt nicht zusammen. Und doch erlebt er
diese beiden widersprüchlichen Antriebe als innerste Notwendigkeiten;
er wirkt dabei glaubwürdig und wahrhaftig sich selbst und Behrisch
gegenüber. Er steht hier vor einer ausweglosen Situation, vor der Un-
möglichkeit, eine richtige Entscheidung zu treffen, und er hat keine Vorstellung davon, wohin dies führen soll.

Was seine Beziehung zu Behrisch anbetrifft, so ist zu Beginn des
Briefes die Enttäuschung über dessen langes Schweigen nicht zu über-
hören. Ein bitterer Ton bricht durch, wenn Wolfgang Goethe fragt: *Ei,*
ei! Gibt's eine Annette in der Welt? Doch beim Schreiben stellt sich die
alte Vertrautheit wieder ein, und am Ende lesen wir seine öfters verwendete Formel für diese Vertrautheit: *Du kennst mich.* – So kann er
sich am Schluß auch noch mit ein paar Sätzen an Behrisch als seinen
literarischen Berater wenden: *Schicke mir doch mein Büchlein* ANNETTE
mit der nächsten Post. Du brauchst es doch nicht, und ich habe wieder
an den Gedichten geändert und neue gemacht. Streiche in dem Gedicht
‚Der wahre Genuß' das strittige Wort [Fürst] aus und setze ‚Freund'
dafür. – Mein Schäferspiel hat schreckliche Korrekturen gelitten, und ist
seiner Endigung nah. Du sollst's auch haben. Wenn du geschickt bist,
sollst du bald wieder einen Brief kriegen. Adieu.

Anscheinend war Behrisch nicht *geschickt*, d.h. seine Antwort ließ
abermals lange auf sich warten. Erst am 26. April 1768 schrieb ihm
Wolfgang Goethe wieder, seinen letzten längeren Brief an ihn. Man liest
ihn nicht ohne Bewegung:

Lange nicht geschrieben, Behrisch, lange nicht, und doch ebenderselbe,
der ich war. Siehe, ich hab dich noch so lieb, als ich dich hatte, und
Netten noch so lieb, als ich sie hatte, mehr noch beide, wenn ich die
Wahrheit sagen soll, denn stärker ist eine Leidenschaft, wenn sie ruhiger

ist, und so ist meine. O Behrisch, ich habe angefangen zu leben! Daß ich dir alles erzählen könnte! Ich kann nicht, es würde mich zu viel kosten. Genug sei dir's, Nette, ich, wir haben uns getrennt, wir sind glücklich. Es war Arbeit, aber nun sitz ich wie Herkules, der alles getan hat, und betrachte die glorreiche Arbeit umher. Es war ein schrecklicher Zeitpunkt bis zur Erklärung, aber sie kam, die Erklärung, und nun – nun kenn ich erst das Leben. Sie ist das beste, liebenswürdigste Mädchen; nun kann ich dir schwören, daß ich nie aufhören werde, das für sie zu fühlen, was das Glück meines Lebens macht, das zu denken, was ich dir neulich geschrieben, und das zu wollen. Behrisch, wir leben in dem angenehmsten freundschaftlichen Umgang, wie du und sie; keine Vertraulichkeit mehr, nicht ein Wort von Liebe mehr, und so vergnügt, so glücklich, Behrisch, sie ist ein Engel. Es sind heute zwei Jahre, daß ich ihr zum erstenmal sagte, daß ich sie liebte. Zwei Jahre, Behrisch, und noch. Wir haben mit der Liebe angefangen und hören mit der Freundschaft auf. Doch nicht ich. Ich liebe sie noch, so sehr, Gott, so sehr. O daß du hier wärest, daß du mich trösten, daß du mich lieben könntest! Ich käme gern zu dir, recht gerne; aber deine Umstände, sie sind nicht vorteilhaft für Freunde, die dich besuchen wollen. – Da hast du eine Landschaft [eine eigenhändige Rötelzeichnung], *das erste Denkmal meines Namens, und der erste Versuch in dieser Kunst …*

Da hast du das Lustspiel, du wirst es kaum mehr kennen. Horn will, ich soll nichts mehr dran korrigieren, aus Furcht, es zu verderben, und er hat fast recht. Es mag gut sein, es fehlt nur noch ein Auftritt daran, der siebente, der nicht fertig ist. Schreibe bald deine Gedanken … – Adieu.

So war denn der Knoten gelöst, und es war Annette gewesen, wie Goethe in DICHTUNG UND WAHRHEIT berichtet, die die Kraft aufgebracht hatte, das immer quälender werdende Liebesverhältnis zu beenden. „Weil sie mich wirklich von Herzen liebte", liest man dort, habe sie „mit unglaublicher Geduld", lange seine „Eifersüchteleien" und seine „willkürlichen Grillen" ertragen. Aber schließlich habe sich „ihr Gemüt von mir entfernt". Goethe rechnet in seiner Autobiographie mit sich selbst in noch drastischeren Selbstvorwürfen ab. Aber damit tut er in seinem keineswegs milden Altersrückblick auf sich selbst dem jungen Wolfgang Goethe Unrecht. Wohl niemand fand ihn damals in Leipzig so unausstehlich wie er sich selbst. Da scheint der Satz, mit dem er seinen „Werther-Brief" beendete, zutreffender: *Es ist wahr, ich bin ein großer Narr, aber*

auch ein guter Junge, Annette meint's, meinst du es nicht auch? – Weil
Annette das anscheinend immer noch meinte, brach sie die Beziehung
auch nicht auf eine verletzende Weise ab, sondern sie wandelte sie auf
eine kluge und taktvolle Art in eine Freundschaft um. – Wolfgang Goethe scheint in seinem Brief über diese Lösung erleichtert zu sein; die
Last der Verantwortung für Annettes Zukunft ist von ihm genommen,
und er hat *angefangen zu leben!* – Andererseits klagt er, daß er sie *noch
so sehr* liebe. Er wird an dieser Trennung länger und wohl tiefer leiden
als bei mancher Trennung in seinem späteren Leben, denn er trauert um
den Verlust seiner unwiederbringlichen ersten Liebe.

Als diese Liebe begonnen hatte, zwei Jahre zuvor, da hielt Wolfgang Goethe eine dauerhafte Bindung zuerst für ausgeschlossen, denn
der Vater würde sie nicht akzeptieren, und ein Sechzehnjähriger will
auch nicht gleich ans Heiraten denken, wenn er zum ersten Mal ein
Mädchen küßt. Eine 19-jährige junge Frau empfand das damals ganz
anders. Sie wußte, daß es in der Regel nur eine relativ kurze Spanne
von Jahren gab, in der ein Mann sie heiraten würde. So mußte die
Frage nach der Zukunft bald, wenn auch zunächst wahrscheinlich un-
ausgesprochen, die Gedanken der beiden Liebenden beschäftigt haben. Irgendwann entstanden aus der gewachsenen Vertrautheit dann
Hoffnungen auf ein gemeinsames künftiges Glück und Gespräche darüber. – In einem Gedicht, das Wolfgang Goethe im Frühjahr 1768,
bald nach der Trennung von Annette, geschrieben haben muß, findet
sich (zwischen einigen hier weggelassenen Rokoko-Elementen über ge-
raubte Küsse und die Vergänglichkeit des Glücks) ein Rückblick auf
die Zeit ihrer gemeinsamen Hoffnungen. Diese sechs Verse umfassen in
ihrer schlichten Sprache die ganze Geschichte von Liebe und Leid mit
einem ergreifenden Ernst:

AN ANNETTEN

Du hast uns oft im Traum gesehen
Zusammen zum Altare gehen,
Und dich als Frau, und mich als Mann …
…
Sie sind, die süß verträumten Stunden,
Die durchgeküßten sind verschwunden,
Wir wünschen traurig sie zurück …

Das Gedicht trug über der Widmung *An Annetten* den Titel *Das Glück*, obwohl es eigentlich *Verlorenes Glück* heißen müßte. – Die anfängliche Erleichterung Wolfgang Goethes über die Umwandlung ihrer Liebesbeziehung in eine Freundschaft war nur von kurzer Dauer. Zu sehr hing sein Herz an Annette. Er versuchte, das ihre wiederzugewinnen – vergebens.

Wir kennen die Gründe nicht, warum sie seinem erneuten Werben widerstand; aber sie lassen sich denken. Nahezu zwei Jahre lang war sie die Freundin dieses um drei Jahre jüngeren Studenten gewesen, zuerst im geheimen, später vielleicht mit Wissen ihrer Eltern. Obwohl er sie immer wieder einmal mit seiner Eifersucht quälte oder auch „mit willkürlichen und tyrannischen Grillen", wie es in Dichtung und Wahrheit heißt, hielt sie lange zu ihm, weil sie ihn „wirklich von Herzen liebte". Irgendwann wird sie eingesehen haben, daß dieser so liebenswerte und zugleich in seinen Stimmungen wechselhafte und auch noch unreife Junge keine Gewähr für eine solide Ehe bieten konnte. Als er gar noch ihren Vorschlag, die Beziehung in eine Freundschaft umzuwandeln, erleichtert aufgenommen hatte, muß ihr klar gewesen sein, daß ihr Vorschlag einer Trennung richtig war. Sie hatte offensichtlich die Stärke, ihrer realistischen Einsicht entsprechend zu handeln und der erneuten Werbung und Verlockung nicht nachzugeben. Leicht wird es ihr nicht gefallen sein. – Wolfgang Goethe mußte allmählich begreifen, daß er Annette wirklich verloren hatte. Und er liebte sie um so heftiger.

Das Gedicht *Das Glück* war eines von zehn Gedichten, die Wolfgang Goethe am Ende seines letzten Jahres in Leipzig zu einem kleinen Bändchen zusammenstellte und für Friederike Oeser abschreiben ließ. Das Bändchen trug den Titel Lieder mit Melodien – *Mademoiselle Friederiken Oeser gewidmet von Goethen*. Die Melodien zu den Gedichten stammten von dem befreundeten Bernhard Theodor Breitkopf. Diese Sammlung überreichte Wolfgang Goethe bei seinem Abschied Friederike, mit der ihn im letzten halben Jahr ein näheres freundschaftliches Verhältnis verbunden hatte. – Bis auf eine Ausnahme wurden diese Gedichte, zum Teil in etwas überarbeiteter Form und um weitere Gedichte vermehrt, in Wolfgang Goethes ersten gedruckten Gedichtband übernommen. Er erschien 1769 in Leipzig unter dem Titel Neue Lieder – *in Melodien gesetzt von Bernhard Theodor Breitkopf*. Der Name Goethe kommt im ganzen Band nirgends vor, obwohl er der Autor aller zwanzig Gedichte bzw. Lieder war.

Dieser Band, dessen letzten Gedichte erst später in Frankfurt entstanden waren, enthält gewissermaßen die lyrische Ernte von Wolfgang Goethes letztem Jahr in Leipzig. Das dichterische Genie Goethes ist hier, anders als in den *Oden* und in den Briefen an Behrisch, noch kaum zu erkennen; nur in einigen wenigen Versen und vereinzelten Strophen erklingt tatsächlich etwas Neues, in die Zukunft Weisendes. Doch überwiegend bleiben die Gedichte auch im dritten Leipziger Jahr noch dem Stil der deutschen Rokoko-Lyrik verpflichtet. Das ist nicht verwunderlich. Als Wolfgang Goethe in der Zeit vor dem Beginn seines Studiums über einen „ganz anderen Lebensplan" als den vom Vater ersonnenen nachdachte, strebte er danach, ein Dichter zu werden, wenn er auch noch seinen „Produktionen nicht recht traute". Doch blieb es, fährt Goethe in DICHTUNG UND WAHRHEIT fort, „meine innere Überzeugung, daß es nach und nach immer besser werden müßte, und daß ich wohl einmal neben Hagedorn, Gellert und anderen solchen Männern mit Ehre dürfte genannt werden". – Hier ist gesagt, wonach er damals strebte: nicht danach, ein origineller Neuerer zu werden, sondern sich neben den von ihm bewunderten Vorbildern einzureihen. Friedrich von Hagedorn (1708–1754) galt damals wie Gellert als einer der bedeutendsten deutschen Dichter seiner Epoche. Nach solchem Ruhm trachtete Wolfgang Goethe. Wie ihm Behrischs Lob seiner *Annette*-Lieder bestätigt hatte, konnte er sich mit diesen Liedern sehen lassen und hätte auch vor Gellerts Urteil bestehen können. Er traute sich zu, durch weitere Fortschritte auf dem eingeschlagenen Weg seinem Ziel näherzukommen.

Aber es konnte geschehen, daß Erlebnisse und Phantasie ihm neue Bilder eingaben und daß sein Sinn für Sprache und Klänge ihn Verse finden ließ, die ganz neu waren in ihrer Melodik. Ein wunderbares Beispiel hierfür ist die folgende Strophe. Sie entstand wohl aus einem Erleben der Natur in der Nachfolge Rousseaus, als das Baden im Freien entdeckt wurde (was in der Umgebung Leipzigs in eher seichten Gewässern zu genießen war):

Auf Kieseln im Bache, da lieg ich, wie helle,
Verbreite die Arme der kommenden Welle,
Und buhlerisch drückt sie die sehnende Brust.
Dann trägt sie ihr Leichtsinn im Strome darnieder,
Schon naht sich die zweite und streichelt mich wieder.
Da fühl ich die Freuden der wechselnden Lust.

Es dürfte zuvor kaum Verse in deutscher Sprache gegeben haben, die das ganz kreatürliche Erleben und Genießen im fließenden Element Wasser ähnlich lebendig und klangvoll besungen haben. – Aber so sehr uns diese Verse auch heute noch ansprechen, für sich allein entsprachen sie keineswegs der damaligen Vorstellung eines gelungenen Gedichtes. Ein solches mußte das Gesellschaftsspiel geistreich-pointierten Witzes bedienen. Nicht persönliches Erleben interessierte, sondern eine neue Variante des erdichteten epikureischen Lebensgenusses, über die man sich gemeinsam amüsieren konnte. Solchen Erwartungen entsprach die etwas altkluge zweite Strophe, die hier nicht aus Gründen der Qualität, sondern als typisch für den Zeitgeist zitiert wird. Das ganze Gedicht erhielt den Titel *Unbeständigkeit*.

> *O Jüngling, sei weise, verwein' nicht vergebens*
> *Die fröhlichsten Stunden des traurigen Lebens,*
> *Wenn flatterhaft je dich ein Mädchen vergißt.*
> *Geh, ruf sie zurücke, die vorigen Zeiten,*
> *Es küßt sich so süße der Busen der Zweiten,*
> *Als kaum sich der Busen der Ersten geküßt.*

Freilich könnte diese Strophe auch schon unter dem Eindruck der Abwendung Annettes entstanden sein, in dem Bemühen, den Verlust des *Mädchens* im Gewand des lockeren Rokoko forsch zu überspielen.

Wenn man in dem Band NEUE LIEDER nach neuen, in die Zukunft weisenden Elementen der Lyrik sucht, fällt vor allem das Gedicht *Die Nacht* auf. Es wurde deshalb auch häufig und zum Teil kontrovers interpretiert. Darauf möchte ich hier nicht eingehen, sondern die Verse für sich sprechen lassen – wobei ich mir erlaube, den Ballast der epigrammatischen Schlußverse, die den ganzen Zauber der schönen Nacht in einer wenig originellen Pointe zerstören, in den Anhang zu verbannen.

> *Die Nacht*

> *Gern verlaß ich diese Hütte,*
> *Meiner Liebsten Aufenthalt,*
> *Wandle mit verhülltem Tritte*
> *Durch den ausgestorbnen Wald.*

Luna bricht die Nacht der Eichen,
Zephirs melden ihren Lauf,
Und die Birken streun mit Neigen
Ihr den süßten Weihrauch auf.

Schauer, der das Herze fühlen,
Der die Seele schmelzen macht,
Flüstert durchs Gebüsch im Kühlen,
Welche süße, schöne Nacht!

Eine solch innige Verschmelzung von erfühlter Natur und seelischer Bewegung des Ich gab es in der deutschen Lyrik zuvor nicht. Man wird ihr erst in den Sesenheimer Gedichten Goethes von 1771 wieder begegnen. In der Liebe zu Friederike Brion gelang ihm der endgültige Durchbruch zu einer sich unmittelbar aussprechenden „Erlebnis-Lyrik", die sich ganz dem innersten Erleben überläßt und die rokokohaft-spielerische, nicht so ganz ernstgemeinte Liebespoesie hinter sich läßt.

Oesers Landhaus in Dölitz, Ausschnitt aus der Tonlithographie „Leipzig zu Goethes Studienzeit 1765–1768" (1849)

Warum, so kann man sich fragen, gelang dies Wolfgang Goethe noch nicht in Leipzig? Warum schrieb er keine Liebesgedichte für Annette, in denen er seine Liebe unmittelbar, losgelöst von Rokoko-Konventionen, ausspricht? Er wäre dazu, wie ich meine, imstande gewesen. Die Oden an Behrisch (als Abschiedsgedicht ein Sonderfall) und das Gedicht *Die Nacht* sprechen dafür. – Aber sein Bemühen, es den maßgebenden Vorbildern gleichzutun, hinderte ihn noch daran, sich in einer ganz eigenständigen lyrischen Sprache zu äußern. In den Briefen, die er an Behrisch schrieb, fand er hingegen das Medium, dem er mit immer größerer Sicherheit die Sprache seines Herzens anvertrauen konnte. – Was liegt näher als die oben schon erwähnte Vermutung, daß er solche Briefen auch an Annette geschrieben haben wird?! Annette war viel beschäftigt und nur selten allein anzutreffen; so wird er ihr aus der Fülle seiner leidenschaftlichen Gefühle und Gedanken Liebesbriefe geschrieben haben – anders kann man sich das kaum vorstellen –, um sich in ihnen rückhaltlos aussprechen und stets von neuem um das geliebte Mädchen werben zu können.

In der Theatralischen Sendung lesen wir, daß der junge Wilhelm Meister im Gespräch mit Mariane, seiner ersten Liebe, darunter litt, daß er *nie große Worte genug finden* [konnte], *um das, was er fühlte, auszudrücken … Deshalb schrieb er Liebesbriefe an sie: Das Schreiben half ihm aus dieser Verlegenheit; denn wie wir einem abwesenden Geliebten eine herrliche Gestalt zu geben gewohnt sind, so finden wir auch nichts Ungereimtes in einem erhöhten Ausdruck unsrer Gefühle … –* Warum sollte es sich bei dem jungen Poeten Wolfgang Goethe nicht ebenso verhalten haben wie beim fiktiven Wilhelm Meister? Dies ist zumindest wahrscheinlicher als das Gegenteil, und es wäre eine weitere Erklärung dafür, warum es ihn in Leipzig nicht drängte, „Erlebnis-Gedichte" für Annette zu schreiben. – Da es außer der einen frühen Bemerkung über ihre „geheime Korrespondenz" keinerlei Spuren von Briefen Wolfgang Goethes an sie während seiner Zeit in Leipzig gibt, bleiben dies allerdings Vermutungen. So sind die Herzensergießungen über Annette in den Briefen an Behrisch, auch wenn sie in manchen Passagen einen *erhöhten Ausdruck* [seiner] *Gefühle* darstellen mögen, für uns die sichersten und unmittelbarsten Zeugnisse von Wolfgang Goethes erster Liebe.

In die Katastrophe

An Annettes verändertem Verhalten mußte Wolfgang Goethe bei jeder Begegnung erkennen, daß in seiner Beziehung zu ihr etwas unwiederbringlich verlorengegangen war. *Keine Vertraulichkeit mehr, kein Wort der Liebe ...*, hatte er im schon zitierten Brief vom 26. April berichtet und ein paar Zeilen später geklagt: *Ich liebe sie noch so sehr, Gott, so sehr.* – Doch schreibt er in diesem Brief nicht nur von seinen Gefühlen für Annette, sondern auch von dem, was er für den fernen Freund empfindet: *Siehe, ich hab dich noch so lieb, als ich dich hatte, und Netten noch so lieb, als ich sie hatte, mehr noch beide, wenn ich die Wahrheit sagen soll ...* Etwas später fügt er dem hinzu: *O daß du hier wärest, daß du mich trösten, daß du mich lieben könntest. Ich käme gern zu dir, recht gerne; aber deine Umstände, sie sind nicht vorteilhaft für Freunde, die dich besuchen wollen ...* – Nur mühsam verbirgt er hinter dieser gestelzten Formulierung, daß er Behrisch indirekt noch einmal um die Erlaubnis bittet, ihn in Dessau besuchen zu dürfen.

Er hatte noch nicht bemerkt, daß sich auch in ihrer Beziehung etwas verändert hatte. Behrisch hatte anfänglich seine wöchentlichen Briefe regelmäßig beantwortet, zwei Monate lang bis Mitte Dezember 1767, sich dann aber, wie schon berichtet, wegen seiner Dessauer Pflichten größere Abstände erbeten. Als er sich mit den beiden nächsten Briefen zunächst drei volle Monate und – trotz einer vorsichtigen Bitte – wieder einen Monat lang Zeit ließ, waren dies deutliche Signale: Behrisch wollte sich aus der intensiven Anhänglichkeit seines jungen Freundes lösen (vielleicht, um ihn zu mehr Selbständigkeit zu veranlassen oder um ihm eine Beziehung zu Langer zu erleichtern). Zweierlei scheint er dabei unterschätzt zu haben: zum einen, wie sehr Wolfgang Goethe an ihm hing und sich als Freund im vollen Sinn des Wortes fühlte, als gleichrangig trotz des Altersunterschiedes, wie seine drei Oden deutlich zeigen. Zum andern unterschätzte er seinen Stolz.

Wolfgang Goethes nächster Brief an Behrisch trägt das Datum *Mai 1768*. Er lautet, bis auf ein verzichtbares lateinisches Zitat, ungekürzt:

Da hast du die Lieder [Rücksendung des Bandes ANNETTE?]; *ich konnte sie dir unmöglich früher schicken.*

Hiermit benachrichtige ich dich zugleich, daß du das Clavier behalten kannst; möge es sich wohl halten und dir manchesmal eine Erinnerung meiner sein.

Ferner sende ich dir drei meiner neuesten Lieder. Wenn du mit ihnen zufrieden bist, so laß sie von deinem großen Meister komponieren ... Ein Compliment von Netten. Horn wird täglich unsinniger. Und ich gehe nun täglich mehr Bergunter. Drei Monate noch, Behrisch, und darnach ist's aus. Gute Nacht, ich mag davon nichts wissen.

Ein erschreckender Brief! Wie so völlig anders klingt er als der letzte vom 26. April, aber auch als alle vorhergehenden! In ihnen schrieb ein junger Mensch voller Gefühl, erzählte von seinem Leben, mitteilungsbedürftig und Anteil erwartend, getragen von Zuversicht und von der inneren Nähe zum Freund. Doch jetzt, wenige Wochen später: Karge Mitteilungen, eine sachliche Benachrichtigung über das Klavier, mit dem eigenartigen Zusatz *möge es ... dir manchesmal eine Erinnerung meiner sein.* Ein Gruß von Annette. Am Ende die Andeutung einer persönlichen Katastrophe. – Wie erklärt sich die geradezu bestürzende Veränderung in Ton und Stil dieses ungewohnt kurzen Briefes? Er klingt wie ein Abschiedsbrief. Tatsächlich w a r es ein Abschiedsbrief an Behrisch. Für die nächsten Jahre gibt es nicht den geringsten Hinweis auf einen Kontakt zu ihm, bis zum 6. Mai 1774, als Goethe ihn über Langer *von seinem ehmaligen Jonathan* grüßen läßt.

Wie kam es zu diesem unerwarteten Ende der Beziehung? – Es gibt nach meiner Kenntnis keine überlieferten Hinweise hierzu, und es scheint auch noch niemand danach gefragt zu haben. Bei der großen Bedeutung, die Behrisch für Wolfgang Goethe in seiner Leipziger Zeit zweifellos hatte, darf man dieser Frage jedoch nicht ausweichen. – Seine starke Zuneigung für Behrisch und seine große Solidarität mit ihm sprechen dagegen, daß irgendeine Einwirkung aus dem Leipziger Umfeld zu dem Bruch geführt haben könnte. So deutet alles darauf hin, daß Behrischs Antwort auf den Brief vom 26. April 1768 das Ende der bisher so engen Beziehung ausgelöst haben muß. Dieser Brief Behrischs existiert nicht mehr, weil Goethe ihn wie unzählige andere Briefe aus seinen ersten Jahrzehnten vernichtet hat. Doch es lassen sich aus seinen eigenen Briefen an Behrisch manche Rückschlüsse ziehen:

Behrischs nachlassende Anteilnahme an seinem Leben hatte, wie erwähnt, in Wolfgang Goethes Brief vom März 1768 zu der enttäuschten Bemerkung geführt: *Ei, ei! Gibt's eine Annette in der Welt? ... wenigstens hast du in drei guten Monaten nichts nach ihr gefragt.* Eingeleitet hatte er diesen Brief mit dem Satz: *Wenn dir an einem Briefe von mir etwas gelegen war, so tatest du wohl zu schreiben, denn du hättest gewiß lang warten sollen.* – Sein vorangehender Brief an Behrisch aus dem April, in dem er seine Liebe zu dem Freund offen aussprach und die halb versteckte Bitte, ihn besuchen zu dürfen, äußerte, waren Ausdruck dafür, daß er an ihrer Freundschaft in der ursprünglichen Form festhalten wollte. Es muß ihm jedoch – so meine Vermutung – durch Behrischs Antwort auf diesen Brief klargeworden sein, wie es wirklich um ihre Beziehung stand. Vielleicht hat ihm Behrisch offen zu verstehen gegeben, daß er nun sein Leben ohne ihn bewältigen müsse. Ebenso wäre denkbar, daß er auf die Erwartungen des jungen Freundes bloß ausweichend reagiert hat und diesem plötzlich bewußt wurde, daß Behrisch nicht mit der gleichen Unbedingtheit zu ihm stand, die für ihn selbst das Maß seiner Freundschaft war.

So, wie er sich mit der Hochherzigkeit eines 18-Jährigen ganz für diesen Freund eingesetzt hätte – die dritte *Ode an meinen Freund* ist von diesem Gedanken getragen –, muß er das gleiche von ihm erwartet haben. Eine reduzierte Art von Freundschaft nach der bisherigen rückhaltlosen Vertrautheit war für ihn nicht vorstellbar und nicht zu akzeptieren. Behrisch hatte gewiß nichts wirklich Kränkendes geschrieben, denn sonst hätte er nicht mehr die drei *neuesten Lieder* zugeschickt erhalten. Dennoch kann man annehmen, daß er Wolfgang Goethe in seinem Stolz verletzt hatte. Vielleicht allein dadurch, daß er auf dessen sehr emotionale Äußerung: *Ich hab dich noch so lieb, als ich dich hatte, ... mehr noch ...* nicht eingegangen war. Nachdem Wolfgang Goethe begriffen hatte, daß sich ihre Freundschaft nicht auf der ursprünglichen Höhe erhalten ließ, gab er sie ganz auf, sofort und rigoros. – Auch in seinem späteren Leben hat Goethe Freundschaftsbeziehungen, die an ihr inneres Ende gelangt waren, nicht fortzusetzen oder wieder aufzunehmen versucht. Abgelebtes wurde abgestreift, ohne Sentimentalität.

Er reagierte in seinem letzten Brief an Behrisch konsequent und mit Stil. Kein Wort der Klage mehr; sachlich, keineswegs unfreundlich ist dieser Abschiedsbrief abgefaßt. Zwar legt er ihm noch die drei *neuesten Lieder* bei (einen kleinen Gedicht-Zyklus), die Behrisch bei seinem *großen Meister* (damit ist der Dessauer Komponist F. W. Rust gemeint) komponieren lassen könne. Aber es fehlt die bisher übliche Bitte: *Schreibe bald deine Gedanken.* Da er sich vom Freund verlassen fühlte, gab es auch den *Critikus* nicht mehr für ihn.

Der Verlust seines ersten engen Freundes muß Wolfgang Goethe nicht nur tief getroffen haben, er kam auch zum allerschlechtesten Zeitpunkt. Er litt noch sehr unter dem Verlust Annettes. Mit seinem heillos verliebten Frankfurter Jugendfreund Adam Horn war in jenen Tagen nichts anzufangen: *Horn wird täglich unsinniger.* Und ein weiterer Verlust stand bevor, der Verlust des freien, unabhängigen Lebens in Leipzig, das eben kein „Kerker" und auch kein „Sumpf" war, sondern eine von kulturellem Leben pulsierende, offene Stadt, in der sich Wolfgang Goethe inzwischen auskannte und zu bewegen wußte wie der Fisch im Wasser. Vor dem Gedanken an eine Rückkehr in das enge, reichsstädtisch-altfränkische Frankfurt, wo alles seit Jahrhunderten seinen festen Platz hatte, muß ihm gegraut haben. – Vielleicht beunruhigten ihn auch Anzeichen von Krankheit.

Das Ende dieses Briefes liest sich wie die Ankündigung eines unausweichlichen Verhängnisses: *Und ich gehe nun täglich mehr Bergunter. Drei Monate noch, Behrisch, und darnach ist's aus. Gute Nacht, ich mag davon nichts wissen.* – Diese Sätze wirken wie die letzten Zeilen eines Menschen, für den es keine Zukunft mehr gibt. Was droht ihm nach den beiden Schicksalsschlägen, dem Verlust Annettes und dem Verlust des ebenso unentbehrlichen Freundes, als nächstes? Mit jedem Tag rückt das Ende des Studiums näher. Sein Geständnis gegenüber Cornelia vom Oktober 1767 – *Ich lasse mich hängen, ich weiß nichts!* – braucht man nicht allzu wörtlich zu nehmen, aber es zeigt doch deutlich genug, daß Wolfgang Goethe kaum ein Jahr vor dem Ende der Leipziger Studienzeit große Defizite in seinen juristischen Kenntnissen einräumen muß. Durch intensive Beschäftigung mit der Juristerei hätte er bei seiner Begabung noch vieles nachholen können. Diesen Vorsatz hatte er offenbar. Aber zu der *philosophischen Lebensart*, die er damals Cornelia angekündigt hatte, mit einem fast ganz auf das Studium beschränkten *Diarium meines Lebens, wie es hoffentlich noch ein Jahr aussehen soll*, war es nicht gekommen. Er war viel zu sehr in seine aufwühlenden und verworrenen „Angelegenheiten des Herzens" verstrickt und mit seinen dichterischen „Produktionen" beschäftigt, mit den unablässigen Verbesserungen des Schäferspiels und seiner Gedichte, mit neuen Gedichten und dem Tugendspiegel, wozu dann noch die Proben und Aufführungen der Minna von Barnhelm und die Reise nach Dresden kamen. Wie hätte er da Zeit und Konzentration für das Studium der Rechtswissenschaft finden können? Auch war Goethe in jungen Jahren kaum willens und imstande, sich Wissen über Dinge zu erarbeiten, die ihn nicht anregten oder begeisterten. Jura gehörte nun einmal nicht zu seinen Interessen. Erst aus Straßburg, bei seinem zweiten juristischen Anlauf, berichtet er in einem Brief: *Die Jurisprudenz fängt an, mir sehr zu gefallen.*

Kurzum, es gab Gründe für Wolfgang Goethe, dem Baccalaureat-Examen, das ihm nach drei Jahren Studium den ersten akademischen Grad hätte einbringen sollen, mit Besorgnis entgegenzusehen. Weder in seinen Briefen noch in DICHTUNG UND WAHRHEIT verlor Goethe auch nur ein einziges Wort zu diesem Thema (m. W. auch kein Goethe-Biograph bisher), obwohl es ihn beschäftigt haben muß. – Er befand sich in einer verzweifelten Lage. Im November, nach dem Sturz vom Pferd, hatte er an Behrisch geschrieben: *So leb ich, fast ohne Mädchen, fast ohne Freund, halb elend; noch einen Schritt und ich bin's ganz.* – Im Mai 1768, verlassen von seinem Mädchen und dem Freund, war er wirklich g a n z elend. So elend und labil, daß er sich kaum ein unvorbereitetes Examen zutrauen konnte. Drohte ihm ein Scheitern auch hier? Was für ein schrecklicher Gedanke! – Unausweichlich rückte die Stunde der Wahrheit näher, die Stunde, in der er dem Vater die Wahrheit nicht mehr verbergen könnte: Daß er drei Jahre lang dank dessen generöser Finanzierung auf großem Fuß hatte leben können, sich jedoch, anstatt Jura zu studieren, seinen Vorlieben gewidmet und – Gedichte gemacht hatte. Er würde nach Frankfurt heimkehren müssen (sei es mit oder ohne Baccalaureat), ohne sich die soliden juristischen Kenntnisse angeeignet zu haben, die er anschließend als Grundlage für eine Dissertation als Jurist benötigte. Denn der Doktortitel, den er danach an einer anderen Universität hätte erwerben sollen, etwa in Gießen nach dem Vorbild seines Vaters oder eher in Straßburg, war das eigentliche Ziel des Studiums. Erst mit diesem Titel und den entsprechenden Kenntnissen hätte er sich die Voraussetzung für eine angesehene berufliche Karriere in der Heimatstadt Frankfurt geschaffen – um damit die hochgespannten und zäh verfolgten Erwartungen des Vaters erfüllen zu können.

Ein harter Konflikt mit dem unbeweglichen Vater schien unausweichlich. Wie hätte er, der in Leipzig ein freies Leben gewöhnt war und sich von allen nicht selbst gewählten Autoritäten gelöst hatte, sich nun wieder in das väterliche Haus einordnen sollen, belastet mit dem Vertrauensbruch gegenüber dem Vater? Es schien unverzeihlich, daß er hinter dessen Rücken etwas ganz anderes getan hatte, als abgesprochen war. Er konnte und wollte sich gar nicht vorstellen, was bei seiner

Rückkehr geschehen würde. Eine lähmende Angst muß von ihm Besitz ergriffen haben und das Gefühl, es sei zu spät, um das Unheil noch abwenden zu können. – Da keinerlei weitere briefliche oder sonstige Äußerungen aus jener Zeit von ihm oder über ihn bekannt sind, liegen die Monate von Mai bis Juli 1768 völlig im dunkeln.

Seinem letzten Brief an Behrisch hatte Wolfgang Goethe drei seiner *neuesten Lieder*, die also im April oder Mai 1768 entstanden waren, beigelegt. Diese drei Gedichte finden sich nur in dem handschriftlichen Gedicht-Bändchen für Friederike Oeser in ihrer ursprünglichen Reihenfolge: *Die Nacht / An Venus / Der Schmetterling*. Wenn man sie nur für sich betrachtet (und sie nicht in den Sammlungen der Gedichte verstreut zwischen anderen Gedichten jener Zeit wahrnimmt), erkennt man in ihnen eine kleine Trilogie, die von Liebe und Tod handelt. Alle drei Gedichte sind in der Ich-Form geschrieben. Das erste Gedicht, *Die Nacht* – wir kennen es schon – bezeugt das Glück der Liebe. Der froh von seiner *Liebsten* Heimkehrende erlebt mit erschauerndem Herzen die nächtliche Natur in wundervoll verklärter Schönheit. – In dem zweiten Gedicht *An Venus* (das Goethe nie drucken ließ) erfleht er in den beiden letzten der fünf Strophen von der *Großen Venus*, seiner einzigen Göttin, eine ungewöhnliche Gnade:

Große Venus, mächtge Göttin,
Schöne Venus, hör mein Flehn:
Du hast nie mich
Über Krügen, vor dem Bacchus
Auf der Erde liegen sehn.

Keinen Wein hab ich getrunken,
Den mein Mädchen nicht geschenkt;
Nie getrunken,
Daß ich nicht voll gütger Sorge,
Deine Rosen erst getränkt.

Dann zerflossen auf dies Herze,
Das schon längst dein Altar ist,
Von dem Becher
Goldne Flammen, und ich glühte,
Und mein Mädchen ward geküßt.

Dir allein empfand dies Herze;
Göttin, gib mir einen Lohn!
Aus dem Lethe
Soll ich trinken, wenn ich sterbe,
Ach, befreie mich davon.

Geh`, erbitte von dem Minos
(Denn der Tod ist Elend gnung)
Mein Gedächtnis;
Immer ist`s ein zweites Glücke
Eines Glücks Erinnerung.

Beim Totenrichter Minos möge die Göttin der Liebe in der Unterwelt
für ihn erwirken, daß er nicht aus dem Lethe, dem Strom, der alle Erinnerung an das irdische Leben löscht, trinken muß. Denn in der Erinnerung solle seine Liebe über den Tod hinaus als ein zweites Glück
fortleben. – Im Gedicht *Der Schmetterling* sieht sich der Dichter nach
dem Tod in einen Falter verwandelt, das antike Symbol der unsterbli-
chen Seele, und kehrt an die Orte seines einstigen Liebesglücks zurück,
wo er im Beobachten eines Liebespaares sein früheres Glück nacherlebt.
Die beiden ersten Strophen sind von einer vollkommenen Schönheit:

Und in Papillons Gestalt,
Flattr` ich nach den letzten Zügen
Zu den vielgeliebten Stellen,
Zeugen himmlischer Vergnügen,
Über Wiesen, über Quellen,
Um den Hügel, durch den Wald.

Ich belausch ein zärtlich Paar:
Von des schönen Mädchens Haupte,
Aus den Kränzen schau ich nieder;
Alles, was der Tod mir raubte,
Seh ich hier im Bilde wieder,
Bin so glücklich, wie ich war.

Diese drei Gedichte – als biographische Dokumente bisher kaum beachtet – bekunden, wie Wolfgang Goethe sich mit dem Ende seiner Liebes-

beziehung zu Annette auseinandersetzt, wie er sich bemüht, das Schöne an ihr, das erlebte Glück weiterleben zu lassen, über ihren Tod hinaus. In Bildern aus der Natur und der griechischen Mythologie, in einer poetischen Sprache möchte er retten, was schon verloren ist. – Der Tod scheint so leicht, wenn er das „Flatterhafte" an dem jungen Goethe in einen heiter flatternden Papillon verwandelt, der entzückt ein Liebespaar umgaukelt. Es sind verführerische Gedanken, Todesgedanken, die im zweiten und dritten Gedicht hinter der schönen Bildersprache lauern. – Schon hier, nicht erst im WERTHER.

Auch in der nüchternen Prosa des letzten Briefes an Behrisch scheinen solche Todesgedanken anzuklingen: *Hiermit benachrichtige ich dich zugleich, daß du das Clavier behalten kannst; möge es sich wohl halten und dir manchesmal eine Erinnerung meiner sein.* Das klingt so doppeldeutig; und im vorletzten Satz dann schon fast eindeutig: ... *drei Monate noch, Behrisch, und darnach ist's aus.* – In den LEIDEN DES JUNGEN WERTHERS schreibt Werther ein paar Tage vor seinem Selbstmord an Lotte: „Und mit mir ist's aus ... Mir wär's besser, ich ginge." – Die Parallelen zum WERTHER sind auffallend. Wieder zeigt sich, daß der Keim zu Goethes Briefroman über Liebe und Tod bis in die Leipziger Zeit zurückreicht. Damit soll nicht unterstellt werden, daß sich Wolfgang Goethe damals in einer akuten Selbstmordgefahr befand. Aber daß ihn Todesgedanken bewegten, ist offensichtlich. Vielleicht bewahrte ihn schon in jenen Wochen sein Vermögen, innere Nöte in Gedichte zu transformieren, davor, ganz und gar bergunterzugehen.

Aber noch lagen drei Monate Studium vor ihm. Wie Wolfgang Goethe nach dem Brief vom Mai 1768 seine Tage verbrachte, wissen wir nicht. Wir wissen auch nicht, wie Behrisch auf den letzten Brief seines jungen Freundes reagierte. Er wird ihm geantwortet, aber keinen weiteren Brief mehr von ihm erhalten haben. (Sonst wäre er wie die übrigen im Nachlaß Behrischs gefunden worden.) Vielleicht schrieb er beunruhigt an Langer und machte ihn auf die Gefahr aufmerksam. – Tatsächlich wurde Langer in Wolfgang Goethes letzten Monaten in Leipzig doch noch zu Behrischs „Nachfolger", zum älteren Freund, wie spätere Briefe Goethes an Langer aus Frankfurt und sein Bericht in DICHTUNG UND WAHRHEIT bezeugen. Wie sich dies im einzelnen zutrug, ist jedoch nicht bekannt.

Langer vereinigte in sich Qualitäten, wie sie Wolfgang Goethe in dieser Kombination bisher noch nicht begegnet waren: Er war ein „vorzüglicher Bücherkenner", ein Mann mit Lebenserfahrung, der als Offizier in der preußischen Armee am Siebenjährigen Krieg teilgenommen hatte, und obendrein ein überzeugter Christ pietistischer Prägung, aber dabei ohne jegliche religiöse Schwärmerei. In den Gesprächen auf ihren Spaziergängen in der Dunkelheit (damit der Graf von Lindenau nichts davon erfuhr) war das Christentum ihr wichtigstes Thema. Ihre Freundschaft gründete sich „auf ein Tieferes ..., die religiösen Gesinnungen, die Angelegenheiten des Herzens, die auf das Unvergängliche Bezug haben, welche ... den Grund einer Freundschaft zieren", wie Goethe in der manchmal etwas steifen Diktion von DICHTUNG UND WAHRHEIT formulierte. Viel lebendiger klingt dies in dem auf Französisch geschriebenen Brief an Langer vom 9. November 1768: *Cher ami ... Vous avez été le premier homme au monde, qui m'a prêché le vrai Evangile, et si Dieu me fait la grace de me faire Chrétien, c'est à Vous que je dois la semence. Que Dieu Vous bénisse pour cela.* [Lieber Freund, Sie waren der erste Mensch auf der Welt, der mir das wahre Evangelium gepredigt hat, und wenn mir Gott die Gnade erweist und mich zum Christen werden läßt, sind Sie es, dem ich das Samenkorn dazu verdanke. Möge Gott Sie dafür segnen!] – Neben religiösen Themen, die zur inneren Festigung Wolfgang Goethes hätten beitragen können, waren bei wachsender Vertrautheit auch weltliche Dinge, wie die Liebe, Inhalt ihrer Gespräche: „Ich gewann bald seine Neigung, und er ... holte mich bei Nachtzeit ab, wir gingen zusammen spazieren, unterhielten uns von interessanten Dingen, und ich begleitete ihn endlich bis an die Türe seiner Geliebten; denn auch dieser äußerlich streng scheinende, ernste, wissenschaftliche Mann war nicht frei von den Netzen eines sehr liebenswürdigen Frauenzimmers geblieben." – Da konnte es wohl nicht ausbleiben, daß Wolfgang Goethe ihm einiges von Annette erzählte.

Tagsüber suchte er noch weiterhin den Kupferstecher Stock auf, um sich in dessen Metier ausbilden zu lassen, und atmete dabei schädliche Dämpfe ein, zeichnete auch fleißig an der Academie unter Oesers Anleitung, um es nicht bei seinem *ersten Versuch in dieser Kunst* zu belassen, den er an Behrisch geschickt hatte. Auf „einsamen Spaziergängen" verstärkte sich seine Neigung zu Landschaftsdarstellungen. Die Spaziergänge führten ihn in diesem Sommer oft hinaus nach Dölitz, wo er die Gesellschaft Friederike Oesers suchte, wohl auch, um sich von den Gedanken an Annette oder an die Universität (die nirgendwo erwähnt wird) abzulenken. – Doch die Zeit schritt voran.

Die Annäherung an die Natur, das Eintauchen in sie betrieb er, einer Zeitströmung folgend, noch auf andere Weise: „Damals [war] die Epoche des Kaltbadens eingetreten, welches unbedingt empfohlen ward. Man sollte auf hartem Lager schlafen, nur leicht zugedeckt … Diese und andere Torheiten, in Gefolg von mißverstandenen Anregungen Rousseaus, würden uns, wie man versprach, der Natur näherführen und uns aus dem Verderbnisse der Sitten retten …" Wolfgang Goethe folgte solchen Empfehlungen zur körperlichen und sittlichen Gesundheit so rigoros, daß er damit seinen „Organismus verhetzte", wie es in DICHTUNG UND WAHRHEIT weiter heißt. – Hinzu kam eine Ernährung, die Goethe im Rückblick als sehr ungesund beurteilt: „Durch eine unglückliche Diät verdarb ich mir die Kräfte der Verdauung; das schwere Merseburger Bier verdüsterte mein Gehirn, der Kaffee, der mir eine ganz eigne triste Stimmung gab, besonders mit Milch nach Tische genossen, paralysierte meine Eingeweide und schien ihre Funktionen völlig aufzuheben, so daß ich deshalb große Beängstigungen empfand, ohne jedoch den Entschluß zu einer vernünftigeren Lebensart fassen zu können. Meine Natur, von hinlänglichen Kräften der Jugend unterstützt, schwankte zwischen den Extremen von ausgelassener Lustigkeit und melancholischem Unbehagen." – Man wird heute manchen dieser Erklärungen kaum zustimmen wollen; aber alles in allem ergeben sie doch eine Vorstellung davon, was damals geschah: Dieser junge Mensch fühlte sich verlassen und dem, was auf ihn zukam, nicht gewachsen. In seiner Not und Verzweiflung trieb er Raubbau an seiner Natur, wütete gegen sich selbst – bis die im Innersten befürchtete (und vielleicht insgeheim als Ausweg auch herbeigewünschte) Katastrophe eintraf: Ende Juli erwachte Wolfgang Goethe eines Nachts an einem heftigen Blutsturz. Er konnte noch seinen Nachbarn, einen Studenten, herbeirufen, dieser den Arzt. Es war ernst: „… und so schwankte ich mehrere Tage lang zwischen Leben und Tod." (DICHTUNG UND WAHRHEIT)

In dem Handwörterbuch von 1835 findet man: „*Blutspeien* – der heftige, einem Erbrechen ähnliche Auswurf aus der Lunge, besser: das Blutbrechen; ist dieser Auswurf sehr heftig, so heißt er ein *Blutsturz*." Häufig war ein Blutsturz das erste Anzeichen einer Schwindsucht (bzw. Lungensucht). Zu ihr notiert das Handwörterbuch: „*Schwindsucht* – eine anhaltende Krankheit des menschlichen Körpers, da er nach und nach schwindet." – Heute heißt diese früher meist unheilbare Krankheit Tuberkulose. Zu Goethes Zeit starben viele Menschen im Jugend- oder frühen Erwachsenenalter an ihr. Ob der Blutsturz Wolfgang Goethes, der von einer Geschwulst am Hals begleitet war, tatsächlich Symptom einer Tuberkulose war, wie man befürchten mußte, oder, was wahrscheinlicher ist, von einer anderen Erkrankung herrührte, konnte nicht eindeutig geklärt werden. Für unser Verständnis ist das jedoch unerheblich. Entscheidend ist, welche Wirkung der Vorfall auf den jungen Goethe hatte. Wir wissen, daß schon die Schrecksekunde beim Sturz vom Pferd ihn tief beunruhigt hatte. Nach dem Blutsturz lebte er tage- und nächtelang unter der Bedrohung des bevorstehenden Todes und war im Innersten erschüttert.

Unmittelbare Zeugnisse von jenem körperlichen Zusammenbruch gibt es nicht. Nach Eisslers Ansicht war es „die schwerste Krise, die er je durchzumachen hatte"; eine Einschätzung, für deren Richtigkeit sehr vieles spricht. In DICHTUNG UND WAHRHEIT gibt Goethe keine genaueren Aufschlüsse über diese Krise. Doch zu Beginn des zweiten Buches von WILHELM MEISTERS THEATRALISCHER SENDUNG hat er 1778 eine solche Krise dargestellt, als sein Leipziger Zusammenbruch erst zehn Jahre zurücklag. Er schildert darin, wie sein junger Titelheld Wilhelm durch den Verlust seiner ersten Liebe in eine lebensgefährliche Erkrankung verfiel, welchen Verlauf sie nahm und wie er schließlich in einem schmerzhaften Prozeß durch *die Kraft seiner Natur* gerettet wurde. – Es ist problematisch, eine fiktive Romanfigur wie den Wilhelm Meister direkt auf ihren Autor, also Goethe, zu beziehen. Aber hier handelt es sich um die Darstellung einer so elementaren Erfahrung, daß ihr ein eigenes Erleben zugrunde liegen muß. Daher können und dürfen wir in Goethes Wiedergabe von Wilhelm Meisters Krankengeschichte den Kern der eigenen Leidensgeschichte erblicken, die im Sommer 1768 begann und bis in das Jahr 1769 hineinreichte. Ein Unterschied zwischen dem Roman und der biographischen Wirklichkeit besteht darin, daß im Roman alleiniger Auslöser für Wilhelm Meisters Zusammenbruch das Unglück seiner ersten Liebe ist, während bei Wolfgang Goethe mehrere Ursachen eine Rolle gespielt haben dürften. In seinem Roman deutet der Autor Goethe zehn Jahre später den körperlichen Zusammenbruch als eine psychosomatische Erkrankung, die der Natur des Betroffenen das Äußerste abverlangt. Es ist beeindruckend, wie der 29-jährige Goethe diese Krankheitsgeschichte als ein ganzheitliches Geschehen deutet, in dem die Kräfte der Natur ein allmähliches körperlich-seelisches Gesunden bewirken. – Diese Stelle über Wilhelm Meisters lebensbedrohliche Krise lautet:

Und er wäre auch untergegangen, hätte ihn nicht die Kraft seiner Natur, die wieder zum Graden und Reinen strebte, gerettet. Je enger jene kör-

perlichen Fesseln zusammengezogen wurden, desto mehr sträubte sich die innere Gewalt, brach bei der ersten Gelegenheit los und durchwühlte das ganze Gebäude. Vergebens, daß man sie zu besänftigen hoffte. Mit der Weisheit einer verständigen Zuchtmeisterin griff sie durch, faßte jedes Übel in der Wurzel, kehrte das Oberste zu unterst, warf aus, was zu grob war, verzehrte das Feinere, und unbarmherzig in ihren unaufhaltsamen Wirkungen brachte sie unsern Freund etliche Male an die Pforte des Todes. Aber auch ihre Kur war aus dem Grunde, alles Fremde und Falsche ward vertrieben und der wohlgebaute Körper zu seinem künftigen Glücke in seinen innersten Verhältnissen wieder hergestellt. Freilich nahmen die Kräfte alsdann so langsam zu, daß man oft glauben konnte, sie schwänden wieder. In den gefährlichsten Augenblicken hatte er rein allem Leben entsagt, das hinter ihm zu liegen schien; er war los geworden von der Welt, und die Ruhe, die aus diesem Gefühl kam, war wie ein freundliches Klima, aus dem der Genesende gelinde Lebenssäfte zog. –

Es war ein Prozeß, der *unsern Freund etliche Male an die Pforte des Todes* und schließlich *zum zweiten Mal wieder ins Leben* führte. Es ging wirklich um Leben oder Tod. Doch erscheint es wenig sinnvoll, der Frage nachzugehen, welche physischen und psychischen Ursachen im einzelnen mit zu dem körperlichen Zusammenbruch in Leipzig geführt haben könnten. All das, was Wolfgang Goethe seit dem Wegzug Behrischs im Oktober 1767 innerlich belastete, so wie es in den letzten Kapiteln aufgezeigt wurde, wird dabei mitgewirkt haben. Am stärksten scheint er unter seiner unglücklichen Liebesleidenschaft gelitten zu haben. Aber auch die körperlichen Belastungen, der Raubbau an der Gesundheit, vielleicht auch die beim Kupferstecher Stock eingeatmeten Dämpfe (Stock starb ein paar Jahre später mit nur 34 Jahren) könnten ebenso mit ursächlich für die lebensgefährliche Krise gewesen sein.

In DICHTUNG UND WAHRHEIT erinnert sich Goethe dankbar jener Menschen, die ihm in Leipzig während der ersten Krankheitsphase beistanden: „Was mich aber in dieser Zeit besonders aufrichtete, war zu sehen, wie viele vorzügliche Männer mir unverdient ihre Neigung zugewendet hatten. Unverdient, sage ich: denn es war keiner darunter, dem ich nicht durch widerliche Launen beschwerlich gewesen wäre, keiner, den ich nicht durch krankhaften Widersinn mehr als einmal verletzt, ja den ich nicht, im Gefühl meines eignen Unrechts, eine Zeitlang störrisch gemieden hätte. Dies alles war vergessen, sie behandelten mich aufs liebreichste und suchten mich teils auf meinem Zimmer, teils sobald ich es verlassen konnte, zu unterhalten und zu zerstreuen. Sie fuhren mit mir aus, bewirteten mich auf ihren Landhäusern, und ich schien mich bald zu erholen." – Sie alle hatten wohl sein „störrisches" Verhalten verständnisvoller einzuschätzen gewußt als der gestrenge Autor von DICHTUNG UND WAHRHEIT und sich nicht darin irritieren lassen, daß sie ihn dennoch für einen *guten Jungen* hielten (wie Annette ihn trotz seiner Launen genannt hatte). Goethe hebt in diesem Zusammenhang einige der damals Helfenden besonders hervor, „zuförderst den damaligen Ratsherrn, nachmaligen Bürgermeister von Leipzig, Doktor Hermann", den er als älteren Jurastudenten kennen- und schätzengelernt hatte und hier als guten Freund, kenntnisreichen wie auch künstlerisch begabten und heiteren Mann preist. Auch Langer erfährt an dieser Stelle eine ausführliche Würdigung und dankbare Erinnerung, ebenso wie er „Freund Horn" dankt, der während dieser Zeit „seine Liebe und Aufmerksamkeit ununterbrochen wirken ließ". Nicht wenigen anderen fühlt er sich zu Dank verpflichtet: „Das ganze Breitkopf'sche Haus, die Stock'sche Familie, manche Andere behandelten mich wie einen nahen Verwandten; und so wurde mir durch das Wohlwollen so vieler freundlicher Menschen das Gefühl meines Zustands auf das zarteste gelindert." – Warum er außer den „vorzüglichen Männern" keine der gütigen Frauen namentlich erwähnte, etwa aus der Schönkopfschen Familie, die ihm gewiß nicht weniger teilnahmsvoll beistanden, hat möglicherweise damit zu tun, daß er sich in DICHTUNG UND WAHRHEIT schwertat, etwas über Annette zu schreiben.

Weder in seiner Biographie noch sonst irgendwo findet sich irgendeine Bemerkung Goethes darüber, welche Auswirkung die Erkrankung auf sein Jura-Studium hatte. Da sich Wolfgang Goethe bei seinem Blutsturz kurz vor dem Studienabschluß befand, wäre eine Aussage zu diesem Umstand eigentlich zu erwarten gewesen; etwa ein Ausdruck des Bedauerns darüber, daß das Studium wegen der Erkrankung nicht zum Abschluß gebracht werden konnte. Doch offensichtlich handelt es sich hierbei um einen wunden Punkt, an den Goethe nicht rühren wollte. Interessanterweise geht er in DICHTUNG UND WAHRHEIT erst später, nämlich im 9. Buch (mit einem wohl nicht zufälligen Abstand) auf den juristischen Ertrag des Studiums in Leipzig ein, im Zusammenhang mit der Wiederaufnahme des Studiums in Straßburg: „... mehr als ich in meiner bisherigen Darstellung aufzuführen Gelegenheit nahm, hatte ich bei meinem Aufenthalte in Leipzig an Einsicht in die Rechtserfordernisse gewonnen, obgleich mein ganzer Erwerb nur als ein allgemeiner enzyklopädischer Überblick und nicht [!] als eigentliche, bestimmte Kenntnis gelten konnte. Das akademische Leben, wenn wir uns auch bei demselben des eigentlichen Fleißes nicht zu rühmen haben, gewährt doch in jeder Art von Ausbildung unendliche Vorteile, weil wir stets von Menschen umgeben sind, welche die Wissenschaft besitzen oder suchen, so daß wir aus einer solchen Atmosphäre, wenn auch unbewußt, immer einige Nahrung ziehen." – Das heißt, wenn wir die beiden Sätze auf ihren Kern reduzieren, daß er wegen mangelnden Fleißes nicht über detaillierte juristische Kenntnisse verfügte (außer denen, wie er später hinzufügt, die er unter Anleitung des Vaters schon v o r dem Studium in Leipzig aus „Hopps kleinem juristischen Katechismus" erworben hatte); daß ihn aber aus der „Atmosphäre" der juristischen Fakultät in Leipzig einiges an allgemeinen Kenntnissen und an „Einsicht in die Rechtserfordernisse" angeflogen habe. Die Voraussetzungen, um eine Dissertation in Angriff nehmen zu können, dürfte er sich aber in Leipzig nicht geschaffen haben. Tatsächlich mußte er sich später in Straßburg zunächst ein Semester lang mithilfe eines Repetitors auf ein Kandidaten-Examen vorbereiten, das ihm erst die Berechtigung eintrug, „eine förmliche Dissertation ohne Vorsitzenden anzufertigen". – Offensichtlich konnte Wolfgang Goethe am Ende der drei Jahre in Leipzig nicht allzuviel auf dem Gebiet des angeordneten Studiums der Jurisprudenz vorweisen. Hingegen war er in jenen Bereichen eminent fleißig gewesen, die für seine frei gewählte Laufbahn als Dichter wichtig waren: durch die Aneignung von Kenntnissen und Fertigkeiten in Kunst und Literatur und durch seine unermüdlichen Bemühungen im kreativen Schreiben.

Nach dem Blutsturz und der fortdauernden unklaren Erkrankung konnte vorerst von einem wie auch immer gearteten Studienabschluß nicht mehr die Rede sein, vermutlich sehr zu seiner Erleichterung. Es ging nur noch darum, seinen Zustand für eine Heimreise nach Frankfurt genügend zu stabilisieren. Nach einigen Wochen trat eine hinreichende Besserung ein, so daß seine Abreise auf den 28. August, seinen 19. Geburtstag, festgesetzt werden konnte. In den Tagen davor besuchte er noch die Oesers in Dölitz. Aus den Briefen, die er Friederike später aus Frankfurt schrieb, erfahren wir, wie er ihr damals unter dem Eindruck seiner Todeserfahrung begegnete und von der Furcht beherrscht war, daß seine Tage gezählt seien. In dem ersten Brief an sie, einem Brief-Gedicht, das sich über viele Seiten erstreckt, schildert er diese Szene:

Ich kam zu dir, ein Toter aus dem Grabe,
Den bald ein zweiter Tod zum zweiten Mal begräbt;
Und wem er nur einmal recht nah ums Haupt geschwebt,
Der bebt
Bei der Erinnerung, gewiß so lang er lebt.
Ich weiß, wie ich gezittert habe ...

Doch Friederike Oeser hatte ihm nicht den Gefallen getan, seiner Angst vor dem Tod Gewicht beizumessen: Sie gab sich heiter-zuversichtlich, anstatt ihn zu bemitleiden, und lachte ihn einfach aus. Hierzu aus einem zweiten Brief an sie, diesmal in Prosa: *Ich kam zu einem Mädchen, ich wollte schwören, Sie wären's gewesen, die empfing mich mit großem Jauchzen und wollte sich zu Tode lachen, wie ein Mensch die Karikatur-Idee haben konnte, im 20ten Jahre an der Lungensucht zu sterben! ...*

Goethes Leipziger Freundin Friederike Oeser,
Ausschnitt aus der Tonlithographie „Leipzig zu
Goethes Studienzeit 1765–1768" (1849)

Und [wie] ich überhaupt leicht zu bereden bin, so gefiel mir das Ding so wohl, daß ich mir einbilden ließ, es wäre alles Einbildung, und man wäre glücklich, solang man vergnügt wäre und so weiter … Dem sei, wie ihm wolle, Mamsell, es ist nichts so schlimm, das das Schicksal nicht zum Guten machen könnte. Ihre Unbarmherzigkeit in den letzten Tagen gegen den armen Verurteilten machte ihn stark. Glauben Sie mir, Sie sind alleine schuld, daß ich Leipzig ohne sonderliche Schmerzen verlassen habe …

Doch fern der ländlichen Idylle von Dölitz, wo Friederike Oeser ihm seine körperlichen Schmerzen ausredete, gab es mitten in Leipzig für Wolfgang Goethe einen Ort, an den er nicht ohne Schmerzen denken konnte. Unwiderstehlich zog es ihn am Abend vor seiner Abreise in den Brühl. Noch einmal ging er den vertrauten Weg durch die nachtdunklen Straßen. Später schrieb er aus Frankfurt: *In der Nachbarschaft war ich, ich war schon unten an der Türe, ich sah die Laterne brennen und ging bis an die Treppe, aber ich hatte das Herz nicht, hinaufzusteigen. Zum letzten Mal; wie wäre ich wieder heruntergekommen?* – Er tat gut daran, umzukehren. Diesen Abschied hätte er bei seiner Emotionalität nicht ausgehalten.

Am nächsten Morgen verließ er Leipzig im Wagen eines Hauderers, eines Lohnkutschers, in Gesellschaft einiger zuverlässiger Bekannter. Auf der Rückreise gab es am Abend der ersten Tagereise noch ein Nachspiel zu seinen Leipziger Erlebnissen, in der Poststation von Naumburg. Fünf Monate später berichtete Wolfgang Goethe in einem Brief an Annette von der Begegnung, die er dort mit einem sächsischen Hauptmann erlebte:

„Sie sind so lustig", sagte ein sächsischer Offizier zu mir, mit dem ich den 28. Aug. in Naumburg zu Nacht aß, „so lustig und haben heute Leipzig verlassen." Ich sagte ihm, unser Herz wisse oft nichts von der Munterkeit unsers Bluts. – „Sie scheinen unpäßlich", fing er nach einer Weile an. – „Ich bin's wirklich", versetzte ich ihm, „und sehr; ich habe Blut gespien." – „Blut gespien!" rief er, „ja, da haben Sie schon einen großen Schritt aus der Welt getan, und Leipzig mußte Ihnen gleichgültig werden, weil Sie es nicht mehr genießen konnten." – „Getroffen!" sagte ich. „Die Furcht vor dem Verlust des Lebens hat allen andern Schmerz erstickt." – „Ganz natürlich", fiel er mir ein, „denn das Leben bleibt immer das erste; ohne Leben ist kein Genuß. Aber", fuhr er fort, „hat man Ihnen nicht auch den Ausgang leicht gemacht?" – „Gemacht?" fragt' ich,

Eintrag Goethes am Tag seiner Abreise aus Leipzig im Studentenstammbuch Georg Grönings

„wieso?" – „Das ist ja deutlich", sagte er, „von Seiten der Frauenzimmer. Sie haben die Miene, nicht unbekannt unter dem schönen Geschlecht zu sein." – Ich bückte mich für's Compliment. – „Ich rede, wie ich's meine", fuhr er fort, „Sie scheinen mir ein Mann von Verdiensten, aber Sie sind krank, und da wette ich zehn gegen nichts, kein Mädchen hat Sie beim Ärmel gehalten." Ich schwieg, und er lachte. „Nun", sagte er, und reichte mir die Hand übern Tisch. „Ich habe zehn Thaler an Sie verloren, wenn Sie auf Ihr Gewissen sagen: Es hat mich eine gehalten!" – „Topp!" sagt' ich, „Hr. Captain", und schlug ihm in die Hand. „Sie behalten Ihre zehn Thaler. Sie sind ein Kenner und werfen Ihr Geld nicht weg." – „Bravo", sagt' er, „dann seh' ich, daß Sie auch ein Kenner sind. Gott bewahre Sie darin, und wenn Sie wieder gesund werden, so werden Sie Nutzen von dieser Erfahrung haben."

Danach begann der Hauptmann seine eigene Geschichte zu erzählen, die Wolfgang Goethe in dem Brief an Annette aber nicht wiedergibt. Er schreibt dazu nur: *Ich saß und hörte mit Betrübnis zu und sagte am Ende, ich sei confundiert.* – Dieses Gespräch mit dem sächsischen Offizier über den Tod und das Leben, über Mädchen und den Abschied von Leipzig wirkt nach den Höhen und Tiefen von Wolfgang Goethes Leipziger Jahren wie ein Satyrspiel, das das Leben selbst schrieb. – Mit seiner Prophezeiung sollte der sächsische Hauptmann Recht behalten. Doch zunächst einmal ließ er den Studenten *confundiert,* d.h. verwirrt zurück.

„Gleichsam als ein Schiffbrüchiger" sei er in Frankfurt angekommen, schreibt Goethe in Dichtung und Wahrheit; es sei „ein sehr niederschlagendes Gefühl" gewesen. – Waren diese drei Jahre also ein Mißerfolg? Im Hinblick auf sein Jura-Studium: ja. Hinsichtlich seiner Gesundheit hatte er großes Glück, daß er die ungeheure Intensität, mit der er lebte und erlebte, litt und seinen „Organismus verhetzte", nicht mit dem Leben bezahlen mußte, noch ehe er seine Laufbahn als Dichter richtig begonnen hatte. Es hätte auch anders enden können, wie er spürte. Das Grauen vor dem Tod hat er anscheinend nie mehr ganz überwunden. Die Krankheit, die er nach Frankfurt mitbringt, wird ihn noch viele Monate quälen. Und den Verlust Annettes konnte er auch in der Ferne lange nicht verschmerzen. Wolfgang Goethe kehrte nicht nur körperlich geschädigt, sondern auch mit tiefen seelischen Verwundungen aus Leipzig zurück.

Und doch waren die Jahre in Leipzig für seine Entwicklung letztlich von entscheidender Bedeutung im positiven Sinn. Zunächst einmal erweiterte Leipzig seinen Horizont beträchtlich durch die Fülle der kulturellen Eindrücke und Anregungen, die sich so sehr von jenen Frankfurts unterschieden. Das unabhängige, selbstverantwortete Studentenleben förderte und beschleunigte seine Entwicklung zur Selbständigkeit. Die Begegnungen mit Menschen von teils sehr andersartiger Mentalität waren eine Bereicherung, ganz besonders die Freundschaften mit jenen Menschen, zu denen er in eine engere oder ganz intensive Beziehung trat. – Für sein weiteres Leben wurden nach meiner Einschätzung vor allem die folgenden grundlegenden Erfahrungen wichtig: die im ständigen Austausch mit Behrisch erlernte selbstkritische Ernsthaftigkeit und Prägnanz beim Dichten; die Ur-Erfahrung der ersten Liebe mit Annette; und schließlich seine Erfahrungen des Scheiterns und der ihn zutiefst verstörenden Todesangst.

Während der anschließenden Monate des Krankenlagers im Frankfurter Elternhaus hat er sich intensiv mit dem, was er in Leipzig erlebt hatte, auseinandergesetzt, wie seine Briefe an die dortigen Freunde und Vertrauten erkennen lassen. Nach gut einem halben Jahr schrieb er an Friederike Oeser: *Was ich erfahren habe, das weiß ich; und halte die Erfahrung für die einzige echte Wissenschaft.* (8. April 1769) – Angesichts dieser Aussage wundert man sich, daß Goethes existentielle Erfahrungen in Leipzig bisher in der Goethe-Literatur so wenig Beachtung und keine gründliche Erforschung gefunden haben.

IV Die Folgen

Nachwirkungen Leipzigs

Wolfgang Goethe lebte nun ab dem September 1768 wieder im elterlichen Haus am Großen Hirschgraben in Frankfurt am Main, über 1½ Jahre lang, bis seine Gesundheit so weit hergestellt war, daß er an die Universität nach Straßburg wechseln konnte, um das Jura-Studium wieder aufzunehmen und zu beenden. In der Goetheforschung bezeichnet man diesen Abschnitt seines Lebens die „Frankfurter Zwischenzeit", eine Verlegenheitsbezeichnung, denn das Wort „zwischen" entwertet sie gewissermaßen zu einer neutralen Phase zwischen der Leipziger Studentenzeit und den Sturm-und-Drang-Jahren in Straßburg. An äußeren Geschehnissen und an Dichtungen hat sie auch wenig aufzuweisen. Die Forschung befaßte sich daher vorwiegend mit den pietistischen Einflüssen auf Wolfgang Goethe während dieser Zeit und mit seinem Studium der Schriften des Paracelsus sowie anderer naturphilosophischer und mystischer Literatur. Man versuchte die medizinischen Ursachen seiner rätselhaften Krankheit zu ergründen und auch die geheimnisvolle, fast mystische Behandlung durch den pietistischen Hausarzt Doktor Metz, die schließlich nach langen, von Ungewißheit überschatteten Monaten eine Wende zur Genesung einleitete.

Wenig Aufmerksamkeit fand hingegen, wie sehr Wolfgang Goethe mit seinen Gedanken und Gefühlen noch unter dem Eindruck dessen stand, was er in Leipzigs erlebt hatte, und wie er mit Briefen die Beziehungen dorthin aufrechtzuerhalten suchte. Alle überlieferten Briefe von ihm aus diesen 1½ Jahren, 25 an der Zahl, sind an die Leipziger Freunde und Freundinnen gerichtet. Am 9. November schrieb er an seinen verehrten und geliebten Professor Adam Oeser: *Die Gesellschaft der Musen und eine fortgesetzte schriftliche Unterredung mit den Freunden wird mir diesen Winter ein kränkliches einsames Leben angenehm machen.* – Mit den *Freunden* sind jene in Leipzig gemeint, denn gegenüber Friederike Oeser klagte er nach einem halben Jahr: [Ich] *sah mich nach Freunden um, und fand keine; nach Mädchen, die waren alle nicht so specificirt, wie ich's liebe* ... Nach den Erfahrungen mit den sächsischen Mädchen, mit denen sich so witzig und interessant über alles Mögliche parlieren ließ, ganz besonders über das, was sich auf dem Theater, in der Leipziger Gesellschaft und in ihrem munteren Bekanntenkreis zutrug, kam ihm Cornelias Zirkel wahrscheinlich etwas eng vor – und neue Bekanntschaften konnte er, in seinem Zustand und weitgehend ans Haus gefesselt, kaum machen. Adam Horn mußte bzw. durfte noch ein halbes Jahr in Leipzig bleiben. Der Abschluß des Studiums scheint bei ihm ebenfalls belastet gewesen sein, da auch seine Liebesgeschichte mit Constanze Breithaupt nicht frei von Problemen war und für mancherlei Aufregungen sorgte. Aber bei ihm bestand der heilsame Zwang zum Erfolg, denn sein Vater, der als geachteter, aber sicher nur bescheiden bezahlter „Zeugschreiber" und Kanzlist bei der Stadt Frankfurt angestellt war, hätte ihm keine Eskapaden finanzieren können. Und wenn „Hörnchen" auch gern dichtete und mit leichter Hand Verse schmiedete und seine Constanze sehr liebte, bis an den Abgrund trieb ihn das nicht, und es bestand nicht die Gefahr, daß er derart abstürzen würde wie sein bewunderter Freund Goethe.

Schon wenige Tage nach seiner Ankunft in Frankfurt erhielt Wolfgang Goethe einen Brief von Langer, was auf seine Sorge um den jungen Freund schließen läßt. Er antwortete umgehend; der Brief ist auf den 8. September (1768) datiert:

Lieber Langer,

Ich danke Ihnen für Ihren Brief, mehr noch für Ihr Abschiedsvertrauen; eine gegenseitige Offenherzigkeit und eine baldige Antwort ist das einzige, was ich Ihnen dagegen geben kann. Die Nachricht, daß meine Reise ruhig und glücklich abgelaufen und daß mein Medicus hier meinen Zufall [Anfall] nicht sowohl aus einem Schaden an der Lunge als einer Beschädigung der Luftröhre herleitet, wird allen, die mich lieben, angenehm sein; doch bitte ich mit dem letzteren sparsamer zu verfahren und den Fremderen nur die Besserung meiner Umstände überhaupt kenntlich zu machen.

Meine Herzensangelegenheiten! Was die für eine Tour genommen? Wenn ich es selbst wüßte, so wollte ich es Ihnen sagen; aber ich begreife mich selbst nicht. So kalt ruhig, wie man nur beim Erwachen nach einer wohldurchschlafenen Nacht sein kann, ist jetzt meine Seele, still, ohne Verlangen, ohne Schmerz, ohne Freude und ohne Erinnerung. Seht, Langer, ich erinnere mich Eurer nicht mehr, als man sich eines Menschen erinnert, den man zum ersten und zum letzten Male im Concert oder beim Souper gesehen hat. Ich weiß, daß ich Euch liebe; und doch kann ich es nicht fühlen, ich muß mir es erst sagen. Und so geht's mir mit allem. Meine Liebe, diese unglückliche Leidenschaft, die mich zuviel,

zuviel gekostet hat, als daß ich sie je vergessen sollte, ist verscharrt, tief in mein Gedächtnis begraben, kalte Zerstreuung drüber geworfen, ich denke manchmal daran, ganz gleichgültig. Nicht rührender ist mir ein Gedanke an Ihre C. als an meine Nette. Ein Glück für meine Situation und, Lieber, ich fürchte, es wird nicht lange dauern, die Zerstreuung wird wegfliegen, und es wird ganz vor mir offen stehn, das Grab meiner Liebe. Meine Einbildungskraft wird mit meinem Blute lebendig werden, und ich werde sein, was ich lange voraussah, mitten im Genusse, der mich mit paradiesisch beladenen Zweigen umgibt, – ein Tantalus. …

Wenn man sich an die Briefe rückerinnert, in denen Wolfgang Goethe im Jubel der Liebesseligkeit Behrisch, den Freund und Vertrauten, an seinem Glück teilhaben ließ, und sie mit diesen Sätzen eines seelisch Erstarrten vergleicht, dann bekommt man eine Vorstellung von der inneren Spannweite des 19-Jährigen. Der „Blutsturz" war mehr als eine lebensbedrohliche Erkrankung; er erwies sich nach der Rückkehr nach Frankfurt auch als ein Sturz in die totale Empfindungslosigkeit, Gleichgültigkeit und Hoffnungslosigkeit.

Mancher wird sich beim Lesen der von Glücksgefühl überströmenden Briefe Wolfgang Goethes an Behrisch fragen, ob ihre Aussagen echt seien – oder zu sehr poetisiert, denn wenn der junge Goethe sich glücklich fühlte und ihm eine Feder in die Finger geriet, da gab es kein Halten, da strömten die Worte im Schwung dahin und trugen ihn in seinem exaltierten Zustand gar hoch hinaus. Und wenn er solch einen Brief noch einmal las, da erfreute er sich vermutlich seiner Schöpfung und schickte ihn auf die Reise. – Bei dem Brief an Langer kann aber von übertriebenen Äußerungen nicht die Rede sein, denn da war er ganz ohne Gefühl, *so kalt ruhig*, als er ihn schrieb, innerlich wie ausgeglüht und leer. Dieser Brief beglaubigt ebenso wie der lebensgefährliche Zustand nach dem Blutsturz, daß er nicht an übertriebener Einbildung litt, sondern wirklich, an Leib und Seele. Die körperlichen Beschwerden hatten zwar inzwischen nachgelassen; doch war die Art seiner Erkrankung noch nicht eindeutig geklärt. Wolfgang Goethe scheint der eher beruhigenden Diagnose seines Medicus nicht ganz zu trauen, denn er bittet Langer, sie nicht weiter zu verbreiten. Bei seinem „hypochondrischen Zug" (DICHTUNG UND WAHRHEIT) wird ihn die Ungewißheit über seine Erkrankung weiterhin ängstigen. Die Erfahrung der völligen Gefühlsleere, die uns aus diesem Brief mit Grabeskälte anweht, ist erschreckend. Im

WERTHER werden wir ihr wieder begegnen: *„Und das Herz ist jetzo tot, aus ihm fließen keine Entzückungen mehr, meine Augen sind trocken …"*

Es gibt noch fünf weitere Briefe Wolfgang Goethes an Langer nach Leipzig, in denen sich eine nur mühsame Besserung seines Zustandes abzeichnet: *Manchmal bin ich ganz ruhig, meine Leidenschaft scheint erloschen zu sein, und ich genieße diese glücklichen Intervalle, aber sie kommt zurück wie das Fieber, und dann geht es mir schlechter. Der Aufenthalt in der Stadt wird mir immer verhaßter, und ich erwäge den grimmigen Plan, Ende dieses Monats aufs Land zu gehen. Dort werde ich die vollkommene Muße finden, um mich auf meine Weise zu zerstreuen, ohne von so vielem Ärgerlichen gestört zu werden, dessen widerwärtige Gegenwart nichts hat, womit ich mich zerstreuen könnte. Ich werde lesen, nachdenken, schreiben. Es lebe die Feder!* [Aus dem Französischen] (9. Nov. 1768)

Fernab von Leipzig leidet er also noch immer an seiner Leidenschaft für Annette, die ihn wie Fieberschübe überfallen kann. Worin das *viele Ärgerliche* besteht, von dem er schreibt, behält Wolfgang Goethe für sich; es waren wohl vor allem die Spannungen mit dem enttäuschten und verärgerten Vater, wovor ihn die Sorge und Liebe der Mutter und Cornelias nicht bewahren konnten. Vielleicht empfand er auch neugierige oder besorgte Verwandten- und Bekanntenbesuche als lästig. Seine Liebe zum Schreiben jedoch ist ungebrochen: *Es lebe die Feder!*

Langers Einfluß dürfte es vor allem zuzuschreiben sein, daß Wolfgang Goethe sich damals einer Brüdergemeinde der Herrenhuter Prägung anschloß. Durch eine Verwandte der Mutter, die sehr fromme und angesehene Susanne von Klettenberg, fand er mit seiner Mutter Aufnahme in dem Kreis und kam auf diese Weise mit pietistischer Frömmigkeit, wie auch mit der dort ebenfalls gepflegten Pansophie und Alchemie in Berührung. Das führte neben einer intensiven Bibellektüre auch zum Studium der Schriften des Paracelsus. – Einen weiteren Brief an Langer, diesmal auf Deutsch, beginnt er mit der Anrede *Lieber Freund*, verwendet aber weiterhin die Höflichkeitsform *Sie*. Er schreibt, daß er durch ihn *Liebe … gegen die Religion, Freundschaft gegen das Evangelium, heiligere Verehrung gegen das Wort, genug, alles was Sie tun konnten,* empfangen habe und fährt fort: *Freilich bin ich mit allem dem kein Christ … Mein feuriger Kopf, mein Witz, meine Bemühung und ziemlich gegründete Hoffnung, mit der Zeit ein guter Autor zu werden, sind jetzt, daß ich aufrichtig rede, die wichtigsten Hindernisse an meiner gänzli-*

chen Sinnesänderung und des eigentlichen Ernsts, die Winke der Gnade begieriger aufzunehmen ... Ich gehe in die Versammlungen und finde wirklich Geschmack daran. Das ist einstweilen genug. Gott gebe das übrige. (24. Nov. 1768) – Da ist sie wieder, die Hoffnung und schon fast Überzeugung, ein guter Autor zu werden.

Außer Wolfgang Goethes Briefen an Langer gibt es, als nicht weniger wichtige Dokumente, acht Briefe an Annette – ein Glücksfall! Genauer gesagt, Briefe an die *Freundin*, wie er sie nun in seinen Briefen aus Frankfurt anredet, immer artig mit der Höflichkeitsform „Sie" verbunden. Annette hat diese Briefe aufbewahrt, wohl zur Erinnerung an ihren – wir wissen nicht einmal, wie sie ihn nannte! – wahrscheinlich „Goethe". Oder hatte sie auch einen besonderen Namen für ihn? So wie er sie Annette genannt und das zu Nette, Netty, Jette oder Jetty variiert hatte. (Was den Goethe-Biographen Richard Friedenthal veranlaßte, ihm gleich „zwölf Geliebte" in Leipzig anzudichten, wobei er auch das „erbere" Fritzchen und wen sonst noch alles mitzählte.) Diese Briefe existieren also noch, im Gegensatz zu Annettes Antwortbriefen, und wir können in ihnen manches Interessante zur genaueren Charakterisierung Annettes und der Beziehung zwischen ihr und Wolfgang Goethe finden. Höchst aufschlußreich sind in diesen Briefen auch die unmittelbaren Äußerungen des jungen Goethe über seine Krankheit, da uns erst durch sie wirklich bewußt wird, wie nah am Tod er sich zeitweise fühlte und wahrscheinlich auch war. In den Biographien (auch seiner eigenen) wird das, was sich über viele Monate quälend hinzog, meistens ziemlich rasch abgetan. Man ist wohl froh, ihn wieder gesund und mit neuen Kräften nach Straßburg ziehen zu sehen, wo man den Beginn einer großen Dichterkarriere bestaunen kann. Doch scheint es mir wichtig, das Augenmerk genauer darauf zu richten, mit welchen schweren Nachwirkungen seines Leipziger Zusammenbruchs er in Frankfurt noch viele Monate zu kämpfen hatte.

Der erste Brief Wolfgang Goethes in den Brühl vom 1. Oktober 1768 ist an die ganze Familie gerichtet und an den Vater Christian Gottlob Schönkopf adressiert. Weiter oben wurden daraus schon die Schilderung des Familienidylls in ihrer Wohnstube zitiert sowie der an der Treppe aufgegebene nächtliche Abschiedsbesuch Wolfgang Goethes. Daran anknüpfend, schreibt er: *Ich tue also jetzt, was ich damals* [vor der Abreise] *hätte tun sollen, ich danke Ihnen für alle Liebe und Freundschaft, die Sie mir so beständig erwiesen haben. Ich brauche Sie nicht zu bitten, sich meiner zu erinnern, tausend Gelegenheiten werden kommen, bei denen Sie an einen Menschen gedenken müssen, der drittehalb [= 2½] Jahre ein Stück Ihrer Familie ausmachte ... darüber will ich hinweggehen, denn das ist immer für mich ein trauriges Kapitel ... – Ich befinde mich so gut, als ein Mensch, der in Zweifel steht, ob er die Lungensucht hat oder nicht, sich befinden kann ... –* Gegen Ende des Briefes heißt es: *Ich weiß doch, lieber Herr Schönkopf, daß Sie selbst nicht schreiben, aber treiben Sie Käthchen ein bißchen, daß ich bald Nachricht von Ihnen kriege ...* Er wünscht sich, daß er *wenigstens alle Monate einen Brief aus dem Haus bekäme, wo ich bisher alle Tage drinne war,* und grüßt: *Adieu alle zusammen. Käthchen, wenn Sie mir nicht schreiben, so sollen Sie sehen!*

Hier, im Brief an die Familie, stoßen wir zum ersten Mal auf den Namen „Käthchen" aus der Feder Wolfgang Goethes. In seinem nächsten Brief schreibt er ihr, sie dürfe seine Briefe *Ihren Eltern, und wenn Sie wollen, Ihren besten Freunden, aber niemand weiter,* zeigen. Auch deshalb wird er in den künftigen Briefen die Verwendung des Namens „Annette", der für seine Liebe zu ihr stand, vermieden haben. Er erscheint künftig ebensowenig wie „Käthchen"; statt dessen spricht er sie diplomatisch mit „Freundin" an. Mit der Erlaubnis, daß seine Briefe auch im engeren Freundeskreis, den er kannte, gelesen werden dürften, zwang er sich selbst dazu, ob bewußt oder unbewußt, einen Rückfall in leidenschaftliches Schreiben zu vermeiden. In seinem Herzen und in seiner Erinnerung lebte ihr *geliebter Name,* wie er ihn im Widmungsgedicht zu seinem Gedichtband ANNETTE gepriesen hatte, gewiß weiter. Und darum soll er auch auf den folgenden Seiten beibehalten werden.

Annette hat auf die scherzhafte Drohung am Ende des Briefes an die Familie reagiert, aber keineswegs eingeschüchtert, wie indirekt aus Wolfgang Goethes Antwort deutlich wird:

Meine geliebteste Freundin,
noch immer so munter, noch immer so boshaft. So geschickt, das Gute von einer falschen Seite zu sehen, so unbarmherzig einen Leidenden auszulachen, einen Klagenden zu verspotten – alle diese liebenswürdigen Grausamkeiten enthält Ihr Brief; und konnte die Landsmännin einer Minna anders schreiben?
Ich danke Ihnen für Ihre so unerwartet schnelle Antwort und bitte Sie auch inskünftige, in angenehmen muntern Stunden an mich zu denken, und wenn es sein kann, an mich zu schreiben. Ihre Lebhaftigkeit, Ihre

Munterkeit, Ihren Witz zu sehen, ist mir eine der größten Freuden; er mag so leichtfertig, so bitter sein, als er will. – Was ich für eine Figur gespielt habe, das weiß ich am besten; und was meine Briefe für eine spielen, das kann ich mir vorstellen. Wenn man sich erinnert, wie's andern ergangen ist, so kann man ohne Wahrsagergeist raten, wie's einem ergehen wird. Ich bin's zufrieden; es ist das gewöhnliche Schicksal der Verstorbenen, daß Überbliebene und Nachkommende auf ihrem Grabe tanzen ...
Sie haben Recht, meine Freundin, daß ich jetzt für das gestraft werde, was ich gegen Leipzig gesündigt habe. Mein hiesiger Aufenthalt ist so unangenehm, als mein Leipziger angenehm hätte sein können, wenn gewissen Leuten [daran] gelegen gewesen wäre, mir ihn angenehm zu machen. Wenn Sie mich schelten wollen, so müssen Sie billig sein. Sie wissen, was mich unzufrieden, launisch und verdrießlich machte; ... –
Am Ende dieses Briefes steht die bemerkenswerte Aussage: *Ich schreibe, wie ich geredet habe, aufrichtig ...*

Wahrhaftig, diese Annette mußte mit allen sächsischen Wassern gewaschen, mit Witz und Temperament begabt gewesen sein, und man kann sich vorstellen, daß der junge Goethe bei ihr keinen leichten Stand hatte. Sie war alles andere als ein harmloses „Käthchen" und ihrem leidenschaftlichen Liebhaber durchaus gewachsen. War es eben dies, was ihn an Annette so fasziniert hatte?

Anfang Dezember wurde die allmähliche Besserung seines Zustands durch einen Rückfall mit schrecklichen Koliken unterbrochen. In Cornelias Tagebuch für ihre Freundin Katharina Fabricius ist am 7. Dezember festgehalten: *Meinem Bruder geht es sehr schlecht; er hat plötzlich eine heftige Kolik gehabt, die ihn extrem leiden ließ. Man hat alles eingesetzt, um ihm etwas Erleichterung zu verschaffen; doch vergebens. Ich kann ihn in einem solchen Zustand nicht sehen, ohne daß es mir das Herz zerreißt. Daß ich ihm nicht helfen kann!* [Aus dem Französischen] – In der Nacht vom 7. auf den 8. Dezember schien nur noch wenig Hoffnung für ihn zu bestehen, so daß er, wie Goethe in DICHTUNG UND WAHRHEIT berichtet, „unter großen Beängstigungen das Leben zu verlieren glaubte und keine angewandten Mittel weiter etwas fruchten wollten. In diesen letzten Nöten zwang meine bedrängte Mutter mit dem größten Ungestüm den verlegnen Arzt [Dr. Metz] mit seiner Universal-Medizin hervorzurücken; nach langem Widerstande eilte er tief in der Nacht nach Hause und kam mit einem Gläschen crystallisierten trocknen Salzes zurück, welches in Wasser aufgelöst von dem Patienten verschluckt wurde und einen entschieden alkalischen Geschmack hatte. Das Salz war kaum genommen, so zeigte sich eine Erleichterung des Zustandes, und von dem Augenblick an nahm die Krankheit eine Wendung, die stufenweise zu einer Besserung führte …" – Hier war Wolfgang Goethe offenbar dem Tod am nächsten. Das war am 9. Dezember 1768. In dem schon einmal erwähnten Brief an Charlotte von Stein aus dem Harz vom 9. Dezember 1777 erinnerte sich Goethe in der ganz nach innen gewandten Stimmung jenes Abends: *Es ist eben um die Zeit, wenige Tage auf [oder] ab, daß ich vor neun Jahren krank zum Tode war …* – Am 10. Dezember 1768 finden wir in Cornelias Tagebuch: *Nach zwei Tagen des Leidens geht es meinem armen Bruder ein wenig besser; aber er ist so schwach, daß er keine Viertelstunde auf den Beinen sein kann; wenn nur die Schmerzen aufhörten, dann würde er bald zu Kräften kommen. Man muß das Beste hoffen und Geduld haben.* [Aus dem Französischen]

Annette muß von dieser dramatischen Zuspitzung erfahren haben, vielleicht durch Horn, und reagierte offenbar mit Besorgnis und Angst um ihn. Es sieht so aus, als habe sie erst bei diesem Rückfall begriffen, wie ernst es noch immer um ihn stand. – Als es dem Patienten wieder besser ging, schrieb er ihr am 30. Dezember 1768, um sie zu beruhigen:

Meine beste, ängstliche Freundin,
Sie werden ohne Zweifel zum neuen Jahr durch Hornen die Nachricht von meiner Genesung erhalten haben, und ich eile es zu bestätigen. Ja, meine Liebe, es ist wieder vorbei, und inskünftige müssen Sie sich beruhigen, wenn es je heißen sollte: Er liegt wieder! Sie wissen, meine Constitution macht manchmal einen Fehltritt, und in acht Tagen hat sie sich wieder zurechtgeholfen. Diesmal war's arg und sah noch ärger aus, als es war, und war mit schrecklichen Schmerzen verbunden. Unglück ist auch gut. Ich habe viel in der Krankheit gelernt, das ich nirgends in meinem Leben hätte lernen können. Es ist vorbei, und ich bin wieder ganz munter, obgleich ich drei volle Wochen nicht aus der Stube gekommen bin und mich niemand besucht als mein Doktor, der, Gott sei Dank, ein liebenswürdiger Mann ist. Ein närrisch Ding [ist's] um uns Menschen: Wie ich in muntrer Gesellschaft war [in Leipzig], war ich verdrießlich; jetzt bin ich von aller Welt verlassen und bin lustig. Denn selbst meine Krankheit über hat meine Munterkeit meine Familie

getröstet, die gar nicht in einem Zustande war, sich, geschweige mich zu trösten.

Das Neujahrslied, das Sie auch werden empfangen haben, habe ich in einem Anfall von großer Narrheit gemacht und zum Zeitvertreib drucken lassen. Übrigens zeichne ich sehr viel, schreibe Märchen und bin mit mir selbst zufrieden ...

Wenn ich nur bis in [den] April komme, ich will mich gern hineinschikken lassen. Da wird's besser werden, hoffe ich, besonders kann meine Gesundheit täglich zunehmen, weil man nun weiß, was mir eigentlich fehlt. Meine Lunge ist so gesund als möglich, aber am Magen sitzt was. Und im Vertrauen, man hat mir zu einer angenehmen, vergnüglichen Lebensart Hoffnung gemacht, so daß meine Seele sehr munter und ruhig ist. Sobald ich wieder besser bin, werde ich ausgehen in fremde Lande, und es soll nur auf Sie und noch jemand ankommen, wie bald ich Leipzig wiedersehen soll. Inzwischen denke ich nach Frankreich zu gehen und zu sehen, wie sich das französische Leben lebt, und um Französisch zu lernen. Da können Sie sich vorstellen, was ich [für] ein artiger Mensch sein werde, wenn ich wieder zu Ihnen komme. Manchmal fällt mir's ein, daß es doch ein närrischer Streich wäre, wenn ich trotz meiner schönen Projekte vor Ostern stürbe ...

Leben Sie wohl, meine Liebe, ich bin, krank wie gesund, ganz der Ihrige – Goethe.

Das Neujahrslied, von dem Wolfgang Goethe schreibt, hatte er als Privatdruck an Freunde verschickt, mit dem Zusatz: *Seinen Freunden zum Zeugnis, daß er noch l e b t, beim neuen Jahre der kranke – Goethe.* Adam Horn hatte er einen Packen davon zum Verteilen an die Bekannten in Leipzig geschickt. – Immer noch schwankte Wolfgang Goethes Organismus zwischen Krankheit und Gesundheit; aber allmählich schien sich die Waage zu seinen Gunsten zu neigen. Neben der Hoffnung auf Gesundung regte sich eine andere Hoffnung in ihm: Annette wiederzusehen, die *beste, ängstliche Freundin.* Ihre Besorgnis um ihn ließ ihn anscheinend wieder hoffen. *Nur auf sie und noch jemanden* (meint er damit den Vater, auf dessen finanzielle Unterstützung er angewiesen ist?) solle es ankommen, wie bald er nach Leipzig zurückkehren werde!

Doch der nächste Rückschlag ließ nicht lange auf sich warten. Am 31. Januar 1769 (einen Tag vor dem sonst üblichen Monatsersten als Brieftag) schreibt er an die Freundin, diesmal ohne besondere Anrede:

Heute oder morgen, es ist einerlei, wann ich schreibe, wenn Sie nur erfahren, wie's mit mir ist. Es muß besser in Leipzig sein als hier. Es schreibt weder Horn noch Sie; vielleicht habt Ihr Bälle und Fastnachts-Schmäuße, zu der Zeit, da ich im Elend sitze. Traurig[er] Carneval. Seit vierzehn Tagen sitz ich wieder fest. Am Anfang dieses Jahres war ich auf Parole losgelassen; das bißchen Freiheit ist wieder aus, und ich werde wohl noch ein Stückchen Februar im Käfig zubringen. Denn Gott weiß, wenn's alle wird. Ich bin aber ganz ruhig darüber, und ich hoffe, Sie werden es auch sein. Den 3. März bin ich schon ein Halbjahr hier, und auch schon ein Halbjahr krank; ich habe in dem Halbjahr viel gelernt. Ich denke, Horn soll die Zeit über auch mehr gelernt haben; wir werden einander nicht mehr kennen, wenn wir einander wiedersehen ... [Horns Studienabschluß steht im Frühjahr bevor.] Der gute Mensch soll aus Leipzig und hat kein Blut gespien. Unglücklicher Horn! ... Sattsehen könnt ihr euch noch an ihm, denn er ist der letzte Frankfurter in Leipzig, der gerechnet wird, und wenn der fort ist, könnt ihr warten, bis ihr wieder einen zu sehen bekommt. Doch tröstet euch, ich komme bald wieder. Du lieber Gott, jetzt bin ich wieder lustig, mitten in den Schmerzen. Wenn ich auch nicht so munter wäre, wie wollt' ich's aushalten? – Fast zwei Monate, in einem fort ganz eingesperrt.
Leben Sie wohl, beste Freundin, grüßen Sie Ihre Eltern, Ihre Freundin, und wenn Sie einmal schreiben, so berichten Sie mir, wie die Glieder der ehemaligen sonntäglichen Gesellschaft [im Hause Breitkopf] *jetzt untereinander stehen. Lieben Sie mich. – Krank oder gesund, bis an den Tod – Ihr Freund Goethe.*

Dieser letzte Satz wirkt ziemlich pathetisch. Aber einem 19-Jährigen, der seit sechs Monaten in einer Ausnahmesituation lebte, wird man dies nachsehen. Seit seinem Blutsturz bestand zweifellos Grund, ernsthaft um sein Leben besorgt zu sein. Im Dezember hatte sein Schicksal erneut an einem seidenen Faden gehangen. In dem Brief, den er im Februar an Prof. Oeser schrieb, weist er auf diese existentiellen Erfahrungen hin: Wenn Oeser in Leipzig die Frage gestellt werde, wo er (Wolfgang Goethe) jetzt sei, laute die Antwort: *Seit dem August in seiner Stube, bei welcher Gelegenheit er bis an die große Meerenge, wo alles durch muß, eine schöne Reise getan hat. Er wird uns Wunderdinge davon erzählen können.* (14. Februar 1769) – Er hatte viel erfahren auf der Reise *bis an die große Meerenge* – und überlebte ...

Die Dauer der Trennung von Annette und ihr anscheinend bloß freundliches und nicht ernsthaft interessiertes Verhalten ihm gegenüber (wenn er sich nicht in akuter Gefahr befand) hatten bei Wolfgang Goethe vielleicht dazu geführt, daß er sich damit abfand, Annette nicht zurückgewinnen zu können. Mehr läßt sich nicht sagen. Jedenfalls schrieb er ihr vier Monate lang keinen Brief mehr. Die endgültige Auflösung ihrer Beziehung wurde eingeleitet durch einen Brief, den sie im Mai 1769 an Adam Horn nach Frankfurt schrieb. Er enthielt die Nachricht, daß sie sich mit dem 1 ½ Jahre älteren, frisch promovierten Juristen Christian Carl Kanne verlobt hatte, der von Wolfgang Goethe selbst in das Schönkopf'sche Haus eingeführt worden war. Sie vermied damit, ihm ihre Entscheidung direkt mitzuteilen. Hörnchen, der gemeinsame Freund, durfte ihm die Neuigkeit weiterreichen. Er übernahm das für sie, und der nunmehr Verlobten schrieb er am 26. Mai 1769 in seiner launischen Art zu dem Ereignis: *Ich als ordentlich installirter Schulmeister und Hochzeitbitter allhier zu Franckfurth und Sachsenhausen, empfinde darüber ein recht hertzliches Vergnügen und schätze mich besonders glücklich, daß ich die Ehre habe, so wohl Ihnen als auch* respective *dero Hrn. Bräutigam hierzu Glückwünschen zu können.* – Verständlicherweise tat sich Wolfgang Goethe damit schwerer in seinem Brief vom 1. Juni: Nur mühsam gelingt es ihm, die Form zu wahren, um seine Enttäuschung und Bitterkeit nicht allzu deutlich zum Ausdruck zu bringen. Indirekt klingen sie jedoch durch. Schon im ersten Satz des teilweise weitschweifigen Briefes schreibt er über seine *Freude* zur Verlobungsnachricht auf eine Weise, daß er das Wort eigentlich in Anführungszeichen setzen müßte:

Meine Freundin,
Aus Ihrem Brief an Horn habe ich Ihr Glück und Ihre Freude gesehen; was ich dabei fühlte, was ich für eine Freude darüber habe, das können Sie sich vorstellen, wenn Sie sich noch vorstellen können, wie sehr ich Sie liebe. Grüßen Sie Ihren lieben Doktor, und empfehlen Sie mich seiner Freundschaft ... – Sein langes Schweigen erklärt er damit, daß ein Brief von ihm *so wenig Ihrer Aufmerksamkeit wert war wie die Erlanger Zeitung, und alles zusammengenommen, ... bin ich doch nur ein abgestandener Fisch ...* – Er füllt dann die Zeilen mit ausführlichen Kommentaren zu Horns unglücklichem Verhältnis zu Constanze, wobei er in allgemeiner Form schließlich doch seine eigenen Gefühle einfließen lassen kann: ... *doch er denkt daran nicht und hat Recht,*

denn es ist eine gräßliche Empfindung, seine Liebe sterben zu sehen. Ein unerhörter Liebhaber ist lange nicht so unglücklich als ein verlassener; der erste hat noch Hoffnung ..., der andere, ja der andere – wer einmal gefühlt hat, was das ist, aus einem Herzen verstoßen zu werden, das sein war, der mag nicht gerne daran denken, geschweige davon reden. – Es folgen ein paar Sätze zu Constanze und über einen Band mit seinen Liedern, die von dem befreundeten Bernhard Theodor Breitkopf vertont und dann in Leipzig gedruckt werden sollen. Erst nach diesem langen Anlauf geht er zu dem über, was er eigentlich sagen möchte: *Denn, meine liebe Freundin, ob Sie mich gleich Ihren lieben Freund und manchmal Ihren besten Freund nennen, so ist es um den besten Freund immer ein langweilig Ding. Kein Mensch mag eingemachte Bohnen, wenn er frische haben kann. Frische Hechte sind immer die besten, aber wenn man fürchtet, daß sie gar verderben mögen, salzt man sie ein, besonders wenn man sie verführen will. Es muß Ihnen doch komisch vorkommen, wenn Sie an all die Liebhaber denken, die Sie mit Freundschaft eingesalzen haben, große und kleine, krumme und grade, ich muß selbst lachen, wenn ich dran denke. Doch Sie müssen die Correspondenz nicht abbrechen, für einen Pöckling* [Bückling] *bin ich doch immer noch artig genug.*

Die Nachricht von Annettes Verlobung hatte ihn wohl trotz allem unvorbereitet getroffen und wühlte ihn von neuem auf. Die alte Eifersucht bricht hervor auf *all die Liebhaber,* vielleicht auch der Verdacht, daß Annette ihn nicht so sehr geliebt habe wie er sie. Doch fühlt er sich noch nicht fähig, endgültig von ihr Abschied nehmen zu können. Er bittet sie, die Correspondenz nicht abzubrechen. Den Grund dafür hatte er schon im ersten Satz genannt: *wie sehr ich Sie liebe.* – Mag er mit dem Verstand das Ende seiner ersten Liebe eingesehen haben, das Gefühl und mit ihm die Hoffnung wider alle Vernunft lassen ihn nicht los.

Im letzten kurzen Absatz dieses Briefes spricht Wolfgang Goethe in einem klaren Satz aus, was die Beziehung zu Annette für ihn bedeutete: *Ich habe Ihnen immer gesagt, daß mein Schicksal von dem Ihrigen abhängt.* Er fügt dem hinzu: *Sie werden vielleicht bald sehen, wie wahr ich geredet habe, vielleicht hören Sie bald eine Nachricht, die Sie nicht vermuten.* – Danach grüßt er noch ihre Familie und einen Bekannten und schließt mit den Worten: *Ich bin so viel als möglich – Ihr ergebenster Freund – G.*

Stahlstich von Auguste Hüsener (um 1830) nach einem Miniaturbild von H. Lange, das nach einer unsicheren Überlieferung Anna Katharina Schönkopf darstellen soll. – Dieses kunstlose Bild läßt leider nichts vom Wesen der jungen Annette ahnen, nichts von „Ihrer Lebhaftigkeit, Ihrer Munterkeit und Ihrem Witz", wie Wolfgang Goethe in seinem Brief an sie vom 1. November 1768 hervorhob.

Wolfgang Goethe hätte Annette nicht schreiben können, er habe ihr *immer gesagt,* daß sein Schicksal von dem ihrigen abhinge, wenn er das nicht wirklich getan hätte. Und wenn er ihr das immer wieder versichert hat, so muß er tatsächlich über einen langen Zeitraum hinweg davon überzeugt gewesen sein, daß sein Schicksal mit ihr verknüpft sei. – Jetzt, da er nach der Verlobung ihre unwiderrufliche Entscheidung gegen ihn endlich begreifen mußte, braucht er sich die Möglichkeit, nach Leipzig zurückzukehren, nicht mehr offenzuhalten. Die Nachricht, die er ihr ankündigt, wird lauten, daß er sich für Straßburg entschieden hat.

Wen wundert es, daß es nach dieser Verlobung mit Wolfgang Goethes Gesundung zunächst nicht weiter aufwärts ging? Als Annette in Leipzig erneut Ungünstiges über seinen Zustand erfuhr, schrieb sie ihm teilnahmsvoll. Wolfgang Goethe ließ sich Zeit mit der Antwort; doch am 26. August, dem Tag, an dem er sie ein Jahr zuvor zum letzten Mal gesehen hatte, griff er zur Feder, beruhigt die Freundin über sein leidliches Ergehen, erinnert an den Jahrestag und knüpft einige Betrachtungen daran. Sie münden in den Schlußsatz: *O könnte ich dritthalb Jahre zurückrufen. Kätgen, ich schwöre es Ihnen, liebes Käthgen, ich wollte gescheiter sein. G.* – Durch die Anrede mit dem für ihn unüblichen

Vornamen Käthchen, den er auch falsch schreibt, mal mit, mal ohne „h"
(während das „g" für „ch" damals üblich war), anerkennt er wohl, daß
sie nun verlobt war und es endgültig keine *Annette* mehr für ihn gab.

Er schrieb noch zwei Briefe an sie. Der letzte, vom 23. Januar 1770,
ist unkonzentriert geschrieben, mit einem Schuß Galgenhumor, er
springt von einem Thema zum anderen, von Vergangenem zu Zukünfti-
gem, halb ernst, halb töricht. Dazwischen stehen die bemerkenswerten
Sätze: *Sie sind ewig das liebenswürdige Mädchen und werden auch die
liebenswürdige Frau sein. Und ich, ich werde Goethe bleiben. Sie wissen, was das heißt. Wenn ich meinen Namen nenne, nenne ich mich
ganz, und Sie wissen, daß ich, solang als ich Sie kenne, nur als ein Teil
von Ihnen gelebt habe.* – Dann spielt er wieder mit dem Feuer, stellt der
verlobten Freundin das stattliche Frankfurter Elternhaus vor Augen,
von dem er *10 Zimmer kriege,* es fehle nur eine Frau … Er schließt mit
einem letzten Gruß: *Adieu, liebe Freundin. Heut war ich mal lustig und
habe schlecht geschrieben. Adieu, meine Beste.*

Der vorletzte Brief, vom 12. Dezember 1769, war konzentrierter
geschrieben. Er läßt uns ein letztes Mal etwas von der innigen Empfindung dieser Liebe spüren. In der Nacht hatte Wolfgang Goethe von
Annette geträumt, es muß ein sehr intensiver Traum gewesen sein. Er
sah sie wieder, die schon so lange Vermißte und zunehmend Verblaß-
te, unerwartet und völlig gegenwärtig, er fühlte ihre Nähe und war tief
berührt. Unter dem Eindruck dieses Traumes schrieb er ihr einen Brief,
der sein eigentlicher Abschiedsbrief war:

Meine liebe, meine teure Freundin,
Ein Traum hat mich diese Nacht erinnert, daß ich Ihnen eine Antwort
schuldig bin. Nicht, als wenn ich es so ganz vergessen hätte, nicht,
als wenn ich nie an Sie dächte, nein, meine Freundin, jeder Tag sagt
mir etwas von Ihnen und von meinen Schulden. Aber es ist seltsam,
und es ist eine Empfindung, die Sie vielleicht auch kennen werden, die
Erinnerung an Abwesende wird durch die Zeit nicht ausgelöscht, aber
doch verdeckt. Die Zerstreuungen unseres Lebens, die Bekanntschaft
mit neuen Gegenständen, kurz, jede Veränderung unseres Zustandes
tun unserem Herzen das, was Staub und Rauch einem Gemälde tun:
sie machen die feinen Züge ganz unkenntlich, daß man nicht weiß, wie
es zugeht. Tausend Dinge erinnern mich an Sie, ich sehe tausendmal
Ihr Bild, aber so schwach und oft mit so wenig Empfindung, als wenn

ich an jemand Fremdes gedächte. Es fällt mir oft ein, daß ich Ihnen eine Antwort schuldig bin, ohne daß ich den geringsten Zug empfinde, Ihnen zu schreiben.

Wenn ich nun Ihren gütigen Brief lese, der schon etliche Monate alt ist, und Ihre Freundschaft sehe und Ihre Sorge für einen Unwürdigen, da erschrecke ich vor mir selbst und empfinde erst, was für eine traurige Veränderung in meinem Herzen vorgegangen sein muß, daß ich ohne Freude dabei sein kann, was mich sonst in den Himmel gehoben haben würde. Verzeihen Sie mir das! Kann man einem Unwürdigen verzeihen, daß er sich nicht freuen kann? Mein Körper ist wieder hergestellt, aber meine Seele ist noch nicht geheilt. Ich bin in einer stillen, untätigen Ruhe, aber das heißt nicht glücklich sein. Und in dieser Gelassenheit ist meine Einbildungskraft so stille, daß ich mir auch keine Vorstellung von dem machen kann, was mir sonst das Liebste war.

Nur im Traum erscheint mir manchmal mein Herz, wie es ist; nur ein Traum vermag mir die süßen Bilder zurückzurufen, daß meine Empfindung lebendig wird. Ich habe es Ihnen schon gesagt, diesen Brief sind Sie einem Traum schuldig. Ich habe Sie gesehen, ich war bei Ihnen, wie es war. Das ist zu sonderbar, als daß ich es Ihnen erzählen möchte. Alles mit einem Wort: Sie waren verheiratet. Sollte das wahr sein? Ich nahm Ihren lieben Brief, und es stimmt mit der Zeit überein; wenn das wahr ist, o so möge das der Anfang Ihres Glücks sein.

Wenn ich uneigennützig darüber denke, wie freut das mich, Sie, meine beste Freundin, Sie noch vor jeder Andern, die Sie beneidete, die sich mehr dünkte als Sie, in den Armen eines liebenswürdigen Gatten zu wissen; Sie vergnügt zu wissen und befreit von jeder Unbequemlichkeit, der ein lediger Stand, und besonders Ihr lediger Stand, ausgesetzt war. Ich danke meinem Traum, daß er mir Ihr Glück recht lebhaft geschildert hat, und das Glück Ihres Gatten und daß er Sie glücklich gemacht hat. Erhalten Sie mir seine Freundschaft dadurch, daß Sie meine Freundin bleiben, denn auch bis [zu den] Freunden müssen Sie jetzt alles gemein haben.

Wenn ich meinem Traum glauben darf, so sehen wir einander wieder. Aber ich hoffe, noch so bald nicht, und was an mir liegt, will ich seine Erfüllung hinauszuschieben suchen. Wenn anders ein Mensch etwas wider das Schicksal unternehmen kann. Ehmals schrieb ich Ihnen etwas rätselhaft von dem, was mit mir werden würde. Jetzt läßt sich's deutlicher sagen: Ich werde den Ort meines Aufenthalts verändern und weiter

von Ihnen wegrücken. Nichts soll mich mehr an Leipzig erinnern als
ein ungestümer Traum; kein Freund, der daher kommt, kein Brief. Und
doch merke ich, daß nichts helfen wird: Geduld, Zeit und Entfernung
werden das tun, was sonst nichts zu tun vermag. Sie werden jeden un-
angenehmen Eindruck auslöschen und unserer Freundschaft mit dem
Vergnügen das Leben wiedergeben, daß wir uns nach einer Reihe von
Jahren mit ganz anderen Augen, aber mit eben dem Herzen wiederse-
hen werden. Bis dahin leben Sie wohl. – Noch einen Brief wolle er ihr
schreiben, in dem er ihr, wenn es soweit sei, den künftigen Ort seiner
Bestimmung und die Zeit seiner Abreise mitteilen werde. Doch möge
sie ihm nicht mehr antworten, ihm allenfalls durch einen Freund etwas
ausrichten lassen. Er schließt:

Leben Sie wohl, geliebteste Freundin, nehmen Sie diesen Brief mit Liebe
und Gütigkeit auf. Mein Herz mußte doch noch einmal reden, zu einer
Zeit, wo ich nur durch einen Traum von der Begebenheit benachrichtigt
[wurde], die mir es hätte verbieten können. Leben Sie tausendmal wohl,
und denken Sie manchmal an die zärtlichste Ergebenheit

Ihres Goethe.

Anna Katharina Schönkopf hat erst im Mai des folgenden Jahres geheiratet. Doch die Erscheinung der *geliebtesten Freundin* im Traum ließ
Wolfgang Goethe ihre Nähe und seine Liebe noch einmal als vollkommenes Glücksgefühl erleben und von ihr versöhnt Abschied nehmen.
Dieser Brief ist ein Indiz dafür, daß weit über ein Jahr nach dem Zusammenbruch in Leipzig seine *Seele* zu *heilen* beginnt. – Man wünschte,
Trennungen könnten, nach den stürmischen und schmerzlich durchlit-
tenen Phasen des Mißverstehens, immer auf eine so geläuterte Weise wie
hier an ein gutes Ende gelangen. Literarisch betrachtet, darf man diesen
Brief zu dem Besten zählen, was die deutsche Briefkultur aufzuweisen
hat.

***

Etwa ein Jahr zuvor hatte Wolfgang Goethe an Langer geschrieben, er
wolle *lesen, nachdenken, schreiben.* Daran hat er sich gehalten, denn er
war lange Zeit an das Zimmer, den *Käfig,* gefesselt. In den EPHEMERIDES,
einer Art Lektüre-Tagebuch, das er in Frankfurt anlegte, findet man

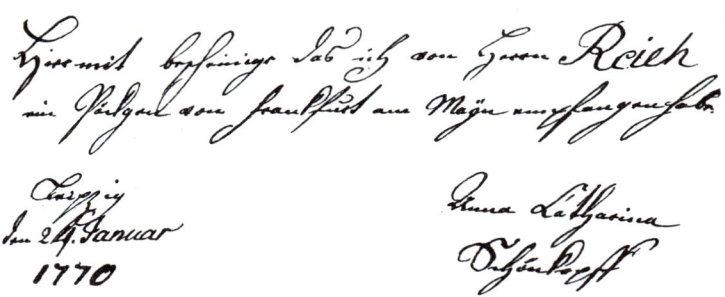

Handschriftliche Bescheinigung Anna Katharina Schönkopfs über den Erhalt eines Päckchens am 24. Januar 1770

Titel, Lektüre-Auszüge und Notizen zu Büchern verzeichnet, mit denen er sich von Januar 1770 bis Dezember 1771 beschäftigt hat. Es ist eine beeindruckende Fülle von Büchern, die dort verzeichnet sind und aus den verschiedensten Wissensgebieten stammen: aus der Philosophie und Theologie, aus den Naturwissenschaften, der Medizin, Pansophie, Magie und Alchemie, der Geschichte, Mythologie u. a. Natürlich befaßte er sich auch mit der Literatur, vor allem mit lateinischer, französischer und italienischer neben der deutschen. – Man kann aus dieser Liste rückschließen, wie sehr er sich auch schon 1769 während der Tage von Krankheit und Rekonvaleszenz mit den genannten Wissensbereichen befaßt, was alles er gelesen und studiert hat. Er verwandte mehr Zeit auf das Lesen als auf das Schreiben. Damals entstanden nur wenige Gedichte, die zusammen mit Gedichten aus der Leipziger Zeit, wie schon erwähnt, 1769 unter dem Titel NEUE LIEDER erschienen, aber keine größere Beachtung fanden. Die beste Arbeit dieser Zeit war das schon in Leipzig begonnene „Lustspiel in drei Aufzügen" mit dem Titel DIE MITSCHULDIGEN, eine gelungene Komödie, in der nicht mehr die eigenen Schwächen wie in der LAUNE DES VERLIEBTEN das Thema waren, sondern allgemeinmenschliche Schwächen, die er mit bemerkenswertem Scharfsinn in einem kleinbürgerlichen Milieu aufdeckt. Eine angestrebte Veröffentlichung des Stückes in Frankfurt kam jedoch nicht zustande.

Am wichtigsten aus der Trias „Lesen, Nachdenken, Schreiben", die Wolfgang Goethe als sein Tätigkeitsprogramm festgelegt hatte, dürfte das Nachdenken gewesen sein. Er war sich dessen bewußt, daß er aus den Erlebnissen seiner Leipziger Zeit Konsequenzen für sein künftiges Leben ziehen mußte, wenn er nicht noch einmal und vielleicht endgültig scheitern wollte. Behrisch hatte ihm oft genug gesagt, daß es ihm an Erfahrung fehle. In der sich lang hinziehenden Krankheits- und Genesungsperiode von 1½ Jahren, die in einem unlösbaren Zusammenhang mit der vorangegangenen Studienzeit stand, setzte er sich nachhaltig mit seinen Leipziger Erfahrungen auseinander und mit dem, was ihn die Krankheit in Frankfurt lehrte. Seine Gedanken waren, wie die Briefe zeigen, während dieser Zeit noch häufig bei den Freunden in Leipzig. Wiederholt streift er in ihnen die Erfahrung der Todesnähe, ohne sich bei dem Thema genauer über sein Erleben und seine Ängste zu äußern; es ist, als hindere ihn eine Scheu davor. Er „verdrängte" das Thema nicht, machte es aber im wesentlichen mit sich selbst aus. Man kann vermuten, daß eine der Wurzeln von Goethes Scheu und Grauen vor der Begegnung mit dem Tod in der traumatischen Konfrontation mit dem eigenen Tod in seiner Jugend zu suchen ist.

Gegen den Tod konnte Wolfgang Goethe damals in Frankfurt nur die *Kraft seiner Natur* helfen. Was er selbst bewußt tun konnte, war, die eigenen Fehler und die Gründe zu erkennen, die in Leipzig schließlich zu seinem Scheitern geführt hatten. Er hatte ja schon von früh an versucht, Einsichten über sich selbst zu gewinnen. In den beiden ersten Briefen, die von ihm erhalten sind und die Bewerbung um die Aufnahme in eine literarische Gesellschaft betrafen, hatte er schon als 14-Jähriger [!] Einblick in seine „Haupt-Fehler" gegeben (er sei *etwas heftig ..., sehr an das Befehlen gewohnt ...* und *gleiche ziemlich einem Camaeleon*). In seinem Schäferspiel ging es auch darum, sich selbst kritisch als Eifersüchtigen zu porträtieren. – Als sein Hauptproblem betrachtete er wohl eine fast krankhafte Leidenschaftlichkeit, wie man aus einer Aussage im Brief an Langer vom 9. November 1768 schließen kann: *Manchmal bin ich ganz ruhig, meine Leidenschaft scheint erloschen zu sein, und ich genieße diese glücklichen Intervalle, aber sie kommt zurück wie das Fieber, und es geht mir noch schlechter.* [Aus dem Französischen] – Die Leidenschaft, der er sich überläßt oder die von ihm Besitz ergreift, in ihm *rast*, ist das, was seine innere Ruhe zerstört und ihn ins Extreme wegreißt. Einige Sätze aus dem „Werther-Brief" drängen sich in diesem Zusammenhang wieder auf: *Ich bin nicht mehr Herr meiner selbst ... Aber ich bin jetzt in Gefahr ... Mein Gehirn ist in Unordnung.* (10. Nov.

1767) Es ist überdeutlich, wie sehr ihn die innere Unordnung, die eigene Ohnmacht gegenüber der Leidenschaft ängstigte, denn natürlich will und muß er „Herr seiner selbst" bleiben. Aber wie erreicht man das? Drei Tage vor dem Brief an Langer hatte Wolfgang Goethe in seinem Briefgedicht an Friederike Oeser die Ratschläge seines *Doctor Medicinä* hierzu zitiert: *Besonders ist er drauf bedacht, / Durch Ordnung wieder einzubringen, / Was Unordnung so schlimm gemacht, / Und heißt mich, meinen Willen zwingen.* –

Schon zu Beginn seines zweiten Jahres in Leipzig hatte er an Moors im Hinblick auf seine Beziehung zu Annette von den *verworrenen Umständen* geschrieben, in denen er sich befinde. In Dichtung und Wahrheit bemerkt Goethe Jahrzehnte später, Behrisch habe versucht, seine „Unruhe und Ungeduld zu zähmen"; doch nach dessen Wegzug sei er wieder in sein „wirriges störrisches Wesen" zurückgefallen. Immer wieder stößt man bei Goethe auf den Begriff des „Verworrenen". Während der Frankfurter Krankheitszeit scheint er erkannt zu haben, daß er Klarheit in sein Leben bringen und zu einer inneren Ordnung finden mußte, ehe er wieder hinausziehen konnte in die Welt. – Langsam, sehr langsam schritt seine Genesung voran; doch die Natur war auf seiner Seite. Die Darstellung der Krankheitsgeschichte Wilhelm Meisters in der Theatralischen Sendung dürfte in ihren abschließenden Sätzen über die Genesung auch Wolfgang Goethes eigene Geschichte wiedergeben: *In den gefährlichsten Augenblicken hatte er rein allem Leben entsagt, das hinter ihm zu liegen schien, er war los geworden von der Welt, und die Ruhe, die aus diesem Gefühl kam, war wie ein freundliches Klima, aus dem der Genesende gelinde Lebenssäfte zog. Dankbar nahm er nunmehr von der Quelle des Lebens das wieder an, was er in der Wut seines Zustandes verschleudert und mit Füßen getreten hatte; und so ward er wie ein Kind zum zweiten Mal wieder ins Leben zurückgeführt ...*

In den ersten Apriltagen des Jahres 1770 konnte Wolfgang Goethe endlich in der Postkutsche nach Straßburg aufbrechen, um das Studium fortzusetzen. Adam Horn, die treue Seele, begleitete ihn auf der ersten Etappe seiner Reise. Zwei Wochen später, am 19. April, schrieb er, der schon unmittelbar vor seiner erfolgreichen Promotion zum Doctor iur. an der Universität Gießen stand, an Anna Katharina Schönkopf: *Keinen vernünfftigen Brief dürffen Sie heute nicht von mir erwarten, denn morgen werde ich Dokter, und da wissen Sie wohl, wie es einem zu muth ist,*

wenn man mit einer disputation *schwanger geht … Goethe ist vor 8 Ta-*
gen in Straßburg angekommen. Ich habe ihn bis nach Mayntz begleitet.
Er wird Ihnen wohl bald einmal schreiben.

Letzteres stimmte nicht. Wolfgang Goethe begrub Leipzig tief in
sich. Nichts sollte ihn bei seinem Aufbruch in eine neue Epoche belasten.

Wiederbegegnung in Leipzig

Es folgte die vielleicht glanzvollste Epoche in Goethes Leben, die Jahre von 1770 bis 1775, die Zeit des literarischen *Sturm und Drang*, dessen unumstrittener geistiger Anführer Goethe wurde. – In Straßburg ging er seinem Jura-Studium diesmal zielstrebig nach, ohne jedoch seine anderen Interessen deshalb einzuschränken. Er traf dort den fünf Jahre älteren Herder, „das bedeutendste Ereignis, was die wichtigsten Folgen für mich haben sollte" (DICHTUNG UND WAHRHEIT), denn durch ihn wurden ihm neue Horizonte erschlossen. – Im Pfarrhaus des elsässischen Dörfchens Sesenheim lernte er die 2½ Jahre jüngere Friederike Brion kennen und lieben. Sie muß eine anmutige, in sich ruhende junge Frau gewesen sein. In einer ländlichen Idylle aufgewachsen und fast nur von vertrauten Menschen umgeben, lebte sie mit ihnen in einer natürlichen Geselligkeit zusammen. Sie war also von ganz anderer Wesensart als Annette, die selbstbewußte Wirtstochter und Städterin aus „Klein-Paris". Goethe selbst war inzwischen gereifter; keine verwirrenden Leidenschaften trübten diesmal das Liebesglück. In seinen *Sesenheimer Liedern* fand er zu einem neuen lyrischen Ton, in welchem er die ersten Ansätze einiger Leipziger Gedichte zur Vollkommenheit entwickelte. Indem er sich von den Rokoko-Mustern löste, gelang es ihm, sein Erleben von Liebe und beseelter Natur ganz unmittelbar in Gedichten auszudrücken. Dies war sein Durchbruch als Dichter. In seiner Beziehung zu Friederike stieß er schließlich erneut auf die Unvereinbarkeit von Liebeserfüllung und innerem Vorwärtsdrängen. Als er sein Studium nach 1½ Jahren erfolgreich abgeschlossen hatte, verließ er Straßburg – und auch Friederike. Mit quälenden Schuldgefühlen mußte er für seine Treulosigkeit büßen.

In Frankfurt, wohin er zurückgekehrt war, betrieb er nebenbei als Advokat ein paar Rechtsfälle (die zum erheblichen Teil sein Vater bearbeitete) und veröffentlichte 1773 sein erstes Drama im Stil Shakespeares, das er gleich nach seiner Straßburger Zeit begonnen hatte, den GÖTZ VON BERLICHINGEN. Vor allem bei der jungen Generation des gebildeten deutschen Bürgertums löste er damit Begeisterung aus. Vom Mai bis zum September 1772 hospitierte er am Reichskammergericht in Wetzlar, wo er sich mit Charlotte Buff und ihrem Verlobten Johann Christian Kestner befreundete. Er verliebte sich in Lotte, die ihm auch zugetan war; aber als Kestner ihr anbot, die Verlobung zu lösen, bekannte sich

Lotte eindeutig und ohne Zögern zu Kestner und wies Goethe in seine Grenzen. Bevor seine Leidenschaft für Lotte in ihm überhandnehmen und wirklich gefährlich werden konnte, reiste er ohne Abschied ab. In einem hinterlassenen Brief schrieb er Lotte: *Ich bin nun allein, und darf weinen, ich lasse euch glücklich, und gehe nicht aus euern Herzen.* – Er blieb mit beiden in freundschaftlicher Verbindung, durch Briefe aus sicherer Distanz. Im April 1773 heirateten Kestner und Lotte.

Erst im Frühjahr 1774 schrieb Goethe dann in wenigen Wochen seinen Briefroman DIE LEIDEN DES JUNGEN WERTHERS, die leidenschaftliche Liebesgeschichte eines empfindsamen jungen Mannes, der für die verlobte Lotte entflammt ist; sie endet mit dem Selbstmord Werthers. – Dieses verhältnismäßig schmale Bändchen löste eine ungeheure Wirkung aus. Vor allem junge Menschen wurden von Werthers Liebesleidenschaft, seinem Naturempfinden und von der neuen, gefühlsbewegten Sprache seiner Briefe so sehr hingerissen, daß sie sich oftmals völlig mit ihm identifizierten – in einigen Fällen bis hin zum Selbstmord. Binnen kurzem wurden das Buch und das sogenannte „Werther-Fieber" zu einem europäischen Ereignis und sein Verfasser weit über die Grenzen des deutschen Sprachraums hinaus berühmt. In Wetzlar hatte man schnell die lokalen Bezüge entschlüsselt, und so galt Lotte Buff hinfort als „Werthers Lotte", was Kestner bald lästig wurde. Auch Lotte war nicht ganz glücklich darüber; aber es schmeichelte ihr wohl schon, als Vorbild für Goethes von allen bewunderte Romanfigur gedient zu haben. – Allerdings hatte Werthers Lotte „die schwärzesten Augen", wohingegen Lotte Buffs Augen blau waren. Es gab, wie Goethe Jahrzehnte später in DICHTUNG UND WAHRHEIT vermerkte, „mehrere Schönheiten", die mit „der Gestalt und den Eigenschaften" ihn angeregt hatten, die Lotte seines Romans zu gestalten, „obgleich die Hauptzüge von der geliebtesten genommen waren". Und das war in jener Zeit Lotte Buff.

Auch Frau Dr. Kanne, geborene Schönkopf, in Leipzig und Behrisch in Dessau mag manches sehr bekannt vorgekommen sein, als sie den WERTHER lasen, was sie bestimmt getan haben. Die Sprache dieses Romans muß Behrisch an gewisse Briefe aus dem Jahr 1767 erinnert haben, die sehr ähnlich geklungen hatten. Und welche Gefühle mögen die einstmals „Annette" Genannte bewegt haben, als sie die Sätze Lottes las: *O! warum mußten Sie mit dieser Heftigkeit, dieser unbezwinglich haftenden Leidenschaft für alles, das Sie einmal anfassen, geboren werden. Ich bitte*

Sie, ... mäßigen Sie sich ... Kannte sie diese extreme Leidenschaftlichkeit nicht allzu gut? Die Legende rankte sich nur um Wetzlar und Lotte Buff, aber es steckt auch viel Leipzig und Annette im WERTHER. Die Beteiligten waren anscheinend klug genug, ihr Wissen für sich zu behalten.

Goethe lebte unterdessen in Frankfurt, wanderte oft zu einem Freundeskreis nach Darmstadt, dichtete seine begeisternden Sturm-und-Drang-Hymnen und einige FAUST-Szenen, alles nur für die Freunde, traf sich mit anderen jungen Dichtern und dem blutjungen Herzog Karl August von Sachsen-Weimar, verlobte sich mit der Bankierstochter Lili Schönemann, die er sehr liebte und die wohl gut zu ihm gepaßt hätte, nicht aber ihre Familie und ihre Gesellschaftsschicht. Um Abstand zu gewinnen, reiste er mit den beiden Grafen von Stolberg in die Schweiz und löste, als er wieder heimkehrte, die Verlobung. – Sein Vater, der inzwischen begriffen hatte, daß der selbstgewählte Bildungsgang seines Sohnes recht erfolgreich war, bot ihm die Finanzierung einer Reise nach Italien an, zu der Wolfgang Goethe auch aufbrach. Aber in Heidelberg holte ihn eine nachgeschickte Kutsche von Herzog Karl August ein, der ihn für einige Monate an seinen Hof nach Weimar eingeladen hatte. Goethe empfand dies als einen Wink des Schicksals und stieg um in die Kutsche des Herzogs.

Am 7. November 1775 traf er in Weimar ein, und es begann ein neuer Abschnitt in seinem Leben. Wenige Tage später begegnete er Charlotte von Stein, die ihn über zehn Jahre lang in ihren Bann ziehen sollte. Doch riß sie ihn nicht zu wilder Leidenschaft hin, sondern er fühlte sich durch eine tiefe Seelenverwandtschaft an sie gebunden. Das Geheimnis ihrer mäßigenden Wirkung auf ihn faßte er in die Verse:

> *Kanntest jeden Zug in meinem Wesen,*
> *Spähtest, wie die reinste Nerve klingt,*
> *Konntest mich mit e i n e m Blicke lesen,*
> *Den so schwer ein sterblich Aug' durchdringt.*
> *Tropftest Mäßigung dem heißen Blute,*
> *Richtetest den wilden irren Lauf,*
> *Und in deinen Engelsarmen ruhte*
> *Die zerstörte Brust sich wieder auf ...*

Charlotte von Stein, die verheiratet war und drei Söhne hatte, hielt ihre Gefühle und auch die des sieben Jahre jüngeren Goethe in Schranken.

Sie gestattete ihm nicht, in *wilde, irre* Leidenschaft zu verfallen. In der Beziehung zu ihr fand der mit 26 Jahren immer noch junge Goethe zur *Mäßigung.*

Die Verse an Charlotte von Stein schrieb Goethe am 14. April 1776, zwei Wochen, nachdem er „seine Annette" nach über sieben Jahren erstmals wiedergesehen hatte. Leipzig lag rund zehn Meilen (oder 100 km) von Weimar entfernt. Wie sehr es Goethe dorthin zog, kann man vielleicht daraus schließen, daß er schon im kalten März die ungemütliche Fahrt in der Kutsche auf sich nehmen wollte. Am 19. März sollte die Reise beginnen, doch eine plötzliche Erkrankung hinderte ihn daran, wovon er Charlotte von Stein in einem kurzen Brief benachrichtigte: *Ich muß Ihnen noch ein Wort sagen, liebe Frau. Ich bin heute Nacht krank geworden, und zwar toll, habe mich wieder zusammengenommen. Muß aber noch hier bleiben. Bin zu Wieland geflüchtet, weil ich ganz allein zu Hause wär. Wollte heut zu Ihnen. Hufeland* [der Arzt] *verbietet mir auszugehn. Ade ...* – Man kann sich gut vorstellen, daß es Goethes Übersensibilität war, die ihm vor der Wiederbegegnung mit Leipzig – und allem, was damit zusammenhing – erst einmal eine kleine Atempause durch Krankheit bescherte. Am Abend des 24. März bestieg er dann doch die Kutsche. Den Verlauf der Reise hielt er in Briefnotizen für Charlotte von Stein fest:

Nachts halb zwölfe – Auerstädt. Unter allerlei Gedanken über Schicksal und Grillen bin ich hier angekommen ... Danach: *Naumburg, früh 5 mit Tagesanbruch komm ich an. Ein wunderbares liebes Dämmerlicht schwebt über allem. Ich habe viel gefroren, und was das Beste ist, auch viel geschlafen ... Wie anders! Lieber Gott wie anders! als da ich vor zehn Jahren als ein kleiner, eingewickelter, seltsamer Knabe in eben das Posthaus trat. – Wie viel hat nicht die Zeit durch den Kopf und das Herz müssen, und wieviel wohler, freier, besser ist mir's nicht.* – Und schließlich: *Vormittag halb 10, Rippach in der Chaise vor dem Posthaus. Bis die Pferde kommen, ein Wort. Hinter Naumburg ging mir die Sonne entgegen auf! Liebe Frau, ein Blick voll Hoffnung, Erfüllung und Verheißung – die Morgenluft so erquickend, der Duft zwischen den Felsen so schauerlich. Die Sonne so golden blickend als je. – Nicht diesen Augen nur, auch diesem Herzen. – Nein! Es ist der Born, der nie versiegt. Das Feuer, das nie verlischt, keine Ewigkeit nicht! ... Ich will nun ganz den Eintritt in Leipzig genießen.*

Goethe ist tief bewegt, auf dieser Reise in seine Vergangenheit, das verraten die kurzen Botschaften an Charlotte von Stein. Sie kommen unmittelbar aus dem Herzen und wirken, als brauche er Charlotte von Stein als seine Schutzheilige bei sich auf dieser Reise nach Leipzig; denn es ist ihm doch auch bange: Wie wird diese schicksalhafte Begegnung mit der eigenen Vergangenheit verlaufen? *Erquickend* oder *schauerlich?* Wie war das Orakel der Natur zu deuten? – *Allerlei Gedanken über* [das] *Schicksal* hatten ihn während der Nacht bewegt. Wenn Goethe von „Schicksal" spricht, meint er die ewig rätselhafte Macht, die über seinem Leben waltet.

Spät am Abend dieses langen Tages, an dem er nach einer Reise durch die Nacht bei Naumburg die Sonne hatte aufgehen sehen, tagsüber wieder durch Leipzig gegangen und den Menschen dort begegnet war, schreibt er noch ein paar Zeilen an Charlotte: *Nachts 10. Nun hier! – Nur mündlich unaussprechliche Worte. Alles ist wie's war, nur ich bin anders. – Nur das ist geblieben, was die reinsten Verhältnisse zu mir hatte damals ...* – Mit diesen Zeilen beschließt er den Tag, an dem er so vieles erlebt hatte, das er nur mündlich dem vertrautesten Menschen erzählen wollte. Das meiste bleibt daher als Goethes Geheimnis im Verborgenen. Auch später hat er nichts darüber niedergeschrieben, wie er damals die Wiederbegegnung mit Leipzig erlebte. Bevor er seine letzten Zeilen dieses Tages an Charlotte schrieb, hatte er *„Abends Achte"* schon seinem 19-jährigen Herzog geschrieben, dem er wohl einen ersten Bericht schuldig war. Der sollte interessant und unterhaltsam sein, und so schildert Goethe ihm, wie lächerlich auf ihn, der sich inzwischen am Natürlichen orientierte, die geschniegelte Leipziger Rokoko-Gesellschaft wirkte, wobei er in Sturm-und-Drang-Manier kräftig übertrieb:

Lieber Herre, da bin ich nun. In Leipzig ist mir sonderlich worden beim Nähern, davon mündlich mehr, und kann nicht genug sagen, wie sich mein Erdgeruch und Erdgefühl gegen die schwarz-, grau-, steifröckigen, krummbeinigen, Perückengeklebten, Degenschwänzlichen Magisters, gegen die Feiertagsberockten, allmodischen, schlanklichen, vieldünklichen Studentenbuben, gegen die zuckenden, grinsenden, schnäbelnden und schwummelnden Mägdlein und gegen die hurenhaften, strozzlichen, schwänzlichen und finzlichen jungen Mägde ausnimmt; welcher Greuel mir alle heut um die Tore als am Marientagsfeste begegnet sind ... Ich bin seit vierundzwanzig Stunden ... nicht bei Sinnen, das heißt bei zu vielen Sinnen, über- und unsinnlich. Habe die Nacht durch manches Knäuelchen Gedankenzwirn auf- und abgewickelt; diesen Morgen stieg mir die göttliche Sonne hinter Naumburg auf ... Ade, lieber gnädiger Herr!

Das Gegenbild zu den *schnäbelnden* und *finzlichen* Frauenzimmern begegnete ihm in Corona Schröter, die er ja schon als Student auf dem Leipziger Theater als Schauspielerin und Sängerin bewundert und im Hause Breitkopf kennengelernt hatte. Im Auftrag des Herzogs sollte er versuchen, sie für das Weimarer Theater zu gewinnen. Er ist erneut begeistert von ihr: *Die Schröter ist ein Engel*, schreibt er an Charlotte von Stein – und man könnte fast meinen, er bedaure es, daß sein Herz schon vergeben ist.

Doch die bewegendste Begegnung stand noch aus. Würde er Annette, oder vielmehr Frau Dr. Kanne, zu sehen bekommen? Sie lebte zu jener Zeit mit Mann und Töchterlein in Wurzen an der Mulde, etwa 2½ Meilen östlich von Leipzig. – Ob sie zufällig in Leipzig weilte oder herbeigebeten wurde, oder ob Goethe sie gar in Wurzen besucht hat, weiß man nicht, aber aus einem sechs Tage später geschriebenen Brief Goethes an Charlotte von Stein geht hervor, daß sich die Prophezeiung des Wiedersehens aus seinem Traum vor sechs Jahren erfüllt hatte: *Ich habe mein erstes Mädchen wieder gesehen. Was das Schicksal mit mir vorhaben mag! Wieviel Dinge ließ es mich nicht auf dieser Reise in bestimmtester Klarheit sehen! Es ist, als wenn diese Reise sollte mit meinem vergangenen Leben saldieren ...* – Mehr erfahren wir über die Begegnung nicht. Und doch erschließen uns diese paar Sätze nicht wenig: *Ich habe mein erstes Mädchen wieder gesehen*. Ein einfacher, ruhiger Satz; nichts von wieder aufflackernder Leidenschaft. Goethe vertraut der Frau, die er liebt, an, daß er in Leipzig seiner ersten Liebe wieder begegnet ist. Aus der unmittelbar daran anschließenden, betonten Frage: *Was das Schicksal mit mir vorhaben mag!* ergibt sich, daß es für ihn eine Begegnung von Bedeutung war und daß er sieben Jahre, nachdem er Leipzig verlassen hatte, die Beziehung zu Annette als einen wichtigen, schicksalhaften Teil seines Lebens empfunden hat. – So mag sich die Wiederbegegnung mit Annette tatsächlich so ähnlich zugetragen haben, wie sie Wolfgang Goethe im Brief vom 12. Dezember 1769, unter dem Eindruck seines Traumes, prophezeit hatte: daß *Geduld, Zeit und*

Erfahrung ... jeden unangenehmen Eindruck in ihnen ausgelöscht hatten und sie sich *nach einer Reihe von Jahren mit ganz anderen Augen, aber eben mit dem Herzen* wiedersehen konnten.

Ob die fast 30-jährige Annette diese Wiederbegegnung so erlebte, bleibt offen. Anders als ihr einstmaliger Student hatte sie schon früh eine eindeutige Vorstellung von dem, was sie wollte und wonach sie strebte: nach einem gesicherten Leben mit einer eigenen Familie. Dr. Kanne muß ein tüchtiger Mann gewesen sein; er brachte es später zum Vizebürgermeister Leipzigs, und so kehrte das Käthchen aus dem Weinhaus Schönkopf im Brühl, nach ein paar Jahren außerhalb von Leipzig, wieder in ihre Heimatstadt zurück und konnte sich dort als angesehene Bürgerin ihres Lebens erfreuen. In Leipzig wird man nicht vergessen haben, daß sie einstmals mit dem nunmehr berühmten Goethe in Beziehung gestanden hatte, was ihrem Ansehen nur förderlich sein konnte.

Epilog

Die Schilderung von Goethes drei Leipziger Studienjahren in diesem Buch unterscheidet sich von den bisherigen biographischen Darstellungen vor allem dadurch, daß sie seine innere Entwicklung während dieser Reifezeit stärker beachtet und daß seine Briefe aus jener Zeit detailliert ausgewertet wurden. Außerdem habe ich mich weniger als die bisherigen Biographen an dem Bild orientiert, das der späte Goethe in DICHTUNG UND WAHRHEIT von dieser Epoche vorgegeben hat. Zu dessen Tendenz bemerkt das Goethe-Handbuch von 1996: „Er selbst hat auf weite Strecken bestimmt, was wir über diese Jahre wissen, und er selbst hat auch die Blickrichtung nachhaltig beeinflußt, in der seine Leipziger Jahre … erscheinen. Es ist ihm gelungen, sein Bild in entscheidenden Konturen selbst zu entwerfen, denn er hat die Quellen unter s e i n e r Perspektive gesichtet, d. h. weitgehend vernichtet, und er hat in DICHTUNG UND WAHRHEIT die Wertungen und Beurteilungen vorgegeben, in denen das überlieferte Material zu sehen sei … Die Leitbilder dieser (Selbst)-Beurteilung … prägen die Darstellung jener Jahre bis heute [!] entscheidend."

Demgegenüber habe ich mich um ein Verstehen von Wolfgang Goethes Leipziger Zeit bemüht, das so unabhängig wie möglich von der Perspektive des späten Goethe ist, und mich überwiegend auf die genaueren frühen Quellen gestützt. Am ergiebigsten waren dabei die Briefe an Behrisch, die 1818 wieder in Goethes Besitz gelangten. Er hat sie, bemerkenswerterweise, n i c h t vernichtet und somit selbst ihre Auswertung ermöglicht. In einer 1831 von Eckermann ausgearbeiteten und von Goethe bestätigten testamentarischen Verfügung gab er sie zur postumen Veröffentlichung frei. Goethe muß sich dabei dessen bewußt gewesen sein, daß diese Briefe seine Leipziger Studentenzeit in einem anderen Licht als in DICHTUNG UND WAHRHEIT erscheinen lassen würden. Daher erscheint es legitim, Goethes Altersperspektive manchmal zugunsten der authentischeren Sicht des jungen Goethe zu berichtigen oder ein abweichendes eigenes Urteil zu bilden, das sich auf diese Jugendbriefe stützt. Dies ist sowohl für eine gerechtere Beurteilung Behrischs notwendig, der in DICHTUNG UND WAHRHEIT zu einseitig als eigenartiger Kauz porträtiert ist, als auch für eine weit ausführlichere und genauere Darstellung der Liebesbeziehung zu Annette. Denn zu ihr finden wir in Goethes Autobiographie erstaunlicherweise nur eine kurze Zusammenfassung von knapp drei Seiten.

Zuvor hatte Goethe im 5. Buch von DICHTUNG UND WAHRHEIT seine kunstvoll gestaltete und anrührende Knabenschwärmerei für ein „Gretchen" erzählt, auf etwa 50 Seiten verteilt. Sie gipfelte in einem Kuß des älteren Mädchens auf seine Stirn, führte dann aber zu einem enttäuschenden Ende. – Auf Annette, die in Leipzig fast 2½ Jahre lang sein Herz und seine Gedanken beherrscht hatte, entfallen dagegen nur diese knapp drei Seiten. Dabei läßt Goethe schon von Anfang an keine Erwartungen beim Leser aufkommen. Während er Gretchen in einer lebendigen Szene als „ein Mädchen ... von unglaublicher Schönheit" einführte, stellt er Annette, nur berichtend und etwas umständlich, so vor: „Meine frühere Beziehung zu Gretchen hatte ich nun auf ein Ännchen übertragen, von der ich nicht mehr zu sagen wüßte, als daß sie jung, hübsch und munter, liebevoll und so angenehm war, daß sie wohl verdiente, in dem Schrein des Herzens eine Zeitlang als eine kleine Heilige aufgestellt zu werden, um ihr jede Verehrung zu widmen, welche zu erteilen oft mehr Behagen erregt als zu empfangen." – Wer die Leipziger Briefe von Wolfgang Goethe kennt, wird erstaunt sein über diese Darstellung, denn man kann nicht übersehen, daß dieses „Ännchen", diese „kleine Heilige", mit der wirklichen Annette kaum etwas gemeinsam hat. Und wer möchte dem Autor von DICHTUNG UND WAHRHEIT glauben, daß er von ihr, seiner ersten Liebe, tatsächlich „nicht mehr zu sagen wüßte", als er in ein paar hübschen, aber ziemlich nichtssagenden Adjektiven angibt?

Seiner nächsten, acht Monate währenden Liebesbeziehung zu Friederike Brion von 1770/71 im Elsaß räumte Goethe in DICHTUNG UND WAHRHEIT wieder viel Platz und Friederike einen glanzvollen ersten Auftritt ein: „... und da ging fürwahr an diesem ländlichen Himmel ein allerliebster Stern auf." Dieses sogenannte ‚Sesenheimer Idyll', ein poetisches Schmuckstück, umspannt, mit einigen Unterbrechungen, etwa 70 Seiten. – Die Wirkung der so unterschiedlichen Gewichtungen und Gestaltungen auf die deutschen Leser war, daß sie gerührt von Gretchen waren und entzückt von Friederike, deren Schicksal sie bis heute bewegt. Von Annette hat sich hingegen nicht einmal der Name, mit dem sie der junge Goethe nannte, in der Erinnerung erhalten. Goethe hat sie zwar nicht völlig übergangen, sie aber zwischen dem Gretchen und Friederike fast ganz verschwinden lassen.

Wenn man die Liebesgeschichte von Wolfgang Goethe und Annette aus seinen so stark empfundenen und sprachlich oft bewundernswerten Jugendbriefen mit Anteilnahme kennengelernt hat, dann ist man enttäuscht, daß sich davon nichts in DICHTUNG UND WAHRHEIT wiederfindet. Man fragt sich, warum Goethe sich dazu entschieden hat, seine erste und so lange dauernde Liebesbeziehung in der Autobiographie fast ganz zu übergehen. Die Antwort vermöchte nur er selbst zu geben. Am wahrscheinlichsten könnten zwei denkbare Erklärungen sein. – Die eine: Goethe wollte oder konnte die Geschichte seiner ersten Liebe aus persönlichen Gründen nicht preisgeben. Sie hatte ihn zu viel Herzblut gekostet und sie war mit so viel Wirrnis, persönlichem Scheitern, mit Verlassenwerden, Krankheit, Not und Todesangst verknüpft, daß er sie tief in sich begrub und sich hütete, diese traumatischen Erfahrungen wieder aufleben zu lassen. Für diese Vermutung spricht, daß sich Goethe in seinem langen Leben und Schreiben auch sonst nicht mehr zu Annette geäußert hat. Es gibt eben nicht nur den einen Goethe, der in seinen Dichtungen die „Bruchstücke einer großen Konfession" hinterließ; es gibt auch den anderen, der zwischen diesen Bruchstücken seiner Bekenntnisse manche Geheimnisse verbarg und beharrlich über sie schwieg. Beides zusammen macht erst sein ganzes Leben aus. Es gibt kaum einenDichter, über dessen Leben und Denken wir so viel wissen wie über Goethe; und dennoch bleibt er in vielem unbekannt und rätselhaft.

Die andere, literarische, Erklärung, weshalb in DICHTUNG UND WAHRHEIT kaum etwas über Annette steht, scheint mir fast zwingend zu sein: Mit seiner Geschichte von dem schwärmerisch verehrten Gretchen hatte Goethe die Liebessehnsucht des Knaben in der vor- oder frühpubertären Entwicklungsstufe dargestellt. Dem konnte er als Autor kaum z w e i Liebesgeschichten aus seiner Studentenzeit folgen lassen. Wenn er seine Leipziger Liebesbeziehung ausführlich erzählt hätte, wäre damit der Sesenheimer Geschichte der Boden entzogen worden. Goethe mußte sich daher für eine dieser beiden erlebten Beziehungen entscheiden. Im 13. Buch von DICHTUNG UND WAHRHEIT findet sich eine indirekte Begründung dafür, weshalb der Autor Goethe sich auf e i n e frühe Liebesgeschichte beschränken mußte: „Die erste Liebe, sagt man mit Recht; sei die einzige; denn in der zweiten und durch die zweite geht schon der höchste Sinn der Liebe verloren. Der Begriff des Ewigen und Unendlichen, der sie eigentlich hebt und trägt, ist zerstört, sie erscheint vergänglich wie alles Wiederkehrende." – Für den Dichter Goethe konnte bei der Entscheidung, welche seiner beiden Jugendlieben er in seinen „Lebensroman" aufnehmen sollte, die Wahl eigentlich nur auf Friederike Brion fallen. Denn die leidenschaftlich wirre, von Unreife, Eifersucht, und Krankheit belastete (und doch gerade dadurch so authentische) Leipziger Liebesgeschichte mit Annette wäre für den zunächst als beispielhaft geplanten „Bildungsroman" zu wenig positiv gewesen. Die Hervorhebung Friederike Brions bewirkte den Eindruck, daß s i e Goethes „Erste Liebe" gewesen sei.

Während man gute Gründe für die Entscheidung des Autors Goethe finden kann, nur seine Liebe zu Friederike Brion ausführlich darzustellen, bleibt es erstaunlich, daß diese Beschränkung in der Goethe-Biographik und -Forschung bis in unsere Tage übernommen wurde, trotz der lange bekannten Jugendbriefe. Nach der Vorgabe von Goethes äußerst reduzierter Darstellung seiner Beziehung zu Annette in Dichtung und Wahrheit wurde seine leidenschaftliche Liebe zu ihr meistens als eine eher harmlose Studentenliebelei gedeutet und wenig beachtet. In Wirklichkeit war es jedoch Goethes Ur-Erfahrung der Liebe. Wie ernst sie für ihn war, hat er übrigens auch in Dichtung und Wahrheit zum Ausdruck gebracht. Über den Verlust Annettes schreibt er dort: „und nun fühlte ich erst, daß ich sie wirklich liebte und daß ich sie nicht entbehren könne ... Allein es war zu spät! ich hatte sie wirklich verloren ...; ich wäre vielleicht an diesem Verlust völlig zu Grunde gegangen [!], hätte sich nicht hier das poetische Talent mit seinen Heilkräften besonders hülfreich erwiesen."

Wie tief diese Liebe in sein Inneres hinabreichte und was alles sie bewirkte (auch im Hinblick auf seine späteren Beziehungen zu Frauen), das kann letztlich niemand genau beurteilen. Doch aus seinen Briefen an Behrisch wird deutlich, daß die Begegnung mit Annette für Goethe das aufwühlendste Erlebnis jener Leipziger Jahre war, das den Nährboden für die Entwicklung seiner Empfindungswelt wie auch seines Sprachgenies bildete, das in den Briefen bereits Gestalt gewinnt. – Untergründig wirkt das in seinem Leben fort, weit über die Leipziger Zeit hinaus. Anna Katharina Schönkopfs Bedeutung für die Lebens- und Entwicklungsgeschichte des jungen Goethe dürfte kaum weniger wichtig gewesen sein als diejenige Friederike Brions oder Lili Schönemanns.

Aber auch für die Literaturgeschichte ist Annette erst noch zu entdecken. Die Raserei einer ungehemmten Liebesleidenschaft, wie

Goethe sie in seinen LEIDEN DES JUNGEN WERTHERS darstellte, hatte er zuerst und am intensivsten und gefährlichsten in seiner Liebe zu Annette erlebt. Sein Brief an Behrisch vom 10.–14. November 1767 nimmt in manchen Passagen schon sechs Jahre vor dem Entstehen des WERTHER dessen Sprache vorweg, und in den Gedichten *An Venus* und *Der Schmetterling* klingt eine an WERTHER gemahnende Todessehnsucht an.

Es ist wohl keine bloße Spekulation, wenn man Wolfgang Goethes monatelange lebensbedrohliche Erkrankung am Ende seiner Leipziger Zeit in einem engen Zusammenhang mit seiner unglücklichen Leidenschaft für Annette sieht. Seine Gefährdung 1772 in Wetzlar durch die Liebe zu Lotte Buff erscheint demgegenüber weit geringer. Er hatte seine Lehren gezogen aus der Leipziger Katastrophe und reiste aus Wetzlar ab, bevor sich erneut eine bedrohliche Leidenschaft entwickeln konnte. So spielen die Leipziger Erfahrungen des jungen Goethe nicht nur eine Rolle für die Entstehungsgeschichte des FAUST, sondern auch für jene seines anderen weltberühmten Werks, DIE LEIDEN DES JUNGEN WERTHERS.

In Wetzlar zeigte sich, daß Goethe tatsächlich *viel in der Krankheit gelernt* hatte, wie er nach der schwersten Krise vom 8. Dezember 1768 an Annette geschrieben hatte: Er trieb es nun nicht mehr bis zum Äußersten. Das war wohl die wichtigste Lehre aus seiner ersten Liebesbegegnung: Er wollte nicht zulassen, daß ihn noch einmal eine unbeherrschbare Leidenschaft, deren Möglichkeit er weiterhin in sich spürte, bis an *die Pforte des Todes* fortriß. – Als er Jahre später von Franzosen gefragt wurde, ob er nicht wieder etwas wie den WERTHER schreiben wolle, antwortete er: *Gott möge mich behüten, daß ich nicht je wieder in den Fall komme, einen zu schreiben und schreiben zu können.* (2. November 1779 an Frau von Stein aus Genf.) Er hatte die Schrecken des Jahres 1768 nicht vergessen und hütete sich davor, noch einmal etwas Ähnliches durchleiden zu müssen.

Man hat oft von Goethes „Fluchtverhalten" gegenüber Frauen geschrieben, nicht selten auf recht banale Weise, so als wäre dies ganz einfach zu erklären. Es wurde schon auf den unauflöslichen inneren Widerspruch hingewiesen, mit dem sich Wolfgang Goethe in seiner Beziehung zu Annette abmühte und deshalb im März 1768 an Behrisch schrieb: *Ich kann, ich will das Mädchen nie verlassen, und doch muß ich fort, doch will ich fort.* – Es gelang ihm aber nicht, sich von seinem starken Gefühl für Annette zu lösen. Sie selbst und seine Erkrankung entschieden schließlich über das Ende der Beziehung. Goethe deutete dieses Ende später so, daß Annette ihn „verlassen" habe, wie er im Frühjahr 1772 Caroline Flachsland erzählte. In DICHTUNG UND WAHR-HEIT beschließt er im 12. Buch seine Darstellung der Liebesgeschichte mit Friederike Brion mit dem Satz: „Gretchen hatte man mir genommen, Annette mich verlassen, hier [bei Friederike] war ich zum ersten Mal schuldig." – Bei Gretchen, seinem Knabenschwarm, war ihm durch den Vater jeglicher Umgang mit ihrem Bekanntenkreis und damit auch mit ihr verboten worden. Bei Annette (wie er sie hier nennt) sieht er sich als den, der „verlassen" wurde. Bei Friederike, dem anderen ge-liebten Mädchen seiner Studentenjahre, bekennt er sich schuldig: „Die Antwort Friederikens auf einen schriftlichen Abschied zerriß mir das Herz; … ich hatte das schönste Herz in seinem Tiefsten verwundet." – Die folgende Zeit „einer düsteren Reue", fügt er hinzu, sei ihm „höchst peinlich, ja unerträglich" gewesen.

Diese ersten, gewiß nicht oberflächlichen Liebeserfahrungen müs-sen für sein weiteres Leben prägend gewesen sein. Die Vermutung liegt sehr nahe, daß er sich für die Zukunft vor allem vor zwei Gefahren hüten wollte: vor einer übermäßigen Leidenschaft und davor, noch ein-mal schuldig zu werden gegenüber einer Frau, die er liebte. Durch seine Liebe zu Annette hatte er die Folgen einer ungehemmten Leidenschaft fürchten gelernt, durch seine Verletzung Friederikes die Qual einer schweren Schuld. – Als er Friederike Brion acht Jahre später in Sesen-heim besuchte, hatten sie und ihre Familie ihm verziehen, so daß er erleichtert an Charlotte von Stein nach Weimar schreiben konnte: *Ich blieb die Nacht und schied den andern Morgen bei Sonnenaufgang, von freundlichen Gesichtern verabschiedet, daß ich nun auch wieder mit Zufriedenheit an das Eckchen der Welt hindenken und in Frieden mit den Geistern dieser Ausgesöhnten in mir leben kann.* – Nach dem, was uns bekannt ist, hat Goethe in seinem späteren Leben nicht noch einmal im Hinblick auf eine geliebte Frau bekennen müssen: „Hier war ich schuldig." Als 22-Jähriger hat er auch diese Lektion gelernt und danach gehandelt.

Hat Goethe auch die andere Gefahr vermeiden können und sich nicht noch einmal durch eine „Wertherische" Leidenschaft hinreißen lassen, *wie ein Toller?* Reifer geworden, hätte er das wohl keiner Frau und auch sich selbst nicht mehr zumuten wollen. Bevor es dazu kommen konnte, zog er sich lieber zurück, mehr als einmal.

Bei Goethe war es allem Anschein nach so, daß er nicht seine ganze Existenz für eine Frau aufs Spiel setzen konnte. Der Sinn seines Lebens war für ihn schon von früh an, Dichter zu werden und *die Pyramide meines Daseins so hoch als möglich zu spitzen,* Vollendung anzustreben. Er fühlte und wußte sich seinem Genie als Dichter verpflichtet. Sein Lebensziel war nicht das private Glück. Wenn er sich vor allzu engen Bindungen hütete, so geschah das nach meinem Verständnis nicht aus Feigheit oder Schwäche, sondern weil er seinem Lebensziel verpflichtet blieb – und aus den Erfahrungen der beiden ersten Liebesbeziehungen gelernt hatte.

Einmal überwältigte ihn doch noch die Werther-Leidenschaft: Als er mit 74 Jahren im böhmischen Marienbad für die 19-jährige Ulrike von Levetzow so sehr in Liebe entbrannte, daß er wider alle Vernunft durch den Herzog Karl August bei der Mutter um ihre Hand anhalten ließ. Eine dezente Absage stürzte Goethe in Verzweiflung, und er dichtete noch einmal aus dem Geiste Werthers – die *Trilogie der Leidenschaft,* deren erstes Gedicht den Titel *An Werther* trägt. Wenige Wochen später erkrankte er lebensgefährlich – und überlebte.

***

Wolfgang Behrisch war neben Annette, wie wir gesehen haben, der zweite Mensch in Leipzig, mit dem Wolfgang Goethe ein sehr enges Verhältnis verband. Die Briefe des jungen Goethe vermitteln uns viel über diese Freundschaft; man kann spüren, daß er manche dieser Briefe an den Freund mit seinem Herzblut geschrieben hat. Indirekt geht aus ihnen hervor, wie sehr Behrisch sich seinerseits für ihn engagierte und welche große, kaum zu überschätzende Bedeutung er als engster Vertrauter und als stets ansprechbarer, kundiger und einfühlsamer Kritiker für Goethe hatte. – In dem autobiographisch eingefärbten Romanfragment WILHELM MEISTERS THEATRALISCHE SENDUNG findet sich eine Stelle, die man wohl zu Recht als Reverenz Goethes für seinen Critikus Behrisch gedeutet hat: In einem Gespräch über bestimmte Fehler, die man im Drama vermeiden müsse, sagt der junge Wilhelm Meister: *Ich war selbst von jener Krankheit ... dahingerissen, und ich habe meine Bekehrung nicht mir selbst, sondern meinem vortrefflichen Freunde R. zu danken, dem ich einige von meinen Sachen wies. Wie glücklich wäre ich gewesen, wenn er sich zu meinem Vorteile länger hier aufgehalten hätte.* – Es ist naheliegend, sich hier an Wolfgang Goethes Gedankenaustausch mit Behrisch über die LAUNE DES VERLIEB-TEN zu erinnern und an dessen Wegzug nach Dessau.

Man fragt sich, warum in DICHTUNG UND WAHRHEIT eine ähnliche Würdigung des „vortrefflichen Freundes" Behrisch fehlt. Denn nicht nur Annette, die Liebste, sondern auch Behrisch, der engste Freund, wird in DICHTUNG UND WAHRHEIT auf eine doch enttäuschende Weise dargestellt, im Gegensatz zu Annette recht ausführlich. Seine Charakterisierung gibt kaum etwas von dem wieder, wie Goethe als junger Mensch, nach seinen Briefen zu urteilen, Behrisch gesehen, geschätzt und geliebt hat. Gleich zu Beginn wird der „neue Freund" als „einer der schrulligsten Käuze, die es auf der Welt geben kann", vorgestellt, und es folgen deutlich mehr negativ wirkende Aussagen über ihn als positive. Neben seiner Skurrilität und seiner „großen Verachtung von der Buchdruckerei" wird vor allem Behrischs Hang „zu dem größtmöglichsten Zeitverderb" mehrfach hervorgehoben. – Dazwischen stoßen wir aber auch auf vereinzelte Bemerkungen zu seinen Vorzügen: „Indessen war sein Umgang wegen der schönen Kenntnisse, die er besaß, doch immer im Stillen lehrreich, und weil er mein unruhiges, heftiges Wesen zu dämpfen wußte, auch im sittlichen Sinne für mich ganz heilsam." – An anderer Stelle: „Mein Umgang diente auch ihm zur besonderen Unterhaltung, indem er Vergnügen daran fand, meine Unruhe und Ungeduld zu zähmen, womit ich ihm dagegen auch genug zu schaffen machte." Als Behrisch schließlich Leipzig verlassen muß, heißt es: „Der Verlust eines Freundes wie Behrisch war für mich von der größten Bedeutung. Er hatte mich verzogen, indem er mich bildete, und seine Gegenwart war nötig, wenn das einigermaßen für die Sozietät Frucht bringen sollte, was er an mich zu wenden für gut gefunden hatte. Er wußte mich zu allerlei Artigem und Schicklichem zu bewegen, was gerade am Platz war, und meine geselligen Talente herauszusetzen. Weil ich aber in solchen Dingen keine Selbständigkeit erworben hatte, so fiel ich gleich, da ich wieder allein war, in mein wirriges störrisches Wesen zurück." Leider beschränkt sich Goethe auf so allgemein gehaltene Äußerungen, daß der Leser kaum genauere Vorstellungen mit ihnen verbinden kann. Hätte er doch an einigen Beispielen Behrischs positiven Einfluß auf ihn gezeigt und nicht bloß seine Seltsamkeiten detailliert ausgemalt! So erschließt sich in DICHTUNG UND WAHRHEIT nur durch Andeutungen, weshalb der Verlust dieses Freundes für ihn „von der größten Bedeutung" war.

Von der intensiven Zusammenarbeit mit Behrisch bei seinen Dichtungen erwähnt Goethe allein dessen aufwendige kalligraphische Gestaltung des Gedichtbandes ANNETTE, übergeht jedoch, was er seinem unentbehrlichen Criticus, der obersten Instanz des „Grand conseil poétique", alles zu verdanken hatte bei seinen unablässigen dichterischen Bestrebungen. – Ein renommierter Goethe-Forscher schrieb einmal in einem Essay über DICHTUNG UND WAHRHEIT kurzerhand vom „Nichtsnutz Behrisch". Dies war der Eindruck, den er aus Goethes Darstellung gewonnen hatte! Behrisch hätte zweifellos Besseres verdient. – So gab es schon zu Goethes Lebzeiten Kritik an der zu einseitigen Charakterisierung Behrischs in DICHTUNG UND WAHRHEIT, und zwar aus Dessau, wo Behrisch von 1767 bis zu seinem Tod am Hof gewirkt und gelebt hat. Einer der bedeutendsten Männer aus dem inneren Kreis um Fürst Franz, der Wirkliche Geheime Rat (und glänzende Altphilologe) August von Rode, hatte 1818 die Rückgabe von Goethes Briefen und Gedichten aus Behrischs Nachlaß an Goethe nach Weimar vermittelt. Von Rode hatte über Jahrzehnte in unmittelbarer Nähe Behrischs gelebt und wie dieser bei der Erziehung des Erbprinzen von Dessau mitgewirkt. Nach der Übersendung der Jugendbriefe Goethes nach Weimar schrieb von Rode an Goethes Freund Knebel:

Ich hätte auch gewünscht, daß Goethe seinen Briefwechsel mit Behrisch zu der Zeit besessen, als er an dem zweiten Teil seiner Lebensgeschichte gearbeitet. Er würde schonender mit ihm verfahren sein und ihn nicht bloß von seiner lächerlichen Seite geschildert haben. Ich habe viele Jahre in der Nähe von Behrisch gelebt. Ich bin sehr entfernt, dessen Fehler und Schwachheiten in Schutz zu nehmen oder leugnen zu wollen; aber er hat den Schauplatz der Eitelkeit, den Hof, und endlich das Leben selbst mit einer Art verlassen, die dem Aristippus Ehre machen würde ... Und um dahin zu gelangen, gehört wohl etwas mehr gediegenes Verdienst dazu, als man nach jener Schilderung vorauszusetzen geneigt ist. Auch, bei aller seiner Eitelkeit, ist er nie mit seinen Gedichten öffentlich aufgetreten, worunter doch in der Tat viel artige, witzige Sachen waren. Seinen Manen dies Sühneopfer!

In dieser Ehrenerklärung wird Behrisch aus berufenem Munde mit Aristipp, dem Muster des kritischen, aufgeklärten Humanisten in Wielands Roman ARISTIPP UND SEINE ZEITGENOSSEN verglichen. Das ist ein deutlicher Hinweis darauf, welches Ansehen er sich in dem hochkultivierten Dessau trotz seiner Eigenarten erworben hatte. Es ist an der Zeit, daß Behrisch auch in der Goethe-Forschung als ernstzunehmende Persönlichkeit, als Kenner der Literatur und als der erste kritische Kopf gewürdigt wird, der Goethes Talent erkannte und nachhaltig förderte, was dann später Herder und Merck fortsetzten.

Es wurde oben schon einmal erwähnt, daß Goethe und Behrisch sich 1776 in Dessau am Hof des Fürsten erstmals wiedersahen, worüber Goethe 1830 Eckermann erzählte. Offensichtlich begegneten sich beide freundschaftlich. Eckermann notierte in GESPRÄCHE MIT GOETHE, dieser habe erzählt, er habe Behrisch *noch ganz wie sonst, als feinen Hofmann und von bestem Humor* angetroffen. Behrischs erste Bemerkung sei gewesen: ,*Hab ich es dir nicht gesagt? War es nicht gescheit, daß du damals die Verse nicht drucken ließest und daß du gewartet hast, bis du etwas ganz Gutes machtest? Freilich, ganz schlecht waren die Sachen damals auch nicht, denn sonst hätte ich sie nicht geschrieben …*' – Doch Goethe fand Behrischs Humor später nicht mehr so lustig wie in seiner Leipziger Studentenzeit. Nach einem weiteren Besuch in Dessau notierte er am 14. Mai 1778 im Tagebuch: *Begleitet von Behrisch mit gescheiten Bemerkungen, dumm ausgedrückt et vice versa.* Diese Äußerung läßt erkennen, daß die herzliche Beziehung früherer Tage nicht wieder aufgelebt war. – Es war Goethes Schicksal, daß er den meisten seiner Freunde in der geistigen Entwicklung rasch davoneilte und dann ihnen gegenüber nur noch freundlich, aber nicht mehr Freund in einem umfassenderen Sinn sein konnte. Behrisch hat das wohl so hingenommen, wie es eben war. Im Sommer 1780 trafen sie sich dann in Goethes Haus in Weimar wieder, worüber aber nichts weiter bekannt ist. Danach ist es bis 1797 noch zu manchen Begegnungen am Hof von Dessau gekommen. – Behrisch blieb unverheiratet und nahm später seine verwitwete Mutter zu sich. In seinem Gespräch mit Eckermann hatte Goethe auch bemerkt, Behrisch habe *einige sehr schöne Zimmer im Schloß* bewohnt und sei, auch als er *schon alt war ...,* immer noch in der besten Laune gewesen. Er starb 1809 im Alter von 71 Jahren. Im darauffolgenden Jahr verstarb Goethes einstige „Annette" mit 63 Jahren in Leipzig.

***

Kehren wir noch einmal zurück in das Leipzig des Studiosus Wolfgang Goethe, in das Klein-Paris des Rokoko, die Stadt des Handels und der Bücher mit ihren Prachtgärten und der freundlichen Landschaft vor den Toren, in die im Herbst des Jahres 1765 ein unreifer, doch sehr von sich überzeugter 16-jähriger Knabe einzog, voll Wissensdurst und überaus begierig, das freie Leben, die Künste, andere Menschen, sich selbst, die Liebe kennenzulernen – und das alles mit Begeisterung in Dichtung zu verwandeln. Er hat viel erlebt, gelernt und gelitten in den drei Jahren, die er dort verbrachte, die so voll waren von Neuem, von Liebe und Freundschaft, von Niederlagen und Aufschwüngen, von Glück und Verzweiflung und die zuletzt in bitteren Verlusten, in Not und Krankheit endeten. Seine Briefe an Behrisch und die Briefe, die er dann aus Frankfurt nach Leipzig schrieb, an den Freund Langer, an die verlorene und immer noch geliebte Annette, an den verehrten Professor Oeser und seine Tochter Friederike, sie alle spiegeln wider, was in diesen drei Jahren seinen Geist und sein junges Herz erfüllt hat. Sie helfen uns, jene Lücke in DICHTUNG UND WAHRHEIT zu schließen, die Goethe hinterließ, indem er das Herzstück der Leipziger Zeit, die Geschichte seiner Liebe zu Annette und seiner Freundschaft mit Behrisch, fast ganz verschwieg. – Seinem letzten Brief an Behrisch hatte Wolfgang Goethe jenen erstaunlichen Zyklus von Liebe und Tod beigelegt, wo er am Ende wie in einer Jenseitsvision zurückkehrt an die *vielgeliebten* Orte erfüllten Glücks:

Und in Papillons Gestalt,
Flattr' ich nach den letzten Zügen
Zu den vielgeliebten Stellen,
Zeugen himmlischer Vergnügen,
Über Wiesen, über Quellen,
Um den Hügel, durch den Wald.

Ich belausch ein zärtlich Paar;
Von des schönen Mädchens Haupte,
Aus den Kränzen schau ich nieder;
Alles, was der Tod mir raubte,
Seh ich hier im Bilde wieder,
Bin so glücklich, wie ich war.

Diese fast schwerelosen Verse geben einen Eindruck von der Höhe, die Wolfgang Goethe in einzelnen Strophen damals schon als Dichter erreichte. Sie lassen aber auch ermessen, wie tief am Ende der Absturz und wie hart der Aufschlag in der Wirklichkeit für ihn gewesen sein müssen.

Anhang

Vorbemerkung

Dieses Buch ist als eine gut lesbare biographische Darstellung konzipiert und vermeidet daher die fachwissenschaftliche Sprache. Es beruht inhaltlich auf der sorgfältigen Auswertung vieler Quellen. Sie werden hier nachgewiesen, um Interessierten einen raschen fachwissenschaftlichen Zugang zu ermöglichen.

Wie im Vorwort bereits erläutert, stehen Goethe-Zitate aus DICHTUNG UND WAHRHEIT in Anführungszeichen; die meisten stammen aus den Büchern 6 bis 8, in denen Goethe seine Leipziger Zeit dargestellt hat. Von besonders wichtigen Zitaten aus den Büchern 6 bis 8 abgesehen, werden nur die Zitate aus den anderen Büchern von DuW nachgewiesen. Sie werden nach der Münchner Ausgabe (MA) von Goethes Werken, Bd. 16 (1985) mit der Angabe: MA 16, S. … zitiert. – Andere Goethe-Zitate werden ebenfalls nach der MA nachgewiesen.

Die Brieftexte werden immer kursiv gedruckt, Datumsangaben oft schon im Text angegeben, sonst in den Anmerkungen. Sie werden nach der Weimarer Ausgabe, IV. Abteilung von Goethes Werken zitiert, wobei die gegenüber heute manchmal stark abweichende Rechtschreibung und Zeichensetzung vorsichtig modernisiert wurden. Die Übersetzungen von französischen und einigen englischen Brief- oder Tagebuchtexten stammen häufig vom Autor dieses Buches (bezeichnet mit: Eigene Übersetzung); wenn nicht, sind sie aus dem Band 28 der Goethe-Ausgabe des Deutschen Klassiker Verlages (1997), hg. von Wilhelm Große, übernommen und werden nachgewiesen unter FA II, 1, S. … (= Frankfurter Ausgabe, II. Abtlg., Band, Seite). – Zu einigen unvollständig wiedergegebenen Gedichten Goethes sind im Anhang die fehlenden Verse abgedruckt. – Die Nach- und Hinweise in diesem Anhang werden erschlossen durch die Angabe der Seitenzahlen, auf denen sich die betreffenden Stellen befinden.

Anmerkungen

Seite
10 *Geschichte des Herzens*: Brief Goethes an Behrisch vom 20. Nov. 1767, WA IV,
   1, S. 145.
11 *Schon ein früher Goethe-Biograph* …: Der Engländer G. H. Lewes, der 1855
   die erste große Goethe-Biographie schrieb. Hier zitiert aus der 18. (!) deutschen Auflage von 1903, Vorwort von 1855. S.VII.
12 *Goethe war...*: Nicholas Boyle: Goethe I, 1749–1790, München 1995, S. 108 f.
18 *Lust zu fabulieren*: Aus dem Gedicht *Vom Vater hab' ich die Statur*… MA 13.1,
   S. 228.
18 *ein kleiner, eingewickelter,* … *Knabe*: An Charlotte von Stein, 25. März 1776.
   WA IV, 3, S. 44.
20 *Abschiedsrede*: Heinrich Pallmann: Johann Adam Horn, Leipzig 1908, S. 91 ff.
20 *Verwechsle nunmehr* …: Ebd., S. 96.
20 *mit der Welt völlig unbekannt* …: An Carl Theodor Küstner, 24. Dez. 1825.
   WA IV, 40, S. 188.
23 Zur Geschichte von Kerns Jugendbildnis von Goethes siehe Fritz Ebner,
   GOETHE-JAHRBUCH 25/1963, S. 332.
29 *Der Buchhandel* …: Goethe-Handbuch, Bd. 1, Stuttgart 1996, S. 33 f.
34 *Du bist über die Kinderjahre* …: 7. Dez. 1765, WA IV, 1, S. 26.
34 *Schreibe nur, wie du* …: 6. Dez. 1765, ebd. , S. 22.
34 *Noch Verschiedenes* …: 12. Dez. 1765, ebd., S. 30 f.
35 *Wir haben hier* … 31. Dez. 1765, ebd., S. 33.
35 *13 Reaumurische Grade* …: 2. Jan. 1766, ebd., S. 33.
35 *Kostspielig* …: 17. Jan. 1766. (Aus dem Französischen) ebd., S. 34 f., FA II, 1,
   S. 592.
37 *Was die Unruhe* …: An Charlotte von Stein, 9. Dez. 1777, WA IV, 3, S. 195.
38 *obgleich ich* …: 30. März 1766. (Aus dem Französischen) WA IV, 1, S. 48.
   FA II, 1, S. 601 f.
39 *Lieber Riese* …: WA IV, 1, S. 44 ff.
41 *Vorm Jahre* …: An Cornelia, 11. Mai 1767, ebd., S. 88.
45 *Ich seufze* …: An Riese, 28. April 1766, ebd., S. 44.
47 Brief Horns an Moors in: Wilhelm Bode, Goethe in vertraulichen Briefen seiner
   Zeitgenossen, München 1982, Bd. 1, S. 11.
48 *Es sind heute* …: An Behrisch, 26. April 1768, WA IV, 1, S. 159.
48 *ein wenig verändert* …: 11. Mai 1766. (Aus dem Englischen.) ebd., S. 50.
48 *die große Ehre* …: Ebd. S. 51 (Aus dem Englischen.)
48 *A Song* …: Ebd., S. 51 f. (Prosa-Übersetzung von M. Z.)
49 *Oft, Schwester* …: Ebd., S. 53. (Aus dem Englischen.)
50 *Nach meinem übergroßen* …: Ebd. , S. 53. – *Tausend, tausend Grüße* …: ebd.
   S. 55. (Beides aus dem Französischen) FA II, 1, S. 605 und 606.
51 *Leidenschaft für die schöne Charitas* …: An Trapp, 2. Juni 1766, WA IV, 1,
   S. 57.
51 *Melancholie*: Brief an Cornelia vom 27. Sept. 1766. (Aus dem Französischen)
   ebd., S. 68 f.
52 *Habt mehr Collegia* …: Ebd., S. 46.

52 Beide Zitate aus: Goethes Gespräche. Biedermann'sche Ausgabe. dtv, 1998,
Bd. 1, S. 64, S. 26.
52 *Wie ich's besser ...: An Ph. E. Reich, 20. Febr. 1770, WA IV, 1, S. 230.
53 *Was bin ich Ihnen ...*: An Oeser, 9. Nov. 1768, ebd., S. 178f.
54 *Oesers Erfindungen ...*: An Reich, 9. Nov. 1768, ebd., 1, S. 229.
55 Zum Schäkespears Tag: MA, Bd. 1.2, S. 411f.
56 *Im schönsten ...*: Brief an Cornelia. WA IV, 1, S. 47. (Aus dem Französischen),
FA II, 1, S. 601.
58 Brief Horns vom 12. Aug. 1766: W. Bode (wie Anm. S. 47), Bd. 1, S. 9f.
59 Brief Horns vom 3. Okt. 1766: W. Bode (wie Anm. S. 47), Bd. 1, S. 10f.
59 Charakterisierung in Horns Brief: S. 47 unten.
59 *... eines unglücklichen Freundes*: An Trapp, 1. Okt.1766, WA IV, 1, 59. (Aus
dem Französischen), FA II, S. 614.
60 *Endlich schreibe ich ...*: 1. Okt. 1766.
62 Zu Ernst Wolfgang Behrisch: W. Große, Insel-Bücherei Nr.1189, S. 109f.
64 *vom Sekretär meiner Kleinen...*: WA IV, 1, S. 61. (Aus dem Französischen.
Eigene Übersetzung)
67 *Zufluchtsort*: An Behrisch, 2. Nov. 1767, ebd., S. 128.
68 *Bis drei Uhr ...*: 10. oder 11. Okt. 1766, ebd., 1, 63. (Aus dem Französischen.
Eigene Übersetzung)
68 *wurde später abgeleitet ...*: Z.B. von H. Meyer in: Goethe. Das Leben im Werk,
Stuttgart 1967 (2. Aufl.), S. 67–72.
69 *Guten Tag, mein Lieber...*: 12. Okt. 1766, WA IV, 1, S. 63. (Aus dem Französischen; die Verse aus dem Englischen: eigene Übersetzung.)
71 *Noch ein Wort...*: 12. Okt. 1766, 5 Uhr, ebd., S. 65 (Aus dem Französischen.
Eigene Übersetzung)
72 *Guten Tag, meine kleine Gelehrte...*: 27. Sept. 1766, ebd., S. 66f. (Aus dem
Französischen) FA II, 1, S. 624.
73 *Du nimmst Partei ...*: WA IV, S. 69. (Aus dem Französischen), FA II, 1, 625.
73 *Was mein Gesicht ...*: WA IV, 1, 69. (Aus dem Französischen), FA II, 1, 625.
74 *Ich fange an ...*: Fortsetzung vom 18. Okt. WA IV, 1, S. 81. (Dieser Passus auch
im Original auf Deutsch.)
76 *kleiner, eingewickelter, seltsamer Knabe*: Siehe Anm. zu S. 18.
79 *In eine Stadt gesperrt ...*: MA 2.2, S. 31.
80 *mittels unserer geheimen ...*: WA IV, 1, S. 64.
81 *d. 1. Octb. 1768 ...*: Ebd., S. 164. *wie in einer Burg ...*: Ebd., S. 82.
81 *Ich gleiche ziemlich ...*: Ebd., S. 4.
82 *Was macht ...*: An Anna Katharina Schönkopf, 1. Nov. 1768, ebd., S. 167.
82 *Doch unter Hunderten ...*: Zit. nach der CD-Rom „Der junge Goethe in seiner
Zeit", hg. von Karl Eibl u. a., Insel Verlag, 1998, it 2100.
83 *Die ganze Familie ...*: WA IV, Bd. 1, S. 116.
83 *Das ... Breitkopf'sche Haus ...*: Grumach: Goethe Begegnungen und Gespräche, Bd. 1, Berlin 1956, S. 107.
84 *Wenn mich mein böses Mädchen ...*: Brief vom 8. Nov. 1768, WA IV, 1, S. 175.
86 *Von* [ihres Vaters] *Schülern der eifrigste...*: Goethes Gespräche. Biedermann'sche
Ausgabe, Bd. 1, S. 32.
87 *Obwohl sie gestorben ...* : 11. Mai 1767, WA IV, 1, S. 85. (Aus dem Französischen. Eigene Übersetzung).

89 *von seinem ehmaligen Jonathan* …: 6. Mai 1774, WA IV, 2, S. 158.
89 *Das hier ist Jonathan* …: MA 2.2, S. 11.
89 *Es bedarf nur* …: MA 5, S. 15f.
90 *Als David* …: A. T. 1. Buch Samuel 18, 1. – *Fürchte* …: 1. Sam. 23, 17f. – *Es ist mir* …: 2. Sam. 1, 26.
90 *Herzensangelegenheit*: Brief an Langer vom 8. Sept. 1768, WA IV, 51, S. 29.
91 *auszuschmücken* …: Brief an Cornelia vom 27. Sept. 1766, ebd. S. 67.
92 *Da ich ganz ohne Stolz* …: WA IV, 1, S. 88f.
93 *wehrten Critikus*: An Behrisch vom 24. Okt. 1767, ebd., S. 124.
94 *Was meine Verse betrifft* …: Ebd., S. 97. (Aus dem Französischen. Eigene Übersetzung)
97 *An Annetten*: MA, Bd.1.1, S. 98.
98 *Von kalten Weisen* …: WA IV, 1, S. 91.
98 *Die kleine Schönkopf* …: WA IV, 1, S. 86. (Aus dem Französischen. Eigene Übersetzung)
100 *An den Schlaf* …: Ebd., S. 95.
101 *vollkommenes Beispiel* …: Gerhard Sauder in: MA 1.1, S. 808.
101 *Annette an ihren Geliebten*: MA 1.1, S. 119.
102 *Wie es meine Annette* …: MA 1.1, S. 105.
103 *zum allerersten Male* …: Brief Goethes an Moors, 10. Nov. 1766, WA IV, 1, S. 60.
104 *Meine geliebteste Freundin* …: 1. Nov. 1768, ebd., S. 167.
104 *[sie] konnte es mich tun machen* …: 23. Jan. 1768, ebd. S. 223.
104 *Vorbild ihres tüchtigen Vaters* …: Nach Julius Vogel: Käthchen Schönkopf, Leipzig 1920, S. 5ff.
105 *Hopfen und Malz* …: 12. Okt. 1767, WA IV, 1, 110.
106 *sorgfältig nach der Natur* …: An Cornelia vom 12. Okt. 1767, ebd., S. 113.
106 *als schönstes Beispiel* …: MA 1.1, S. 907 (G. Sauder).
106 *Und so begann* …: MA 16, S. 306.
108 *daß eine solche Arbeit* …: MA 2.2, S. 75.
108 *Du wirst dir eine Vorstellung* …: WA IV, Bd. 1, S. 97. (Aus dem Französischen. Eigene Übersetzung)
108 *Deine Bitte* …: WA IV, 1, S. 99. (Aus dem Französischen. Eigene Übersetzung)
111 *Das elendeste Oktoberwetter* … / *Bald läßt er* ….: Brief vom 12. Okt. 1767, ebd., S. 107.
111 *Ich muß dir etwas schriftlich* …: Anfang Okt. 1767, ebd., S. 100.
113 *Überscharfe Wahrnehmung* …: K. R. Eissler, Goethe. Eine psychoanalytische Studie. Zit. nach der deutschen Taschenbuch-Ausgabe, München 1987, S. 102. – Es mag verwundern, daß im folgenden der Psychoanalytiker Eissler und nur Eissler ausführlich zu Behrisch zitiert wird. Das hängt nicht mit einer besonderen Vorliebe für ihn oder seine sonstigen psychoanalytischen Deutungen in dem über 1400-seitigen Buch über Goethe zusammen, sondern damit, daß Eissler, soweit ich sehe, sich als einziger ernsthaft und überzeugend mit Behrischs Beziehung zu dem jungen Goethe genauer befaßt hat.
115 *obgleich ich noch nicht* …: 17. Okt. 1767, WA IV, Bd. 1, S. 121.
115 *testamentarisch genehmigt* …: S. Goethes testamentarisches „Kondizil“ vom 6. Jan. 1831, MA 18.2, S. 348, Z. 31ff. sowie: „Eckermanns Gespräche mit Goethe“, MA 19, S. 399 § 7: „Briefe an Personen, die aus Goethes Leben bekannt sind, wie z.B. Lavater, Jung, Behrisch [!], … und Andere, haben an sich

Interesse, und ein solcher Brief wäre mitzuteilen …" – und dazu ergänzend, ebd. auf S. 400: „Heute nach Tisch besprach ich mit Goethe die vorstehende Angelegenheit punktweise, wo er denn diesen meinen Vorschlägen seine beifällige Zustimmung gab."

116 *Dieser Brief beginnt* …: WA IV, 1, S. 102 (bis S. 104).

117 Eissler: *Besonders in Goethes Werk* …: Wie Anm. S. 113, S. 1486, *Schon im Akt des* …: Ebd., S. 1485.

118 *An meine Lieder*: MA 1.1, S. 121.

118 *Geschichte des Herzens*: An Behrisch vom 20. Nov. 1767, WA IV, 1, S. 145.

120 *drei Oden:* Goethe gab ihnen keinen Titel. Eckermann überschrieb sie beim ersten Druck von 1836: *Drei Oden an meinen Freund Behrisch.* – MA 1.1, S. 122–125 mit dem Titel: *Oden an meinen Freund.*

124 *kleine Wirtin:* 12. Okt. 1767, WA IV, 1, S. 111. – *Sie ist ein recht gutes Mädchen* …: Ebd., S. 112.

124 *bisher verfertigten Dinge* (und anschließende Zitate): Ebd. S. 112. – *Ich schickte euch* …: Ebd., S. 114.

124 Belsazar, *Isabell* …: Ebd., S. 115.

126 *Noch so eine Nacht* …: 13. Okt. 1767, ebd., S. 105.

127 *Träumer mit schrecklicher Erniedrigung … bedroht* …: Eissler (wie Anm. S. 113), S. 105.

127 *Im Vertrauen* …: 13. Okt. 1767, WA IV, 1, 115.

128 *Handwörterbuch*: „Gedrängtes Handwörterbuch der deutschen Sprache" von Chr. Wenig, Reutlingen 1835.

129 *Ich will heute* …: 14. Okt. 1767, WA IV, 1, S. 115.

129 *Die guten Studia … – Ich lasse mich hängen* …: Ebd., S. 117.

132 *Gott weiß …* (und die weiteren Zitate): Ebd., S. 118–120.

134 *Gestern bin ich* …: 17. Okt. 1767, ebd, S. 120. – *Übrigens hielt ich* …: Ebd., S. 119.

135 *Auf den Montag* …: Ebd., S. 122.

136 *ihre Darstellung* …: So Goethe in der biographischen Skizze *Leipziger Theater* von 1811. MA 9, S. 939.

136 *Gestern ein Brief von dir …* (und die weiteren Zitate): WA IV, 1, S. 123–125.

137 *Daß du vom Sonnabend* …: Ebd., S. 126

139 *durch Mitleid* …: Ebd., S. 127. – *Siehst du* …: Ebd., S. 128.

140 *Ich hoffte* …: 3. Nov. 1767, ebd., S. 129.

140 *Der Hof von Dessau* …: Als Quellen für die Verhältnisse dort dienten: a) Michael Niedermeier, „Aufklärung im Gartenreich Dessau-Wörlitz" in: *Weltbild Wörlitz – Entwurf einer Kulturlandschaft.* Ausstellungskatalog von 1996, hg. von Frank-Andreas Bechtoldt und Thomas Weiss, S. 51 ff. – b) Reinhard Alex, „Schlösser und Gärten um Wörlitz", Leipzig 1988.

142 *Er war bei Hof* …: Goethe zu Eckermann am 24. Jan. 1830, MA 19, S. 352.

142 [Er müsse sich] *doch manchmal schämen* …: WA IV, 1, 129.

142 *Herr Langer* …: Ebd., S. 130.

143 *Es ist schon sechs* …: Ebd., S.131.

144 *Sieh, wie ich ernsthaft* …: Ebd., S. 133.

146 *Ein neues Element* …: Eissler (wie Anm. S. 113), S. 95.

146 Brief vom Mai 1774: WA IV, 2, S. 158.

146 Zum Schäkespears Tag: MA 1.2, S. 414.

146 *Hätt' ich nur …*: MA 1.2, S. 153 (Vers 495 ff.).

147 Brief vom 10. bis 14. Nov. 1767: WA IV, 1, S. 134–145. (Sog. „Werther-Brief"; keine Einzelnachweise.)

152 keine *wirklich ganz ernsten Leiden*: H. Meyer (wie S. 68), S. 72.

153 *Diese Briefe …*: Friedhelm Kemp, Goethe – Leben und Welt in Briefen, München 1972, 1996, S. 90.

154 *Aber ich bin jetzt in Gefahr …*: WA IV, 1, S. 141.

154 Albrecht Schöne: „Über Goethes Brief an Behrisch vom 10. November 1767". In: Festschrift für Richard Alewyn, Köln 1967. *Leidenschaftssprache …*; *einzigartiges stilgeschichtliches Zeugnis*: S. 204. – *Weit entschiedener …*: S. 228. – *übermächtige Empfindung*: S. 229.

156 *Projektionsfläche …*: Wilhelm Große im Nachwort zu *Johann Wolfgang Goethe – Geschichte meines Herzens. Briefe an Behrisch*. Insel-Bücherei Nr. 1189. Frankfurt 1998, S. 115.

157 *Dein Brief ist …*: WA IV, 1, S. 145.

159 *was für ein liebenswürdiges …*: An Behrisch, 21. Nov. 1767, ebd., S. 147.

159 *A propos …*: 21. Nov. 1767 ebd., S. 146. – *Soviel ich jetzt …*: Brief vom 27. Nov. 1767, ebd., S. 148.

160 *Hören Sie nur …*: 4. Dez. 1767, ebd., S, 151.

161 *Der wahre Genuß*: MA 1.1, S. 140 ff.

163 *Herr Langer, der mich …*: 4. Dez. 1767, WA IV, 1, S. 152.

164 *Ich bin bei Langer gewesen …*: 15. Dez. 1767, ebd., S. 154.

164 *Das war nun doch einmal …*: Ebd., S. 154.

165 *Du kriegst …*: 22. (?) Dez. 1767, ebd., S. 155.

166 *Wenn dir an einem Brief …*: Ebd., S. 156.

167 *Schicke mir doch …*: März 1768, ebd., S. 158.

167 *Lange nicht geschrieben …*: Ebd. S. 158.

169 *An Annetten*: MA 1.1, S. 130: Das Glück. An Annetten. – Das vollständige Gedicht besteht aus zwei Strophen mit je sechs Versen. Ihre hier weggelassenen (stereotyp rokokohaften) Verse 4–6 lauten in der ersten Strophe: *Oft nahm ich wachend deinem Munde / In einer unbewachten Stunde, / So viel man Küsse nehmen kann.* – Und in der zweiten Strophe: *O wünsche dir kein größres Glükke; / Es flieht der Erden größtes Glücke, / Wie des geringsten Traumes Glück.*

171 *Auf Kieseln im Bache …*: MA 1.1, S. 126 f.

172 *Die Nacht*: MA 1.1, S 142. – Die letzten vier, hier weggelassenen Verse münden in eine epigrammatische Wendung, die den Zauber dieses Gedichtes für unseren Geschmack sehr beeinträchtigt: *Freude! Wollust! Kaum zu fassen! / Und doch wollt' ich, Himmel, dir / Tausend solcher Nächte lassen, / Gäb' mein Mädchen Eine mir.* – Um dem Gedicht eine abgerundete Form zu geben, habe ich außerdem die Strophen-Einteilung geändert und die Strophen in jeweils vier statt acht Verse eingeteilt. Da am Text selbst nicht e i n Buchstabe verändert wurde, halte ich meinen Änderungsvorschlag für zulässig (für den privaten Gebrauch). Er hebt hervor, welche wunderbaren Verse W. Goethe in seinem letzten Jahr in Leipzig bereits gelangen. – Das mißverständliche „G e r n verlaß ich …" hat Goethe später durch „N u n verlaß ich …" ersetzt, was wenig befriedigt. – „Gern" macht durchaus Sinn, wenn man es so versteht, daß das

lyrische Ich nach dem erfüllenden Beisammensein mit dem geliebten Mädchen dieses Glück „gern" in der Natur nachklingen lassen möchte.

174 *nie große Worte genug ...*: MA 2.2, S. 53.

175 *Da hast du die Lieder ...*: WA IV, 1, S. 160.

178 *„Angelegenheiten des Herzens ..."* Goethe in DICHTUNG UND WAHRHEIT, 7. Buch: „Denn da uns das Herz immer näher liegt als der Geist, und uns dann zu schaffen macht, wenn dieser sich wohl zu helfen weiß, so waren mir die Anlegenheiten des Herzens immer als die wichtigsten erschienen." MA 16, 310.

179 *Die Jurisprudenz ...*: Brief an Susanne von Klettenberg aus Straßburg vom 26. Aug. 1770, WA IV, 1, 247.

180 *An Venus*: MA 1.1, 127.

181 *Und in Papillons Gestalt ...*: MA 1.1, S. 128. Die dritte und vierte Strophe des Gedichts *Der Schmetterling* lauten: *Sie umarmt ihn lächelnd, stumm, / Und sein Mund genießt der Stunde, / Die ihm gütge Götter senden, / Hüpft vom Busen, zu dem Munde, / Von dem Munde zu den Händen, / Und ich hüpf um ihn herum. // Und sie sieht mich Schmetterling. / Zitternd vor des Freunds Verlangen / Springt sie auf, da flieg ich ferne. / „Lieber, komm, ihn einzufangen, / Komm, ich hätt es gar zu gerne, / Gern das kleine bunte Ding. "*

182 *Und mit mir ist's aus ...*: MA 1.2, S. 275.

182 Zu Ernst Theodor Langer (1743–1820): „... aus Breslau, war schon in frühen Jahren in die preußische Armee eingetreten und trotz seiner Jugend bald zum Offizier befördert worden; nach Abschluß seiner Schulbildung bekleidete er mehrmals Hofmeister-Stellen, so 1767 als Nachfolger von Behrisch. (Aus: *Goethes Briefe, Hamburger Ausgabe, Bd. 1*, S. 547, hg. v. K. R. Mandelkow.) – „... wurde 1781 auf Empfehlung Lessings dessen Nachfolger als Bibliothekar in Wolfenbüttel." (Aus: GOETHE-LEXIKON, Gero von Wilpert.)

183 *Cher ami...*: WA IV, 51, S. 32. (Eigene Übersetzung), FA II, 1, S. 142.

185 *die schwerste Krise ...*: Eissler (wie Anm. S. 113), S. 80.

185 *Und er wäre auch untergegangen ...*: MA 2.2, S. 64.

186 *unsern Freund etliche Male ...*: MA 2.2, S. 64.

187 *mehr als ich in meiner bisherigen ...*: MA 16, S. 388.

187 *Jura-Studium ...*: Zu den damaligen Erfordernissen zwei Hinweise: Goethes älterer Mitstudent Chr. G. Hermann wurde am 31. Mai 1763 in Leipzig immatrikuliert, erwarb am 16. Dez. 1766 das juristische Bakkalaureat und am 16. Mai 1767 den juristischen Doktorgrad. (Werner Kilian: „Goethes ‚werter' Freund Bürgermeister Hermann in Leipzig" in: GOETHE-JAHRBUCH 1965, S. 19) – Goethes Frankfurter Freund Adam Horn kehrte nach drei Jahren Studium in Leipzig Anfang April 1769 nach Frankfurt zurück, offenbar mit dem Bakkalaureat, denn er schrieb in Frankfurt neben seiner Tätigkeit als *ordentlich installirter Schulmeister* (Pallmann, S. 48) eine Dissertation, mit der er am 20. (?) April 1770 in Gießen zum Doctor iur. promovierte: Pallmann, S. 71 f. – Beide benötigten also rund vier Jahre für den Doktortitel.

189 *Ich kam zu dir ...*: An Friederike Oeser, 6. Nov. 1768, WA IV, 1, S. 172.

189 *Ich kam zu einem Mädchen ...*: Ebd., S. 191.

190 *In der Nachbarschaft ...*: An Christian Gottlob Schönkopf , 1. Okt. 1768, ebd., S. 164.

190 *Sie sind so lustig ...*: An Anna Katharina Schönkopf, 31. Jan. 1768, ebd., S. 186.

191 Stammbuch-Eintrag in das Stammbuch des befreundeten Studenten Georg Gröning: *Was unterm Monde liegt ist eitel!/Sprach Salomo und Phanias;/Und Goethe spricht/heut' Abend eben das.* Leipzig am Abende von dem 28. August dem Tag seiner Abreise. 1768.
191 *Gleichsam als ein Schiffbrüchiger ...*: MA 16, S. 361.
192 *Was ich erfahren habe ...*: WA IV, 1, S. 206.
195 *Die Gesellschaft der Musen ...*: Ebd., S. 179.
195 *sah mich nach Freunden um ...*: An Friederike Oeser, 13. Febr. 1769, ebd., S. 193.
196 *Lieber Langer ...*: WA IV, 51, S. 29. – FA II, 1, S. 124.
197 *hypochondrischen Zug*: MA 16, S. 354.
198 *Und das Herz ist jetzo tot ...*: MA 1.2, S. 266.
198 *Manchmal bin ich ...*: 9. Nov. 1768, WA IV, 51, S. 32 (Aus dem Französischen. Eigene Übersetzung) – FA II, 1, S. 141.
198 *Liebe ... gegen die Religion ...*: WA IV, 51, S. 33. – FA II, 1, S. 145.
199 *Was den Goethe-Biographen ... veranlaßte ...*: Richard Friedenthal, Goethe. Sein Leben und seine Zeit. München 1963, S. 55. – Fr. stellte in seiner viel gelesenen Biographie Goethe gern als Frauenheld dar und schreckte dabei auch nicht vor einer so grotesken Unwahrheit wie in diesem Fall zurück.
199 *Ich tue also jetzt ...*: WA IV, 1, S. 165.
200 *Ihren Eltern und wenn Sie wollen ...*: 1. Nov. 1768, ebd., S. 169.
200 *Meine geliebteste Freundin ...*: 1. Nov. 1768, ebd., S. 167.
201 *In Cornelias Tagebuch ...*: In: Briefe aus dem Elternhaus, hg. von Ernst Beutler, Zürich/Stuttgart 1960, S. 357 (Eigene Übersetzung).
202 *Es ist eben um die Zeit ...*: An Charlotte von Stein, WA IV 3, S. 196.
202 *Nach zwei Tagen des Leidens ...*: Cornelias Tagebuch (wie S. 201), S. 358 (Eigene Übersetzung).
202 *Meine beste, ängstliche Freundin ...*: WA IV, 1, S. 183.
203 *Neujahrslied*: MA 1.1, S. 137.
204 *Heute oder morgen ...*: WA IV, 1, S. 185.
204 *Seit dem August ...*: ebd., S. 204.
205 *an Adam Horn nach Frankfurt ... – ... in das Schönkopf'sche Haus eingeführt*: Pallmann, S. 47.
205 *Ich als ordentlich installirter ...* An A. K. Schönkopf, 26. Mai 1769: Pallmann, S. 48.
205 *Meine Freundin ...*: WA IV, 1, S. 210.
207 *O könnte ich ...*: Ebd., S. 215.
208 *Sie sind ewig ...*: Ebd., S. 224.
208 *Meine liebe, meine teure Freundin ...*: Ebd. S. 218.
212 *Zwei Briefe an Buri vom 23. Mai und 2. Juni 1764*: WA IV, 1, S. 1 und S. 4.
212 *Manchmal bin ich ganz ruhig ...*: WA IV, 51, S. 32 (Eigene Übersetzung) – FA II, S. 14.
212 *Besonders ist er drauf bedacht ...*: WA IV, 1, S. 171.
213 *In den gefährlichsten Augenblicken ...*: MA 2.2, S. 64.
213 *Keinen vernünfftigen Brief ...*: Pallmann, S. 70.
215 *das bedeutendste Ereignis ...*: MA 16, S. 433.
216 *Ich bin nun allein ...*: Brief vom 10. Sept. 1772, WA IV, 2, S. 22.
216 *mehrere Schönheiten ...*: MA 16, S. 626.

216 *O! warum mußten Sie …:* MA 1.2, S. 279.
217 *Kanntest jeden Zug …:* Aus dem Gedicht: *Warum gabst du uns die tiefen Blik-
ke …* MA 2.1, S. 23.
218 *Ich muß Ihnen noch …:* WA IV, 1, 3, S. 40.
218 *Nachts halb zwölfe …:* WA IV, 3, S. 43–45.
219 *Nachts 10 …:* Brief vom 25. März 1776, ebd. S. 45.
219 *Lieber Herre …:* Brief vom 25. März 1776, WA IV, 3, S. 46.
220 *Die Schröter ist ein Engel …:* Ebd., 3, S. 45.
220 *Ich habe mein erstes Mädchen …:* Brief vom 31. März 1776, WA IV, 3, S. 48.
222 Goethe-Handbuch, Bd. 1, S. 42.
222 *Testamentarische Verfügung* (wie Anm. S. 115).
223 *ein Mädchen … von unglaublicher Schönheit:* MA 16, S. 186.
223 *und da ging fürwahr …:* MA 16, S. 466.
224 *Bruchstücke einer großen Konfession:* Siehe S. 106.
224 *Die erste Liebe …:* MA 16, S. 612.
225 *Und nun fühlte ich erst …:* MA 16, S. 307. – Karl Eibl, Herausgeber von Goethes Gedichten im Deutschen Klassiker Verlag, betont im Kommentar zu Goethes
Leipziger „NEUEN LIEDERN" (FA I, 1 S. 796), daß man Wolfgang Goethes Liebe zu „Käthchen" ernster nehmen müsse, als es üblich sei. Im Anschluß an die
Briefstelle vom 26. April 1768 an Behrisch: *Ich liebe sie noch, so sehr, Gott so
sehr* – schreibt Eibl: „Man muß das ernst nehmen, ernster, als es in der Tradition
der Goethe-Deutung üblich ist. [!] Gewiß war das ‚nur' eine Jugendliebe. Aber
schon die Heftigkeit, mit der die Trennung von Käthchen auch in der Zeit danach
immer wieder [!] von Goethe thematisiert wird, sollte stutzig machen." (1987)
226 *Gott möge mich behüten …:* an Charlotte von Stein, WA IV, 4, S. 118.
227 *Caroline Flachsland:* Brief vom 13. April 1772 in: HERDERS BRIEFWECHSEL MIT
CAROLINE FLACHSLAND, Weimar 1928, Bd. 2, S. 92. (C. F. war Herders Verlobte
und spätere Frau.).
227 *Gretchen hatte man … und: Die Antwort Friederikens …:* MA. 16, S. 555.
227 *Ich blieb die Nacht …:* Brief vom 28. Sept. 1779, WA IV, 4, S. 67.
228 *wie ein Toller:* Brief vom 10. Nov. 1767, WA IV, 1, S. 137.
228 *die Pyramide meines Daseins …:* Brief an Lavater vom 20. Sept.[?] 1780,
WA IV, 4, S. 299.
228 *Ich war selbst …:* MA 2.2, S. 83. – Der vermutlich erste Hinweis auf diesen denkbaren Zusammenhang findet sich bei Heinz Kindermann in: Der
Rokoko-Goethe, Leipzig 1932, S. 35. – Kindermann schreibt ebd., S. 40: *Die
Rolle Behrischs für Goethes Entwicklung war die eines produktiven Kritikers.*
229 *einer der schrulligsten Käuze …:* Hierzu Eissler (wie Anm. S. 113), S. 94:
„Aber der Horizont von Behrischs Persönlichkeit muß sehr viel weiter gewesen sein. Es scheint bei Goethe eine Tendenz zum Herunterspielen und Ver-
zerren zu geben, wenn es darum geht, über diejenigen zu schreiben, die einen
aktiven Einfluß auf sein Über-Ich hatten. Ich erwähne nur Johann Heinrich
Merck … und J. G. Schlosser, die er beide in seiner Autobiographie links liegen
ließ. Goethes Briefe an Behrisch vermitteln den Eindruck, daß dieser für eine
Weile die Hauptstütze von Goethes psychischem Gleichgewicht war. Behrisch
war offensichtlich Goethes *arbiter elegantiarum* (Sachverständiger des guten
Geschmacks) …"

230 *Nichtsnutz Behrisch:* So Ernst Beutler in seinem Essay „DICHTUNG UND WAHR-
HEIT" in: Essays um Goethe, Bremen 1957 (6. Aufl.), S. 745.
230 *Ich hätte auch gewünscht* ...: Brief vom 2. Febr. 1818, in: Wilhelm Bode (wie
Anm. S. 47), Bd. 3, S. 31.
231 *noch ganz wie sonst* ...: MA 19, S. 350ff.
231 *Begleitet von Behrisch* ...: WA III, 1, S. 66.
231 Gespräch mit Eckermann: Wie Anm. S. 142.

Auswahlbibliographie

Briefe Goethes

Weimarer Ausgabe, IV. Abtlg., Bd. 1 (Briefe von 1764–1771), 1887 – Zit.: WA IV, 1.
Deutscher Klassiker Verlag – *J. W.Goethe: Von Frankfurt nach Weimar. – Briefe, Tagebücher und Gespräche vom 23. Mai 1764 bis 30. Oktober 1775*, II. Abtlg., Bd 1 (28), hg. von Wilhelm Große –, die sog. Frankfurter Ausgabe, zit.: FA II, 1.
Johann Wolfgang Goethe. Geschichte meines Herzens. Briefe an Behrisch. Hg. und mit einem Anhang versehen von Wilhelm Große. Frankfurt, 1998 (Insel-Bücherei Nr. 1189).

Werke Goethes

Texte aus Goethes Werken werden hier im allg. zitiert nach der *Münchner Ausgabe* (ab 1985): z.B. MA 16; Kommentare auch nach der *Frankfurter Ausgabe* (ab 1985), = FA.

Handbücher zu Goethe

Goethe-Handbuch in vier Bänden, hg. v. Bernd Witte u. a., Stuttgart und Weimar, 1996–99.
Goethes Leben von Tag zu Tag, Bd. 1. Hg. v. Robert Steiger. Zürich und München, 1982.
Goethe-Lexikon. Gero von Wilpert. – Stuttgart, 1998.

Literatur zu Goethe und Leipzig

Heinrich Pallmann, Johann Adam Horn. *Goethes Jugendfreund.* – Leipzig 1908.
Wilhelm Bode, *Goethes Leben. Lehrjahre 1749–1771.* – Berlin 1920.
Julius Vogel, *Goethes Leipziger Studentenjahre. Bilder und Erläuterungen zu Dichtung und Wahrheit. In: Goethe als Student. I. Teil.* – Leipzig 1923.
Julius Vogel, *Käthchen Schönkopf. Eine Frauengestalt aus Goethes Jugendzeit.* – Leipzig 1920.
Alfred Jericke, „... *es ist ein klein Paris.* " *Die Wirkung der Stadt Leipzig auf Persönlichkeit und Werk Goethes.* – Leipzig 1965.
Valerian Tornius, *Leipzig im Leben Goethes.* – Leipzig 1965.
Ausstellungskatalog: *Johann Wolfgang Goethe und Leipzig. Beiträge und Katalog zur Ausstellung.* – Universität Leipzig 1999.

Weitere Literaturhinweise finden sich in den Anmerkungen. – In den zahlreichen Goethe-Biographien wird Wolfgang Goethes Leipziger Studentenzeit in den Eingangskapiteln jeweils mehr oder weniger ausführlich dargestellt.

Dank

Zum Schluß möchte ich all jenen herzlich danken, die mich bei der Entstehung dieses Buches unterstützt haben durch ihr Interesse, durch Anregungen, Kritik und Ermutigung. Neben der faszinierenden, aber auch einsamen Arbeit am Schreibtisch war diese persönliche Begleitung und Beratung für mich wichtig und immer eine Freude. – Ganz besonders bedanken möchte ich mich bei meiner Kollegin Ursula Flügler, die als profunde Literaturkennerin, als große und kluge Goethe-Liebhaberin mit ihren sicheren Urteilen wie auch mit ihrer anhaltenden Begeisterung für das Projekt einen besonderen Beitrag zu meiner Arbeit leistete.

M. Z.

Abbildungsnachweise

Privatbesitz: Umschlag u. S. 27 (Reproduktion Deutsche Nationalbibliothek Leipzig); Goethe-Museum Düsseldorf: S. 147; Universi-
tätsarchiv Leipzig: S. 36; © Freies Deutsches Hochstift, Frankfurter
Goethe-Museum: S. 25; Stadtgeschichtliches Museum Leipzig: S. 28,
56, 85, 139, 173, 189, 207; Abbildungen der Schriftzüge nach Jericke
(S. 44) und Tornius (S. 191 u. 211), siehe Auswahlbibliographie; Insel-
Verlag Leipzig 1923: S. 99.

Bibliografische Information der Deutschen Nationalbibliothek
Die Deutsche Nationalbibliothek verzeichnet diese Publikation in der
Deutschen Nationalbibliografie; detaillierte bibliografische Daten sind
im Internet über http://dnb.d-nb.de abrufbar.

2., verbesserte Auflage 2010
© mdv Mitteldeutscher Verlag GmbH, Halle (Saale)
www.mitteldeutscherverlag.de

Kalligraphische Überschriften: Hannelore Heise, Halle (Saale)

ISBN 978-3-89812-713-4

Printed in the EU